社政文典系列著作

国家社科基金一般项目"住宅社会学的理论与方法研究"

（项目批准号：17BSH134）结项成果

本书得到安徽省高校发展专项学科奖补（社会学）

（项目代码：Z010211001）资助

THE SOCIOLOGY OF HOUSING

THEORIES AND METHODS

住宅社会学

理论与方法

陈俊峰　著

社会科学文献出版社

SOCIAL SCIENCES ACADEMIC PRESS (CHINA)

序

纵观人类发展的历史文明进程，广义上的安居一直是人们努力追求达到的重要目标，住宅问题是人类社会发展进程中始终需要面对的一个主要问题。现代住宅研究发轫于作为对工业革命后西方社会面临的严重而复杂的住宅问题的积极回应的学术关注与探索。西方住宅社会学正是在围绕住宅问题进行的科学研究过程中得以发展并逐渐形成的。经过 100 多年的发展，西方的住宅社会学研究已经取得较为丰富的成果，学科建设也颇有进展，住宅社会学正在成为一个重要的社会学分支学科。国内住宅社会学经过 20 世纪 80~90 年代"黄金十年"的快速发展，进入 21 世纪后，虽然其研究议题更加广泛，取得了不少研究成果，但在以往研究基础上继续围绕住宅社会学本身展开的更具深度的讨论并不多见。这造成本就处于"弱势"的住宅社会学学科，在国内社会学领域中进一步被边缘化。

令人欣慰的是，国内有一些学者坚持致力于住宅社会学研究，为中国住宅社会学发展贡献力量。陈俊峰教授长期以来一直以住宅社会学研究为其学术志业，积极开展研究和探索，已形成较为丰富的学术成果。本书是陈俊峰教授继《城市居住空间分化与融合研究》一书后撰写的关于住宅社会学研究的又一力作。如果说他的前一部著作偏重于从经验层面上探讨具体住宅社会问题的话，那么，本书则着重于从学科整体视角来研究住宅社会学的理论与方法。我认为，本书具有如下令人印象深刻的明显特点。

本书首先理清了住宅社会学研究的基本概念和理论与方法。从研究内容来看，作者从最小的概念"宅"入手，对住宅、住宅社会学，理论、社会学理论、住宅社会学理论，住宅社会学的方法论、研究方式、具体技术方法以及方法体系等这些基本概念作出合理界定，不仅对学界已有认识起到廓清和推进的作用，也为接下来的研究提供了必要的分析工具，这种先澄清基本概念，然后展开论述的研究与表达的方式贯穿在本书大部分章节的论述之中，使本书的研究逻辑严谨且条理分明。

本书基于学科属性分析确立了住宅社会学研究的取向与范围。针对一个学科的理论与方法进行梳理，尤其是在缺少相关研究作为参考的情况下，首先必须解决的一个难题是择定合适的研究范围。当作者勇敢地闯入社会理论和研究方法的丛林，想要不迷失于其中而又有所斩获甚至满载而归，这就需要对"猎取"对象进行聚焦并有所取舍，即是说，在展开深入研究前，必须搞清楚，有哪些理论与方法属于本研究范围。在理论方面，作者围绕住宅研究这一核心，构建了一个针对住宅研究的由社会学理论、社会理论与哲学人文理论共同组成的理论圈层。我认为，一个富有学术创新能力的学科，其理论基础不仅具有学术积淀的深厚性或充实性，还应具备思想观点与学术流派的多元性、开放性和兼容性。本书理论部分充分地体现了这种多元性、开放性和兼容性，不仅让理论部分内容更加丰富多样，并且，在具有差异性的思想理论或学术流派之间，有可能形成进一步的比较和贯通的想象空间与学术创新。在方法方面，与大部分仅分析研究方式和具体技术方法的著作不同，本书构建和分析了方法论、研究方式和具体技术方法所构成的方法体系，这让读者不仅得以了解某些实用的方式方法，还能够把握住宅社会学方法完整谱系。

本书还梳理了住宅社会学的学科史，为住宅社会学研究进一步提供了理论支撑。如何完整而清晰地呈现出理论与方法的整体样貌与内在关系，无疑是另一个难点。这其实涉及到研究方法问题。作者收集并整理了大量的中外文文献资料，在此基础上，作者采取了历史分析与结构分析相结合的方法。一方面，本书从住宅社会学学科史研究入手，全面总结了住宅社会学发展历程与学术脉络，再将理论与方法落实到相应的发展阶段之中，运用知识社会学的原则方法以及社会学的想象力，展开历史的、动态的讨论，通过对理论与方法所深在的社会根源及其对理论与方法的影响的分析，获致对住宅社会学理论与方法较为完整的、生动的整体认识。另一方面，本书从宏观层面研究和构建住宅社会学理论与方法的体系框架，再将中观和微观层次的理论与方法置放于体系框架的"坐标"中，进行定位、论述和比较研究。从研究结果来看,这一研究方法的选用是恰切的、有效的。

从国内外住宅社会学的研究主题和研究内容来看,已有研究中将住宅社会学作为研究对象进行审视和分析的研究成果明显偏少,不仅对住宅社会学发展历程进行系统梳理与详细总结的研究极少,对住宅社会学理论与方法进行全面深入的整理总结的成果更是付诸阙如。作为对住宅社会学的学科史及其理论与方法研究的重要探索,本书至少在以下四个方面实现了积极的学术进展。

第一,形成了对住宅社会学学科比较完整和清晰的认识。一方面,如前所述,本书界定了住宅、住宅社会学、住宅社会学理论,住宅社会学的方法体系等相关概念,尤其是将住宅社会学界定为基于社会学的理论、视角和方法研究人和住宅以及社会之间的相互关系的社会学分支学科,并指出住宅社会学的研究对象是作为一种社会事实的住宅,住宅社会学具有"科学"和"人文"以及"批判性"的三重属性。这为学界更好地理解住宅社会学的学科性质、建设目标及研究内容提供了重要参考。另一方面,本书比较系统地总结了国内外住宅社会学发展历程与脉络,首次划分了国内外住宅社会学发展阶段并对其发展变迁历程进行梳理和论述。我们知道,学科史研究不仅构成该学科学术研究的重要内容,更能够成为相关研究的必要基础,更进一步说,对学科发展历程、重要人物和建设成果的详细整理,有助于激起该领域的当代研究者们对本学科的"集体认同",强化对学科的归属感,进而才可能建立围绕该学科的学科和学术共同体。从这个意义上说,本书在这个方面所做的工作,就不仅有限于知识方面的贡献,更有推进住宅社会学尤其是国内住宅社会学学科发展的潜力。

第二,初步构建了住宅社会学的知识体系。当代社会科学学科界限日益模糊,一门学科的独立性越来越无法来自特定的研究对象而是主要来自其研究主题与理论方法,这就向学科所应包含的专业知识提出了更高的要求,一个健康发展的学科理应拥有自己相对独立和不断完善的专业知识体系,包括理论与方法体系。这就意味着一门学科存在的合法性不能由其研究对象的择取而一劳永逸地得到保证,其只有通过构建专业知识体系而不断地获得对其独立性的说明和确认。本书比较深入地研究了国内外住宅社会学理论的问题及其成因、论辩与整合以及主要理论及其最新进展，从而为相关研究提供了较为全面的理论框架和较为系统的理论图谱。值得一提的是，国内学界对本书中所分析的相当一部分理论内容尤其是许多国外理论，可能都不够熟悉甚至会感到陌生，而这更凸显出本书理论研究的价值。同时，本书尝试构建了住宅社会学研究方法体系并从不同层次对研究方法进行分析与比较研究，从而为住宅社会学研究提供了一个相对完整的方法"工具箱"。这一工作，至少在阶段性研究层面上，较好地完成了住宅社会学理论与方法的知识体系构建的任务，同时也有力地证明了住宅社会学作为一门独立学科存在的合法性。

第三，提供了住宅社会学理论与方法的应用范例。大致来看，理论与方法的整理研究有两种主要方式，一种是单纯的对理论与方法的梳理和总结，一种是将对理论和方法的分析与其应用的经验案例结合起来进行研究。对于有着明显的应用性特点的住宅社会学来说，仅仅对其理论与方法加以总结和分析似乎是不够的，还需要说明理论与方法是如何被应用的，同时在说明其如何被应用的过程中，也能更好地说清理论与方法本身。在本书中，作者按照理论流派加"问题域"方式以及方法加案例的方式展开研究，将理论和方法研究与其被应用于的问题和案例示范结合起来，较好地回答了住宅社会学理论与方法"是什么"及"如何用"的问题，从知识社会学角度说，还在一定程度上说明了这些理论与方法知识的来源和形成背景，从而让相关内容显得更加清晰完整。

第四，有望将住宅社会学重新带回主流研究的视野。这一点或许是最重要的。从完整意义上看，中国住宅社会学发展已历百年，路途坎坷，多经曲折，而目前似乎陷入低谷，其科学研究成果不多，学科建设更是迟滞。对于住宅社会学特别是国内住宅社会学来说，要真正走出学科式微困局，摆脱学科发展的边缘化危机，就必须将其重新带回主流研究的视野之中，让学界能够在了解住宅社会学的基础上，逐渐形成广泛而深入的对话与交流，进而不断推动住宅社会学的持续发展。本书出版的价值，首先在于让学界同行得以了解住宅社会学学科发展的基本脉络以及该学科的重要理论与方法，但我更希望同时也相信本书有可能促发学界对住宅社会学这门学科给予更多的关注和关心，能够助推学界围绕住宅社会学的建设和发展形成更多的有益思考和有效行动。这虽然不易，但值得期待。

最近 30 多年，在房地产开发或房地产市场发展的推动下，中国的住宅建设和居住关系也发生了深刻变化。大规模的住宅商品化不仅改变了城市住宅归属性质与居住关系，而且也加剧了不同地区之间、不同城市之间、城市与乡村之间的住宅资产或住宅价格的分化。住宅已经成为城市居民的家庭财产的主要构成部分，其价格的高低直接影响着城市居民的贫富。特别是在地产开发商的推动下，中国一线城市的住宅房价已经是三线或四线城市住宅房价的 5 倍、10 倍甚至更多。东南沿海发达地区城市包括一些县城的房价，也比东北、西北以及一些中部城市房价高出几倍。这种普遍的家庭财产的分化，无疑加剧了中国经济社会的发展不平衡，表现在城乡居民生活上，情况就更为复杂。

并且，更为复杂的是，由于大规模的极端过度的房地产开发，城市出现了大规模的住宅过剩问题，已经建成的一部分住宅难以卖出，没有完工的住宅建设缺乏后续资金支持。如何消化过度开发的剩余住宅，涉及银行贷款、开发商投资、政府城市规划与市场政策、居民投资与家庭财产等多方面问题。面对如此严重的住宅问题，不能仅从经济学和市场营销的角度寻找对策，还应对社会预期、城乡居民实际居住状况和住宅需求情况等开展社会调查，在经济与社会的综合视角中，掌握实情，对症下药地采取有效对策。

本书的重点在于探索住宅社会学的理论与方法。未来，可以在现有研究基础上，进一步从空间社会学的视角作出扩展深化。住宅问题不仅涉及房地产开发与销售的实体经济，而且直接表现在城乡居民的空间财产、空间权利、空间关系、空间表象和表象空间中。应当借鉴现象学和空间社会学的研究成果，从空间位置、空间价值、空间矛盾等角度对当代中国的住宅问题开展更加深入的研究。如果能够坚持理论联系实际的不懈研究，不仅可以为化解住宅问题乃至房地产市场困境做出具有实践意义的探索，而且还可以为中国空间社会学的建设与发展做出具有重要学术价值的贡献。

刘少杰

2024 年 2 月于北京世纪城时雨园

前　言

　　住宅是人类社会最早出现的基本建筑形式之一，是人类生存和发展的重要生活资料，也是一个具有多重属性和综合功能的空间系统。纵观人类发展的整个历史文明进程，安居都是一个人们为之不息奋斗和全力追求的重要目标。相应地，住宅问题是人类社会发展进程中始终需要面对的一个主要问题。现代住宅研究发轫于作为对工业革命后西方社会面临的严重而复杂的住宅问题的积极回应的学术关注与探索。西方住宅社会学正是在围绕住宅问题进行的科学研究过程中得以发展并逐渐形成的。经过100多年的发展，国内外尤其是西方的住宅社会学研究已经取得较为丰硕的成果，学科建设也颇有进展，住宅社会学正在成为一个重要的社会学分支学科。但是，国内外已有研究中将住宅社会学作为研究对象对其进行审视和分析的研究成果却明显偏少，学界对住宅社会学发展历程进行系统梳理与详细总结的研究极少，对住宅社会学理论与方法进行全面深入的整理总结的成果更是付诸阙如。有鉴于此，本书将努力完成两个方面的研究任务：一方面，对国内外住宅社会学发展历程进行考察梳理，为住宅社会学研究提供一个清晰的学科发展脉络；另一方面，对国内外住宅社会学的理论与方法进行总结分析，着重对住宅社会学理论加以归结和探讨，并尝试构建住宅社会学方法体系。

　　针对上述研究目的和任务，本书收集了大量文献资料并主要运用文献研究法对资料进行了深入的整理分析。主要研究内容由以下几个部分构成。绪论部分，说明本书研究的基本背景，对住宅和住宅社会学的概念进行界定，为后面的研究提供概念准备。第一部分由两章组成——第一章"西方住宅社会学的发展历程"和第二章"国内住宅社会学的发展历程"，主要对国内外住宅社会学发展和变迁的历程脉络进行梳理。第二部分是本书主体部分之一，由七章组成：第三章"住宅社会学理论的界定与研究思路"，对理论和住宅社会学理论概念加以界定，并说明第二部分的研究思路；第四章"住宅社会学理论的论辩与整合"，着重分析了围绕住宅社会学理论化的层次、路径和范式出现的论辩，进而梳理了构建和整合理论的四个方面的重要进展；第五章"居住行为的社会理论研究"，国外方面包括与居住流动性相关的迁居行为、与居住稳定性相关的留居行为等的理论研究，国内方面包括农民工居住行为和居住维权行为的理论研究；第六章"居住分化的社会理论研究"，包括恩格斯关于居住分化的政治经济学研究、人类生态学与政治经济学理论、"住房阶级"理论、种族居住分化的三元理论、国家-市场-社会理论与居住分化以及国内的住房地位群体理论、住房财产权利转移理论、资源累积论和一主多元论；第七章"住房市场的社会理论研究"，国外方面包括住房租赁市场的理论研究、家庭投资者主观性理论、房价的参照点理论研究、住房市场的场域理论研究，国内方面包括网络行动-集体意义理论研究、市场情绪理论研究和住房市场的"关系"理论研究；第八章"住房政策的社会理论研究"，主要包括住房政策与理论的关系、社会建构主义理论与住房政策研究、福利国家理论与住房政策研究；第九章"居住文化的社会理论研究"，国外部分包括居住文化的存在主义研究、居住文化的现象学研究、居住文化的结构功能研究，国内部分着重讨论费孝通的居住空间文化理论。第三部分同样也是本书主体部分之一，由四章组成：第十章"住宅社会学研究方法体系"，介绍了住宅社会学方法的研究背景、现状与内容并对其进行概念界定，重点构建住宅社会学研究方法体系；第十一章"住宅社会学的方法论"，总结了实证主义、人文主义和马克思主义哲学等三种方法论，分析了三种方法论的对立与对话及发展趋势；第十二章"住宅社会学的研究方式"，主要包括定量研究方式与定性研究方式、研究方法的四种类型；第十三章"住宅社会学的具体技术方法"，主要包括资料收集阶段的技术方法、资料分析阶段的技术方法、研究方法应用的相关思考。最后，第十四章为研究总结部分，分析本书的主要贡献与局限。

研究结果方面，首先，总结了中西方住宅社会学发展历程与脉络。本书认为，西方住宅社会学历经三个发展时期：19世纪中期至20世纪30年代的古典时期、二战后至20世纪80年代的形成时期和20世纪90年代以来的反思与再建时期。国内住宅社会学则经历了20世纪20~50年代的学科兴起时期、20世纪80年代至20世纪末的学科起步与探索时期、21世纪初以来的学科与研究发展时期等三个阶段。其次，研究了国内外住宅社会学的主要理论。研究发现，国内外住宅社会学理论研究已初步形成较为完整的框架，该框架主要由基础理论研究和具体理论研究两个部分构成。住宅社会学理论研究呈现以下主要特点：从单一学科研究到跨学科研究、从相对简单到日益复杂、从分散化到逐步体系化。最后，构建了相对完整的住宅社会学研究方法体系。研究发现，住宅社会学方法研究具有如下发展特点与趋势：跨学科性的特点和开放性增强的趋势、复杂化的特点和融合应用的趋势。此外，跨学科性和开放性同样带来研究方法较为分散的特征。总之，对于住宅社会学的学科建设和科学研究来说，本书可以起到重要的推动作用。

目　录

第二部分　住宅社会学理论研究

第三部分　住宅社会学方法研究

绪　论

住宅是人类生活最重要的条件之一，住宅发展历史直接反映着人类社会文明发展历史，更进一步说，住宅是人类文明进步的一个重要的物质载体和容器，也是不同文明形态与文明时代的一个重要的象征符号。纵观人类发展的整个历史文明进程，安居都是一个人们为之不息奋斗和全力追求的重要目标，安居是所有人的一个共同的梦想。然而，如果把居住现实与安居状态之间的差距视为住宅问题，我们就会发现，住宅问题是人类社会发展进程中始终需要面对的一个重要问题。人们很早就发现并深切感受到住宅问题的存在及其带来的诸种后果，在大量中外文献特别是众多的历史学、文学作品中，都可以看到人们通过各种方式对住宅问题加以描述和解释。尽管住宅问题本身伴生于人类住宅发展历程，但西方社会中住宅问题的出现和住宅矛盾的激化，主要是在工业革命引发的工业化浪潮以及由其推动的城市化进程中发生的。真正意义上的住宅研究，特别是在科学与意识形态层面上展开的住宅研究，发轫于作为对工业革命后西方社会面临的严重而复杂的住宅问题的积极回应的学术关注与探索。西方住宅社会学正是在围绕住宅问题进行的科学研究中得以发展并逐渐形成的。

一　研究背景、现状与内容

经过100多年的发展，国内外尤其是西方的住宅社会学研究已经取得较为丰硕的学术成果，学科建设也颇有进展。可以说，住宅社会学正在成为一个重要的社会学分支学科。但是，从现有研究看，相较于住宅社会学研究的较快发展，把住宅社会学作为研究对象进行审视和分析的研究成果却明显偏少。一方面，国内外学界对住宅社会学历史发展进程与变迁脉络进行系统梳理与详细总结的研究极少，尤其是反思性与批判性的成果更是付诸阙如。直到最近，西方学界对住宅社会学研究进行综述的最重要文献大概还是唐纳德·弗莱（Donald Foley）于 1980 年发表于《社会学年评》的《住宅社会学》[1]，而且这类研究主要针对其成果发表之前 10 年或 20 年等有限时期展开，缺少对西方住宅社会学研究历程完整清晰的梳理总结。[2] 我国以张仙桥、孙金楼等人为代表的学者们的相关研究也大多发表于 20 世纪 80 年代至 20 世纪 90 年代初。其后果是，我们对国内外住宅社会学近三四十年以及整体的发展状况严重缺乏了解。另一方面，对住宅社会学研究的重要进展缺少全面深入的整理总结，这尤其表现在住宅社会学理论与方法上。其中，在住宅社会学理论方面，虽然相关研究成果日益增多，但目前国内外还没有形成完整的理论体系。住宅社会学方法研究的情况也很类似，最近的对这方面进行比较全面的论述的还是 20 世纪 40 年代蔡平（Chapin）的研究[3]以及 20 世纪 60 年代洛维（Lauwe）的研究[4]。这种情况造成的后果就是住宅社会学领域"身世不明"和"家底不清"，这不仅在一定程度上反映了长期以来国内外住宅社会学多少有些尴尬的发展境况，也可能说明了从事住宅社会学研究的学者们尚未形成在对住宅社会学高度认同基础上的自我反思意识，当然这种令人不满的状况也一定会影响住宅社会学的发展。

众所周知，进入 21 世纪后的头 20 年间，西方社会住房危机日趋严重和恶化，我国在住房大规模建设和住房市场化进程中，也出现了许多复杂的住房问题。这既对住宅社会学有效参与解释与解决住房问题和住房危机提出了现实要求，也为住宅社会学提供了难得一遇的快速成长机遇和条

---

[1] D. L. Foley, "The Sociology of Housing," *Annual Review of Sociology* 6(1980) : 457-478.

[2] 实际上也有更晚近的综述型研究，如吉瑞·穆希尔在 2005 年发表的《住宅社会学如何兴起》一文，其对二战结束到 20 世纪 80 年代的西方住宅社会学研究进行了总结，但由于该文是使用捷克语写作并发表于《捷克社会学评论》上，因此引起的反响比较有限。

[3] F. S. Chapin, "New Methods of Sociological Research on Housing Problems," *American Sociological Review* 12(1947) : 143-149.

[4] P. H. C. de Lauwe, "The Sociology of Housing: Methods and Prospects of Research," *International Journal of Comparative Sociology* 2(1961) : 23-41.

件。这表明加快发展住宅社会学不仅必要而且十分迫切。要推动住宅社会学的发展，一个基本任务就是要厘清身世家底，要努力运用"自明之智"做到有"自知之明"。就本书而言，我们将努力完成三个方面的研究工作。一是对住宅社会学概念进行界定，对国内外住宅社会学发展历程进行系统考察，详细梳理既有研究成果，为住宅社会学研究提供必要的概念基础以及清晰的学科发展脉络。二是对住宅社会学理论的研究状况和研究进展进行检视与阐述，深入发掘和探讨住宅社会学的主要理论资源。三是尝试构建住宅社会学方法体系，对住宅社会学方法进行梳理和比较。我们的用意不仅在于勾勒出比较明晰的住宅社会学发展脉络与理论方法谱系，更是希望寻找到该学科研究的基本范围和边界，为促进住宅社会学发展的交流对话提供基础框架和基本范畴，进而为我国高度复杂的住宅现象与住宅问题的解释和解决提供真正有用的专业知识。基于此，本书的主体内容将由"中西方住宅社会学的发展历程""住宅社会学理论研究""住宅社会学方法研究"三个部分构成。

我们主要利用中国知网以及 Sci-Hub、JSTOR、Springer 等外文文献检索网站等网络平台和搜索引擎，通过线上下载和线上、线下购买两种方式，共收集到相关的著作、研究报告、内部资料等 100 余部（篇），其中英文著作有 30 余部。获得学术论文 1600 多篇，其中英文、俄文、捷克文等外文文献有 700 多篇。从期刊范围来看，主要包括《住房，理论与社会》（*Housing, Theory and Society*）、《住房与社会》（*Housing and Society*）、《斯堪的纳维亚住房和规划研究》（*Scandinavian Housing and Planning Research*）、《住房研究》（*Housing Studies*）、《住房政策辩论》（*Housing Policy Debate*）、《美国社会学评论》（*American Sociological Review*）、《混合方法研究期刊》（*Journal of Mixed Methods Research*）、《中国社会科学》、《社会学研究》等具有很高知名度和很强权威性的综合性或专业学术期刊。围绕所收集的文献资料，我们先进行初步整理归类，翻译外文文献共计 70 余万字，为后续研究打下坚实基础；然后，运用文献研究法对资料进行深入的整理分析。

二 住宅社会学的学科定位

（一）住宅的含义

对住宅的含义的讨论是后面分析的必要前提。从词义上看，住宅即指可供居住的房屋。它是一个复合词，其关键的含义主要体现在"宅"上，因此，需要对"宅"的基本含义做出梳理和解释。

1. 作为名词的"宅"

作为名词的"宅"有两方面含义。一方面，"宅"是对"普通民间所住的房屋"的总称。[①] 白话版《说文解字》这样解释："宅，寄托人身的居所。"这是"宅"或"住宅"一词最基本也是最常用的含义。在这个意义上，"宅"、"住宅"和"住房"同义，可以通用。另一方面，"宅"仅指某个特定的类型或层次的住房。例如，晋周处《风土记》云："宅亦曰第，言有甲乙之次第也。"又如，《宋史·舆服志》云："私居，执政、亲王曰府，余官曰宅，庶民曰家……六品以上宅舍许作乌头门。"这里的"宅"是指在不同层次住房中属于中间档次的居所。

2. 作为动词的"宅"

作为动词的"宅"有三个方面的含义。其一，"宅"有筑居的意思。宅，甲骨文＝"宀"（房架）＋"乇"（"托"的本字，托举），造字本义：托木架梁，筑屋建房。宅，择也，择吉处而营之也（《释名》）。其二，"宅"有居住的意思。这也是"宅"包含的最主要和最常用的含义。例如，在著名的何尊铭文中刻有："唯王初墹（迁）宅于成周，复禀（武）王礼福自天。"铭文还引用武王的话道："余其宅兹中国，自之乂民。"这里的"宅"，都可以理解为居住。其三，"宅"也含祭祀之意。有学者考察发现，金文里所有以"宀"和其他元素组合而成的字，都含有祭祀的意思。所以，有学者认为"宅于成周""宅兹中国"中的"宅"，是指祭祀而不是居住，何尊铭文也便是一篇祭祀用的祷文。[②] 虽然将"宅"理解为祭祀的

---

① 杨荫深编著《居住交通》，上海辞书出版社，2014，第 3 页。
② 阿城：《昙曜五窟：文明的造型探源》，中华书局，2019，第 22 页。

观点尚待进一步考证，但揆诸周后之中国历史，人们于家宅中进行祭祀活动亦即进行家祭的现象，却曾是广泛存在的不争之实。这可以说明，在中国历史上的"宅"，至少曾经具有重要的政治功能和宗教文化功能。

当然，可以对"宅"的多重含义做分别说明，但对"宅"具体的使用和理解，有时候可能涉及其两个或多个含义，而不是在单一的含义上使用"宅"这个概念。此外，要注意的是，住宅还应该包括屋里屋外的附属物和所有物，房屋的附属物和所有物与房屋一起满足人们的居住生活需求。附属物是与房屋相连接或邻近的生活设施，如传统住宅的院落、现代住宅的室外公摊形式的空间等。所有物是室内的各类生活设施和物品，如家具、电器、生活用品等。

（二）住宅社会学的概念界定与学科属性

住宅社会学的概念界定是其作为一门学科在发展中的重要问题。在进行概念界定之前，我们先对住宅社会学的名称做简要说明。国内学界常用住宅社会学这个概念，也有一些学者使用住房社会学概念，住宅与住房均主要指供居住的房屋。但是，从用词规范严谨和便于交流传播的角度，我们认为应统一使用"住宅社会学"这个名称。这有三个方面的理由。一是从词义学上看，如前所述，"宅"和"住宅"具有多方面的含义，而"住房"则仅有名词意义上的供居住的房屋之意，进一步说，"住宅"包含"住房"的含义。二是从内涵上看，住宅社会学对应的英文一般是 sociology of housing 或 housing sociology。其中，housing 是 house 的动名词形式，而 house 一词既是名词也是动词，有两类含义，一类是作为名词，指住宅、房屋和居住条件等；另一类是作为动词，有提供住宅、安置、居住等含义，因此可以表示居住行为与安居活动等。[①] 从这个角度可以看出，在西方学界，住宅社会学的研究对象应是与住房有关的居住条件、居住行为及居住活动。进一步说，住宅社会学研究既包括对住房的研究，如研究住房

---

① 汉语的"宅"的含义与 house 类似，既可作为名词，表示房屋，也可作为动词，表示筑居、居住。住房则仅指居住的房屋。因此，"住宅社会学"作为名称能够更为准确地反映该学科的研究主题和内容。这是我们主张使用"住宅社会学"而不使用"住房社会学"作为该学科名称的主要原因。

的数量与条件、位置与结构、地位与功能等，也包括对居住主体与居住活动的研究，如研究居住观念、居住行为、住房供给以及住房与居住主体的关系等。与"住房"比较起来，"住宅"与 housing 的内涵更为接近和对应。三是从既有使用情况看，就我们所知，目前国内学界似乎使用"住宅社会学"更多一些，特别是大多数相关的学术团体都使用"住宅"一词，如"中国住宅问题研究会""住宅社会学学术委员会""住宅社会学研究会"等。许多重要的学术著作也使用或者在翻译时使用"住宅"一词，如恩格斯的《论住宅问题》，20 世纪末国内出版的几乎所有相关著作也均使用"住宅社会学"这个概念。因此，比起有的学者使用的"住房社会学"，"住宅社会学"这一名称不仅包含前者的意涵，而且有着更为丰富的内涵，能指向更加多样的研究内容，同时也更具有传承性和延续性。

关于住宅社会学的概念界定，让人颇感诧异的是，西方学界并没有关于住宅社会学的明确定义。穆希尔（Musil）将其归咎于学界对"社会学是什么"缺乏共识以及住宅社会学本身的复杂性。[1] 这种情况下，西方学者们对住宅社会学研究的学科、理论与方法等的选择和讨论往往"根据自己的专业或学术兴趣"进行，有着一定程度的随意性。与西方学界不同，国内住宅社会学研究虽然起步比较晚，但学界在 20 世纪 80 年代和 90 年代便对该学科的概念界定问题颇为关注。孙金楼和柳林认为："住宅社会学是用社会学的方法研究住宅的历史发展，研究住宅在现实生活中的地位和作用，研究住宅与社会各方面的相互关系及其发展状况的一门科学。"[2] 周运清认为："住宅社会学应界定为研究住宅与社会生活诸要素间的关系及其规律的科学。"[3] 尽管具体表述不同，但他们的观点均强调了住宅和社会之间的关系。而朱志杰认为："住宅社会学是揭示人们居住行为发展规律的学科，居住行为是指人们的居住内容、人们对住宅的使用方式及其与社会生活和自然条件的关系。"[4] 这个界定的重点是人与住宅的关

---

[1] J. Musil, "How the Sociology of Housing Emerged,"*Sociologický Časopis/Czech Sociological Review* 41(2005) : 207–225.

[2] 孙金楼、柳林：《住宅社会学》，山东人民出版社，1985，第 1 页。

[3] 中国城市住宅问题研究会住宅社会学学术委员会编《住宅社会学导论》，安徽人民出版社，1991，第 7 页。

[4] 孙金楼：《我国住宅社会学研究综述》，《社会学研究》1990 年第 4 期。

系。在对以上观点进行整合的基础上，张仙桥将住宅社会学的研究对象综合概括为人、住宅和社会三者之间的关系，他认为"住宅社会学是运用社会学的理论和方法，研究住宅的历史、作用、地位以及人与住宅、住宅与社会的相互关系及其规律的学科"①。

仔细考察以上论述可以发现，它们都涉及两个主题，一是人与住宅之间的关系，二是住宅与社会之间的关系，而侧重点的不同，又反映了各自在住宅社会学研究中研究视角的定位差异。我们认为，仅仅将住宅社会学定义为研究人与住宅的关系或社会与住宅的关系的学科会使定义过于抽象和狭隘，且问题导向性和实用性不足。住宅社会学不仅要研究一般意义上的人、住宅与社会三者之间的关系，更要研究人、住宅与社会三者之间相互影响和相互作用的机制。因此，我们认为相对来说上文中张仙桥的界定更为合理，在其基础上，我们将住宅社会学界定为基于社会学的理论、视角和方法研究人、住宅与社会之间的相互关系及影响机制的社会学分支学科。

对这个界定还需要进行几点说明。首先，住宅社会学的研究对象是住宅。对这个看似简单的问题的澄清是有必要的，原因有两方面。一方面，有些国内学者的认识并不准确。例如，张仙桥将住宅社会学的研究对象综合概括为人、住宅和社会三者之间的关系，孙金楼和柳林认为住宅社会学的研究对象是社会同住宅之间的关系，朱志杰则认为住宅社会学的研究对象是人与住宅的关系，等等。我们认为，这些观点混淆了研究对象与研究主题、研究问题等概念的区别。所谓研究对象（在研究方法领域也被称为分析单位）是在研究中被描述和分析的对象（人或事物），而研究主题是社会研究所涉及的现象领域或问题领域，研究问题则是社会研究所要回答的具体问题。② 可见，这些学者所说的研究对象实际上应该是研究主题。住宅社会学的研究对象是作为一种社会产品的住宅。另一方面，住宅具有多重的属性与功能，主要包括作为居住生活空间载体的物理属性与使用功能、作为生产场所和财产凝结产物的经济属性与功能、作为交往活动展开

---

① 张仙桥：《住宅社会学的兴起及在中国的发展》，《社会学研究》1995 年第 1 期。
② 风笑天：《社会学研究方法》，中国人民大学出版社，2001，第 46 页。

场所和社会关系构成要素的社会属性与功能（狭义）、作为权力竞争场域和自治手段的政治属性与功能、作为满足精神和心理需求条件的文化属性与功能。因此我们可以说，那种仅从物理属性与使用功能角度将住宅视为外在居住空间载体的倾向，无疑是对住宅多重意涵的过度简化和片面理解，而这种倾向在国内外学界曾经长期占据主流地位。

其次，住宅社会学学科的独立性。任何一门学科的界定，都需要依据相应的界定标准。目前学界关于学科的划分标准问题，大致形成了三种认识。第一种是依据研究对象进行划分。"任何一门学科要想单独成立，必须具备自己特定的、不能被别的学科所取代的研究对象"[1]，"以独立的研究对象来划分学科是学科分类中最普遍的做法，也是最不会引起争议的做法"[2]。第二种是依据理论和方法进行划分。依据研究对象进行划分这种看起来最稳妥的做法却越来越难以成功，也可能越来越不必要，原因在于这种传统做法似乎难以面对科学领域中交叉学科发展的事实，今天我们似乎已经很难说哪一种现象是哪一门学科独有的研究对象。因此，学科之间的差别可能越来越不体现在研究对象上，而是突出于理论和方法方面。[3] 第三种是依据研究的主题和策略进行划分。有学者以政治社会学为例，提出"使政治社会学成为一个相对聚合的研究领域的，并不是外在的学术建制，而是实质性标准：相同的学术主题以及相应的研究策略"[4]。我们认为，具有多重属性的住宅是许多学科的研究对象，经济学、人类学、规划学、建筑学、心理学等学科均已参与到住宅研究领域并取得丰硕成果。因此，住宅这个研究对象无法体现住宅社会学的学科特性。住宅社会学的学科独立性应主要来自其研究主题与理论、方法，与侧重于研究住宅的物理、经济、文化及心理等属性与功能的学科有区别的是，尤其强调整体论与系统观的社会学，注重运用社会学的理论、视角与方法研究人与住宅以及社会之间的相互关系。进一步说，住宅社会学将住宅视为一种社会事实，将居住视为一种社会性的现象。尽管住宅和居住都一定与政治、经济、文化、

---

① 向德平编《城市社会学》，武汉大学出版社，1994，第5页。
② 蔡禾主编《城市社会学讲义》，人民出版社，2011，第6页。
③ 蔡禾主编《城市社会学讲义》，第6页。
④ 景跃进：《政治社会学：主题、取向与学科》，《江苏社会科学》2003年第6期。

空间相关，但住宅社会学注重从社会基础和社会关系角度，研究人、住宅和社会这三者之间的关系问题。

最后，住宅社会学的学科属性。西方社会学在形成以后很长一段时期中，秉承由创立者孔德（Comte）提倡并经迪尔凯姆（Durkheim）发扬的实证主义立场和原则，即使是作为人文主义理论巨擘的韦伯也提出过具有科学主义取向的价值中立原则，努力追求理性基础上的"科学化"成为社会学发展的主要目标。随着人文主义精神在社会学领域发展逐渐深入和不断被发扬光大，尤其是在后结构主义理论、后现代理论的影响下，实证主义主导地位不断地受到削弱。当代社会学已被越来越多的学者看作一种具有"科学"和"人文"双重属性的学科。费孝通先生曾说过，社会学的科学性，使它可以成为一种重要的"工具"，可以"用"来解决具体的问题。社会学的人文性，决定了社会学应该投放一定的精力，研究一些关于"人""群体""社会""文化""历史"等的基本问题，为社会学的学科建设奠定一个更为坚实的认识基础。① 作为社会学分支学科的住宅社会学也具有"科学"和"人文"双重属性，但是同样不能忽视的是社会学作为解释、理解和解决社会问题的一门学科所必然具有的批判性。近年来，许多学者开始反思和诘问"价值中立"原则在社会学研究过程中那种理所当然的合理性，他们认为社会学应该带着"情感"做有"温度"的研究，应该抱持必要的价值立场，在批判的基础上获致对现实的超越，避免因一味地解释和理解而堕入保守主义陷阱。因此我们认为，从"科学""人文""批判"三重属性角度来理解和界定住宅社会学才能更准确地把握其合理内涵和学科定位。而有些信奉科学主义的学者则有意无意地突出住宅社会学的"科学"属性，例如前述的一些界定中即有学者主张住宅社会学应"发现规律"，而且是"一门科学"。我们不能说这是错的，但这是片面的。住宅是生产的空间也是生产的产物，是消费的对象也是消费的载体；住宅是权力竞争的焦点也是矛盾集中之处；住宅更与家、亲人、爱和我们自身以及活生生的日常生活密切关联。对于这样的住宅而言，科学虽然可以进

---

① 费孝通：《试谈扩展社会学的传统界限》，载《费孝通谈民族和社会》（下），学苑出版社，2017，第711页。

入，但绝不可能包揽一切。住宅社会学还需要探寻住宅所含摄的诸种价值与意义，更需要通过反思和批判进而不断地接近"诗意地栖居"的状态，在这样的进程中，才可能发现学科自身的价值和意义并不断地实现自我超越。

第一部分

中西方住宅社会学的
发展历程

第一章　西方住宅社会学的发展历程

　　长期以来，西方住宅社会学发展并不顺利，一度因过度追求"跨学科"发展而泥陷于学科迷失的困境，面临着比较严重的学科危机，甚至有沦为"剩余学科"的危险，以至于不同时期都有对住宅社会学的质疑，20世纪60年代，莫里斯（Morris）和莫吉（Mogey）曾质疑"是否存在住宅社会学"；到了20世纪末，塞弗拉季奇（Seferagić）认为"住宅社会学已经过时"。相对温和的批评则更多，大多数批评认为住宅在社会学研究对象中居于次要地位，住宅社会学对住宅的研究与其他学科相比似乎也处于次要地位，至少在某些时期是这样。有的学者在论及住宅社会学时也闪烁其词，唐纳德·弗莱在《住宅社会学》一文中就说可以用"人造居住环境：若干社会政策的思考"对该论文的标题进行替换。就连默顿（Merton）也说，住宅领域中的每一个现实问题都是多维度的，需要从不同学科视角进行研究，尽管有时候问题可能是纯经济、建筑或社会学领域的，但住宅从业者们所遭遇的实际问题必然无法通过某一学科就得到解决。尽管如此，纵观西方住宅社会学的发展历程，仍然可以发现一条留有时深时浅的发展印迹的路径脉络。回溯和辨识西方住宅社会学研究发展脉络，归结其主要的研究议题，将有助于更深刻地理解西方住宅社会学的来龙去脉及其主要进展。

一　西方住宅社会学的古典源泉
（19 世纪中期至 20 世纪 30 年代）

　　19世纪中期，西方第一次工业革命完成，以大工厂、大工业为核心的资本主义经济为城市发展提供了强大动力，西方城市化进程快速推进，英国的伦敦、曼彻斯特等大城市规模迅速膨胀。随着大量的外来人口不断涌入城市，加之当时英国等许多西方国家秉持"无规划"（no planning）的城市发展方式，城市生活状况不断恶化，在城市中对住房的巨大需求和迟滞的住房供应之间的尖锐矛盾，致使住宅短缺等住宅问题日益严重。正如恩格斯在1844年到1945年初完成的《英国工人阶级状况》中所描述的，"一方面，大批农村工人突然被吸引到发展为工业中心的大城市里来；另一方面……正当工人成群涌入城市的时候，工人住房却在大批拆除。于是就突然出现了工人以及以工人为主顾的小商人和小手工业者的住房短缺"①。恩格斯运用观察、访谈、做田野笔记、文献研究等方法，对伦敦、都柏林等城市的贫民窟进行深入的社会调查。根据"亲身观察和可靠材料"，恩格斯对贫民窟的住宅和居住状况进行了客观翔实的描述，并运用唯物辩证法和阶级分析方法展开深入讨论，这种做法后来成为住宅社会学研究的基本研究方法之一。从这个意义上说，这部马克思主义经典著作可以被看作住宅社会学研究的重要先驱文本。

19世纪70年代初，面对当时很多欧洲城市的严重住房危机，德国左翼人士探究如何回应危机的意识形态之战爆发了。② 作为论战中的一方，埃米尔·萨克斯（Emil Sax）的《各劳动阶级的居住条件及其改良》、阿瑟·米尔伯格（A. Mülberger）在《人民国家报》连续刊载的讨论住宅问题的文章等都在当时形成了一定的影响，而消除这些蒲鲁东主义的德国追随者们的学说可能对工人运动造成的影响，正是恩格斯对其进行批判的重要动因。恩格斯在1872年到1873年初写成的有关住宅问题的三篇文章（后结成《论住宅问题》一书）揭示和总结了近代资本主义工业化时期城市和住宅问题的线索与症结。③ 在文章中，恩格斯主要从市中心的级差地租和低收入住宅的无利可图入手对当时住宅缺乏的原因进行了分析，运用资本逻辑揭示住宅问题产生的秘密，同时对萨克斯、米尔伯格等人在资本主义社会框架内利用资本逻辑解决住宅问题的方案和追求永恒公平的企图展开有力批判，主张"从资本主义生产方式的改造（废除）出发"来解决

---

① 《马克思恩格斯文集》（第3卷），人民出版社，2009，第239页。
② S. Hodkinson, "The Return of the Housing Question," *Ephemera* 4(2012).
③ 高鉴国：《新马克思主义城市理论》，商务印书馆，2006，第70页。

住宅问题。正是在这一系列文章中，恩格斯构建了自己的住宅理论，该理论基于对现实社会的理性考察，追求在更大程度上实现公众的利益并落实符合生活实际的实质正义原则。

从《英国工人阶级状况》到相隔近 30 年的《论住宅问题》，两部著作反映了恩格斯对住宅问题的长期关注。更为关键的是，恩格斯的著作即使不算开启，至少也是典型地体现了早期住宅研究的科学化与意识形态批判的双重取向。在科学化取向上，无论是《英国工人阶级状况》基于实地调查材料所展开的鞭辟入里的实证研究，还是《论住宅问题》中对住宅性质、住宅所有权、住宅租赁关系、交换银行及地租理论等的精彩剖析与详细论证，都蕴含着科学主义的原则。与科学主义对应的意识形态主张同样成为恩格斯住宅理论的一条主线，这无疑与住宅问题的解释过程中所需的批判性以及住宅问题的解决过程中所需的实践性密切相关。正是由于其含有意识形态批判指向，布洛维（Burawoy）明确将恩格斯归为乌托邦式社会学家。当然，在恩格斯那里，科学或学术与批判取向是必须结合起来而不可分割的。有人说"看重平等是马克思主义正义论的明显优势，而实现平等的路径要到政治经济学中去寻找"[①]，这种双重取向不仅为后来的住宅研究抹上了科学性与实践性的底色，更基本框定了住宅研究的实证分析与政策分析这两个主要的问题域。值得一提的是，恩格斯对住宅问题的深刻解析不仅提供了一个成功的研究范例，更为后来的住宅研究，特别是新马克思主义学者从空间视角展开的对住宅的政治经济学研究提供了诸多灵感以及理论和方法资源。

依据布洛维对社会学的四种分类[②]，可以发现，恩格斯的住宅研究所具有的宏阔的视野、科学的方法、深刻的批判，并提出了解决住宅问题的根本性方案，为住宅社会学研究提供了融合工具性知识和反思性知识的经典范例，因而恩格斯的住宅研究也成为对专业性、批判性、政策性与公共性兼容并包的成功探索。应该说，这种兼有多重面向的综合研究并不多

[①] 臧峰宇等编著《恩格斯〈论住宅问题〉研究读本》，中央编译出版社，2014，第 11~12 页。
[②] 美国著名社会学家布洛维认为存在四种社会学：专业社会学、政策社会学、批判社会学、公共社会学。

见，常见的倒是某一种或两种取向的"社会学劳动的分化"①。早期欧洲的住宅研究也是如此。在对住宅的综合研究之外，对住宅的专业的社会学分析也已出现，如西美尔（Simmel）在《空间社会学》中分析了不同人际交往水平对定居者、流动者和无家可归者的影响。② 其中，埃利亚斯（Elias）在 1933 年提交给法兰克福大学的职称论文《宫廷社会》堪称代表。该文虽非关于住宅问题的专论，但埃利亚斯在其中第三部分"住宅结构作为社会结构的指针"中，已经十分明确地指出居住格局与空间形态和社会关系及社会分层结构之间存在明显的对应关系，并主张只有从社会的视野和"我们"的视野，才能真正理解住宅。③ 尽管该文在很久之后才逐渐得到认可，但必须承认它在住宅社会学早期发展阶段占据的重要地位。

早期美国学界的住宅研究包含两种不同的问题取向。一种取向是将住宅视为物理性实体，关注住宅可以满足居住需求的物质属性和实体特征，聚焦于住宅短缺、拥挤、卫生条件等方面，其中贫民区住宅状况研究是一个经典议题。1890 年，新闻记者里斯（Riis）出版了他的第一部代表作《另一半人怎么生活》，用图文并茂的方式如实描绘了纽约市贫民的居住生活状况并做出了深刻又精彩的分析。④ 这部著作产生了很大影响，不仅极大地震撼了美国人的心灵，还成为美国通过第一项意义深远的改善贫民窟生活条件的法案的导因之一。1902 年，里斯出版了另一部重要作品《与贫民窟的斗争》，书中描述了纽约市贫民窟现象，记述了城市住屋改革的过程。⑤ 这两部著作成为后来相关研究的重要基础。这一时期比较重要的成果还有科姆斯托克（Comstock）对芝加哥市黑人住宅状况的调查研究⑥、

---

① 〔美〕麦克·布洛维：《公共社会学》，沈原等译，社会科学文献出版社，2007，第 27 页。
② 〔德〕齐奥尔格·西美尔：《空间社会学（节选）》，载《时尚的哲学》，费勇、吴菩译，文化艺术出版社，2001，第 50 页。
③ 〔德〕诺贝特·埃利亚斯：《宫廷社会》，林荣远译，上海译文出版社，2020，第 63～102 页。
④ J. A. Riis, *How the Other Half Lives: Studies Among the Tenements of New York* (New York: Charles Scribner's Sons, 1890).
⑤ J. A. Riis, *The Battle with the Slum* (New York: Macmillan, 1902).
⑥ A. P. Comstock, "Chicago Housing Conditions, Ⅵ: The Problem of the Negro," *American Journal of Sociology* 18(1912): 241-257.

格瑞斯（Gris）与福特（Ford）对黑人住宅问题的考察分析①、沃斯（Wirth）对美国少数族裔聚居区的深入研究②、霍伊特（Hoyt）对美国城市中邻里关系结构等问题较早的专门讨论③等。这些研究作为对当时美国城市中典型的住宅问题的积极回应，充分体现了美国社会科学研究高度关注现实社会问题的实用性的品格与特征。

另一种取向是将住宅看作空间-社会-文化的复合体，探讨住宅的社会文化功能及其影响。著名人类学家摩尔根（Morgan）在其最后一部作品《美洲土著的房屋和家庭生活》中从社会关系和结构入手，描述美洲的易洛魁人、筑墩人、阿兹特克人、印第安人的群居房屋的基本样态，进而在特定的制度、宗教和风俗习惯背景下分析房屋与家庭和家户生活的关系，探讨不同房屋形态格局的政治社会功能。④ W. E. B. 杜波依斯（Du Bois）对 19 世纪 90 年代佐治亚州农村地区非裔美国人生活条件进行研究，他发现，房子的大小和"布置"（arrangements）完全可以反映出一个人的生活条件。"布置"一词可以揭示一系列更广泛的社会学议题。"布置"体现出了各式各样的物理空间、社会、政治、经济和象征力量。他从"布置"谈起，描述了住宅中的室内陈设、设施、拥挤程度、用品和装饰，被局限在阶级与种族之中的黑人劳动者与白人老板之间的关系，散落于大厦阴影下的不良地理位置的"黑佬"住宅区，以及质量较差的住宅是如何影响人们的家庭生活、日常生活、社会阶层的流动性以及移居模式的。杜波依斯断言，人们的房屋是"他们身份的象征"。后来"布置"这一概念被社会学家和其他学科的学者采用到他们的住宅研究中。⑤ 与当时其他研究相比，作为第一位美国黑人社会学家的杜波依斯对住宅和社区的研究，具有更加明确的社会学意识，不仅包含了对住宅阶层化经典议题的讨论，更加难能

---

① J. M. Gries and J. Ford, eds., *Negro Housing* (Washington, D. C.: President's Conference on Home Building and Home Ownership, 1932).

② L. Wirth, *The Ghetto* (Chicago: The University of Chicago Press, 1928).

③ H. Hoyt, *The Structure and Growth of Residential Neighborhoods in American Cities* (Washington: Federal Housing Administration, 1939).

④ 〔美〕路易斯·亨利·摩尔根：《美洲土著的房屋和家庭生活》，李培茱译，中国社会科学出版社，1985。

⑤ W. E. B. Du Bois, *The Souls of Black Folk* (New York: Oxford University Press, 1903).

可贵的是其中的分析已经显现出十分清晰的住宅文化分析视角并包含了对住宅的空间-社会关系的初步认识，这对后来的相关研究具有很大的启发意义。

当然，影响最大的应该是 20 世纪 20～30 年代盛行于美国的古典人类生态学派对住宅所做的相关研究。在城市社会空间结构研究过程中，该学派将由栖息地和居住者构成的社区生态体系作为最主要的研究对象。在社区中，各类居住者遵循适者生存法则围绕各种稀缺资源展开竞争，竞争结果是形成均衡的共生性关系和相应的社会秩序，在空间上表现为不同居住者在区位（position）上的结构关系。该学派重要代表之一伯吉斯（Burgess）构建了"同心圆"的理想模型来反映社区的空间结构关系，而另一个代表人物麦肯齐（McKenzie）则提出"集中"与"离散"两个对应概念来描述社区空间的形成过程。不论是从该学派提出的"共生"和"竞争"等核心思想与基本观点看，还是从其对社区空间关系的形象描摹以及对社区空间过程机制的深入分析看，居住者及其住宅都是该学派一个主要的研究对象和研究内容，而主要的研究结论往往是围绕居住者与居住社区而做出的总结与判断。尽管如此，住宅问题在该学派的研究视域中也只是作为一种分析维度与研究工具，其研究的出发点与落脚点是城市的社会空间关系而不是住房本身。

与古典人类生态学派关注城市层次上不同居住区关系变迁不同，同是芝加哥学派重要学者的库利（Cooley）主要研究邻里和社区中的面对面亲密互动对小群体的影响。较为类似的是，怀特（Whyte）在其名作《街角社会——一个意大利人贫民区的社会结构》中也探讨了居住在一个社区中的小群体——街角帮的形成与解体问题。这些作品成为后来美国学界对居住、邻里与社区对社会群体影响的诸多研究的重要源头。

从方法方面看，这一时期西方住宅研究中实证主义方法论和马克思主义哲学方法论占据主要地位。前者偏向于定量的、描述性的研究方式，多见于贫民区住房状况研究中，主要关注住宅的物质属性和实体特征。后者主要以恩格斯为代表，侧重于对住宅问题的批判分析；在具体方法上，则多采用问卷法、访谈法和观察法等收集数据，并做简单的描述性统计分析或者比较分析。值得一提的是，由于这一时期住宅与政府对社会发展规划目标的关系较为紧密，因此学者们常常受政府的委托开展调查并进行住宅研究，数据也多来源于这些调查或是各个部门已公布的数据。

例如，古尔德（Gould）通过各种数据（包括各种协会公布的图片、表格和模型）对纽约的公寓房屋状况进行了详细描述，总结了当时纽约最为突出的住宅问题。[①] 布雷肯里奇（Breckinridge）和阿博特（Abbott）对街道和社区的建筑与房屋分布情况进行了整体描述，通过对芝加哥不同区域的住房进行实地调查，观察了住房内家具情况，并进一步对不同的家庭进行访问，将住房条件与家庭现状联系在一起进行分析。[②] 亨特（Hunt）按照国籍对芝加哥男性群体样本进行划分，访问了96组共850名男性，通过开展多次访谈收集数据，勾勒出那些没有家庭的芝加哥男性群体的生活方式。[③] 布里顿（Britten）对美国公共卫生服务部门的一项调查数据进行描述性研究，对涉及住房与健康的图表进行比较分析，对一些疾病发病率与拥挤程度的关系进行了探讨，其中家庭收入也被纳入比较。[④] 当然，也有学者以文献研究的方式对住房发展进行研究，如福里斯特（Forest）按照时间顺序对美国住房改革发展历程进行了梳理[⑤]，伍德（Wood）对过去一个世纪以来（相对于他发表文章时而言）美国住房发展以及政府缓解住房相关问题的措施进行了细致梳理。[⑥]

总的来看，尽管在这个时期，西方学界在对住宅问题的学术探讨中并未有意识地从社会学视角或者运用社会学理论与方法展开研究，但是既有研究中的实证研究取向和批判研究取向，为后来的住宅社会学发展，特别是其理论与方法的发展确立了基本立场。

---

① E. R. L. Gould, "The Housing Problem in Great Cities," *The Quarterly Journal of Economics* 14 (1900): 378–393.

② S. P. Breckinridge and E. Abbott, "Chicago's Housing Problem: Families in Furnished Rooms," *American Journal of Sociology* 16(1910): 289–308.

③ M. B. Hunt, "The Housing of Non-family Groups of Men in Chicago," *American Journal of Sociology* 16(1910): 145–170.

④ R. H. Britten, "New Light on the Relation of Housing to Health," *American Journal of Public Health and the Nations Health* 32(1942): 193–199.

⑤ R. W. Forest, "A Brief History of the Housing Movement in America," *The Annals of the American Academy of Political and Social Science* 51(1914): 8–16.

⑥ E. E. Wood, "A Century of the Housing Problem," *Law and Contemporary Problems* 1(1934): 137–147.

二 西方住宅社会学的形成与困境
（二战后至 20 世纪 80 年代）

（一） 西方住宅社会学的初步形成

二战后，很多西方国家面临着全面重建的问题，尤其是欧美国家大量退伍军人和人口剧增带来的巨大住宅需求在一个较短时期内快速释放，如果说以往的住宅问题还不十分要紧，也并未引起全社会的共同关注，那么这时从国家机构到无数家庭都面临着如何有效提供或获得合适住宅的现实问题。同时，住宅在经济社会领域的地位日益凸显。比如，1950～2004年，房地产业成为美国经济的支柱，在 GDP 中所占的比例一度超过 1/5。住宅建设还是各级政府财政收入的一个主要来源，带来的就业机会也十分可观。① 不论是因为源于政治伦理的政府承担的住宅建设责任，还是因为对经济与社会发展的策略考量，西方国家（各级政府）都不同程度地卷入（involved in）住宅领域。投资者对标准化、人口需求及人们对住宅特别是新公寓的适应性等社会学数据感兴趣。建筑公司还需要有关其所生产"产品"的使用者的基本社会学数据。对这类社会学信息的需求是推动住房系统社会学研究兴起的动力之一。② 在此背景下，在之前相关研究基础上，西方住宅社会学的科学研究和学科发展均获得明显成效，具体表现在住宅成为社会学研究对象、住宅社会学研究范式形成以及住宅社会学制度化三个方面，标志着该学科正处于逐渐浮现（emerging）的过程之中。

1. 住宅作为社会学研究对象

20 世纪 40 年代，西方学界更加自觉地把住宅问题引入社会学的分析视野中，更确切地说，是希望把逐渐成熟的社会学知识引入住宅问题的分析中。一个明显的结果是在《美国社会学评论》等社会学专业期刊上刊发的与住宅紧密相关的研究成果开始增多。其中，著名学者刘易斯·沃斯于

---

① 〔美〕阿列克斯·施瓦兹：《美国住房政策》，黄瑛译，中信出版社，2008，第 3～4 页。

② J. Musil, "How the Sociology of Housing Emerged," *Sociologický Časopis / Czech Sociological Review* 41(2005)：207-225.

1947 年发表的论文《作为一个社会学研究领域的住宅》被看作住宅社会学发轫的重要标志。沃斯不仅在社会学视野中研究住宅，更为关键的是他把住宅作为社会学的一个研究领域而不是简单的研究对象来看待，并给出了较为深入的分析和论证，这对住宅社会学作为社会学的分支学科而存在起到了重要的奠基性作用。沃斯指出居住（housing）是一种社会活动，因此住宅应该成为社会学的一个研究领域。社会学家所面对的住宅问题是社会关注的一个真实问题，这个问题对如何动用社会学知识并完善社会学分析方法提出了挑战。因此，社会学家必须揭示出各种与住宅相关的影响因素以及人们参与社会生活的结果。按照递进顺序，沃斯进一步提出三个重要的研究内容：住宅的社会价值（微观层面）、住宅与社区（中观层面）以及住宅与社会政策（宏观层面）。

第一，住宅的社会价值。简单地说，沃斯所说的住宅社会价值就是住宅能够满足其住户居住需求的程度，它主要反映了住宅与住户及其家庭的关系。沃斯认为这种价值包括从满足起码的住房需求到力争提供更好的居住条件的一系列内容，这些居住条件包括各种生活便利设施，对应着不同豪华水平、与身份有关的品质以及其他特征，比如住宅的位置、建造的材质、建筑风格，住宅内家具设施的类型，社区位置，邻里特征，等等。此外，住宅社会价值还涉及两个重要方面。一个方面是住宅所有权，已经有研究证明城乡社区之间、不同规模与类型的城市之间、不同收入群体之间、不同种族和经济水平的群体之间，住宅所有权有着明显的分化。沃斯认为住宅所有权与人口流动及工作机会可得性之间的关系也是一个重要的研究议题。另一个方面是住宅标准，这里的具体研究内容包括对住宅标准与健康水平、居住生活与相关法律条例、住宅内部格局与家庭结构等多种内在关系的相关分析。

第二，住宅与社区。由于住宅是邻里、地方性社区与大都市的构成部分，因此沃斯认为有必要对住宅与社区生活的联系进行研究。具体来说，对住宅的社会学研究应该关注社区结构以及它们与城市总体模式之间的关系；分析社区的不同类型；跟踪社区衰退过程；研究在城市的特定区域中不同人口群体的侵入与接替现象；讨论隐含在逃离城市和郊区社区兴起中的影响因素，进而研究这些由中心城区向外扩展的郊区社区的命运；探究人们对抗陌生的种族与民族群体侵入的态度、用来阻止侵入的方法以及那些可以被用来建设理想社区的可选方式，这些社区中各种经济阶层、种族和民族特征的人都可以友好地生活在一起；分析社区机构与住宅的关系、工作地点与居住地点的联系以及在一般的生活模式中交通的角色；等等。

第三，住宅与社会政策。沃斯认为，与住宅相关的社会政策能够成为一个严肃的社会学研究对象，主要有两个方面的原因。一方面，住宅建设及住宅问题的解决越来越超出个人和家庭的能力范围而具有更加明显的公共性。这主要是因为与住宅有关的活动中包含着许多不同的利益和多种专门的技巧，这是个体很难或者无法驾驭的，能够帮助个人或家庭解决他们的住宅问题的社会环境正变得更加复杂和不可缺少。另一方面，住宅在很多方面都被公共利益所包围，住宅供给涉及各种各样组织化程度不同的和相互联合的利益群体。对在住宅相关活动中不同利益群体的集体行为进行深入研究，同时引导人们有效组织起来对抗既得利益群体，是解决住宅问题的重要前提。[1] 尽管沃斯已经把住宅与社会政策（的关系）作为住宅社会学的一个重要研究领域，但相关学术研究真正获得经验基础，要到 20 世纪 50~70 年代，这时为了解决战后住房匮乏问题，西方资本主义国家在住房领域投入了巨额资金，在对资金的使用安排过程中，作为对公共资源分配的制度化设计，社会政策显得更加重要。一个可以想象的后果是掌握这些资金分配权力的公共部门必然快速地壮大和膨胀。因此，这个阶段中对住房政策的讨论才开始不断增多。

在这一时期，还有许多针对如何将住宅问题引入社会学分析范畴展开论述的作品，其中有三位学者的贡献尤其值得一提。第一位是来自威斯康星大学的斯文德·瑞默尔（Svend Riemer）。瑞默尔在 20 世纪 40 年代连续发表关于住房调整的社会学理论、对住房规划的社会学视角分析等研究成果，将社会学学科知识运用于住宅领域研究，特别是在《作为一个社会学问题的家庭住宅》一文中，他详细论述了不同类型家庭的住宅需求分化及其评估、居住结构对家庭周期的调整作用、居住消费偏好和住宅设施匮乏

---

① L. Wirth, "Housing as a Field of Sociological Research," *American Sociological Review* 12, No. 2 (1947): 137–143.

的社会影响等具体问题，这些问题显然都是社会学研究的重要议题。① 第二位是著名社会学家罗伯特·默顿。默顿对住宅的社会学研究所做的第一个贡献是他提出了住宅社会心理学并对其做出了初步的解释。第二个更重要的贡献则是由他和帕特里斯娅·维斯特（Patricia West）等人主编的《住宅领域的社会政策与社会研究》中收录了许多当时关于住宅社会学研究的理论与方法的重要成果。② 作为现代社会学领域的泰斗式人物，默顿参与搭建住宅研究与交流的学术平台，这本身就足以说明社会学界对住宅问题的高度关注，同时也吸引和鼓舞更多学者投身住宅研究。第三位是斯图尔特·蔡平。蔡平在住宅研究领域中的影响主要来自他对住宅的社会学研究方法的精彩分析。在《关于住宅问题社会学研究的新方法》一文中，他对住宅研究中用来获得定量数据的问卷调查法与社会量表法以及项目化实验设计与事后回溯实验设计这些方法进行了详细描述与比较分析，并提出对两类方法尤其是后一种方法的改进思路③，这让他成为"住宅社会学的实验设计研究的领军者"④。对于尚在形成过程中的住宅社会学来说，这些研究不仅提供了许多学术方面的理论洞见和研究工具，更关键的是引致了更多的学者对住宅现象的"集体凝视"（collective gazing），从而推动了住宅现象"问题化"（problematization），参与住宅社会学研究的学者在人数上开始增多，同时学科背景也逐渐多样化，这是住宅社会学获得发展的基本条件。

20世纪60年代，一些欧洲学者撰写的直接讨论住宅社会学的论文陆续发表。法国社会学家香巴特·德·洛维较早使用住宅社会学这一概念，在《住宅社会学：方法与研究前景》一文中，洛维详细说明了民意调查、需求评估、动态实验等用于住宅研究的方法，提出在未来的研究中，应重

① S. Riemer, "Family Housing as a Sociological Problem," *The Midwest Sociologist* 11, No. 1(1948) : 6.
② R. Merton, P. S. West, M. Jahoda et al., eds., *Social Policy and Social Research in Housing* (NewYork: Association Press, 1951) .
③ F. Stuart Chapin, "New Methods of Sociological Research on Housing Problems," *American Sociological Review* 12, No. 2(1947) : 143-149.
④ R. Merton, P. S. West, M. Jahoda et al., eds., *Social Policy and Social Research in Housing* (NewYork: Association Press, 1951) .

点关注住宅建设如何免除邻里干扰、住宅如何促使个人和家庭在社会生活中获得自由、如何制定规则以避免研究可能出现的伦理问题等，而最重要的可能是从心理学与社会学视角，基于历史资料与民族学研究成果，推进住宅的综合与比较研究。① 在《住宅社会学：对布林斯菲尔德的研究》这部著作中，莫里斯和莫吉将布林斯菲尔德这个政府规划社区的部分居民家庭划分为由外来家庭组成的实验组和由原住家庭组成的控制组，开展实验和比较研究，研究发现邻里关系对居民的居住行为和满意度有着正反两方面的作用。② 澳大利亚学者亚历山大·康多斯（Alexander Kondos）在《住宅社会学》一书中，明确提出住房（dwelling）物理与社会方面的关系的本质和经验特征是住宅研究的根本性理论议题。因此，住宅社会学可以被概念化为一种研究住宅的方法，运用这种方法可以发现住宅的物理实体与其社会组成部分之间的关系。③

2. 住宅社会学理论的基本范式

这个时期，实证主义、批判主义和人文主义三种基本理论范式在住宅社会学领域陆续出现并得到较大的发展。

第一，实证主义范式逐渐成为一种占据主导地位的理论范式。究其原因，二战后欧美国家迫切需要大规模重建，其中住房建设无疑是重中之重。由于住房建设关系到国计民生，政府必须在实地调查的基础上掌握客观的居住需求，了解整体和区域的住房供求矛盾，再制定相应的规划和住房政策进行调控。为了获得学界的支持，政府通过设置项目、提供经费、开放调查数据等方式，吸引学者的积极参与。在此背景下，许多学者的学术研究自觉地与政府的住房建设结合起来，住房政策成为极为重要的研究对象与研究主题，而且这种情况一直持续到 20 世纪末期才

---

① P. H. Chombart de Lauwe, "The Sociology of Housing: Methods and Prospects of Research," *International Journal of Comparative Sociology* 2(1961): 23–41.

② R. N. Morris and J. M. Mogey, *The Sociology of Housing: Studies at Berinsfield* (London and NewYork: The Humanities Press, 1965), p. 56.

③ Alexander Kondos, *The Sociology of Housing* (Australia: ProQuest Dissertations Publishing, 1975), p. 5.

有所改变。① 无论如何，这一时期，围绕人居环境、社会心理（态度、期望）、家庭结构、居住迁移、社区邻里、住宅质量与问题的评估等议题，涌现出大量的研究成果，也形成了一些中观和微观层次的住宅理论。随着二战后欧美向福利国家转型，阶级矛盾得到极大缓解，一种以实用主义哲学为底色的、不讲"主义"而着眼于各种微观社会机制的中层理论在欧美学术圈逐渐成了主流②，这样的情况同样发生在住宅社会学研究领域。

第二，马克思主义理论是住宅社会学主要理论之一，在这一时期采用该理论的住宅研究获得重要进展，这带来了批判主义范式的发展。其中，被称为马克思主义城市理论"三剑客"的列斐伏尔（Lefebvre）、卡斯特尔（Castells）、哈维（Harvey）无疑是主要的代表人物。首先，作为新马克思主义代表人物的列斐伏尔对住宅社会学研究的贡献可能更为重要，其影响也更加深远，只不过长期以来，他在住宅社会学研究领域的地位没有得到应有的重视。列斐伏尔的理论贡献主要体现在两个方面。一方面，他提出的空间生产理论，为后来西方学界大量涌现的居住分异研究提供了一个极为重要的理论框架。另一方面，列斐伏尔对住宅问题进行了十分深刻的分析，曾专门撰文对恩格斯的《论住宅问题》进行评述，他在总体上承继了恩格斯的基本论断，提出"空间是政治性的"的基本主张，进而认为在资本主义社会中，包括土地在内的日常生活空间，都成为商品而被投入买卖之中。③ 这一观念既是对马克思主义特别是恩格斯住宅观的批判性深延，也成为后来西方学界对住房商品化进行批判的重要思想源泉。其次，法国结构马克思主义代表人物卡斯特尔阐释的"集体消费"理论体现出对住房不平等现象的深入分析。他认为作为集体消费品的住房的获取或分配，既取决于住房消费者的收入水平，也受到政府、市场和社会组织的多重限

---

① 从学术研究角度看，依照米尔斯（Mills）的观点，学者们主动积极地靠近政府的政策研究，与美国的新实用主义研究风格有关，这种风格的本质特征就是对分散研究与事实调查的癖好，以及与此相伴的对多元主义含混的因果关系的信仰。参见〔美〕C. 赖特·米尔斯：《社会学的想像力》，陈强、张永强译，生活·读书·新知三联书店，2001，第92页。

② 赵鼎新：《什么是社会学》，生活·读书·新知三联书店，2021，第46页。

③ 参见〔法〕亨利·列斐伏尔《恩格斯与乌托邦》，载《空间与政治》（第二版），李春译，上海人民出版社，2015，第58~69页。

制。在住房市场中获取住房，除了收入以外，个人以雇用为基础的信用能力也是影响大多数美国家庭获得住房的重要因素。在公共住房分配中，住房获取同样受到收入、雇用、教育等因素的影响，此外，管理公共住房的社会组织和制度组织会制定标准进行筛选和排除。总之，一个人能得到什么类型的住房要看他们被社会整合的程度。① 最后，与列斐伏尔和卡斯特尔相比，哈维在城市和住房领域的研究显得更加系统也相对完整。在对城市人造环境的分析中，他提出了资本在城市这个最大的人造环境中的三级循环过程。在哈维那里，马克思所分析的工业资本生产过程被称为资本的第一循环，由于资本不断积累必然形成过剩危机，这是第一循环不可避免的内在矛盾。为了缓解或转移矛盾，资本被投入人造环境生产的第二循环过程中，以应对第一循环过程中的资本投资回报率下降的问题，住房建设就是这个过程的重要构成部分。但进入第二循环过程也只能暂时缓解危机，资本还需要继续投向科研、教育健康等领域的第三循环过程。在三级循环过程中，资本不断地向某些领域投入再抽离，从而导致包括住房危机在内的具有一定周期性规律的城市危机。

第三，人文主义理论出现并形成较大影响。有学者认为，这一时期对住宅社会学理论影响最大的作品当属 1967 年雷克斯（Rex）和墨尔（Moore）所著的《种族、社区和冲突》，作为新韦伯主义者，雷克斯和墨尔对芝加哥学派人类生态学理论和韦伯社会学的有关概念及方法加以融合，他们认为针对住房存在一个地位-价值判断系统，由此人们对具有较高地位和价值的稀缺住房资源展开市场竞争和科层制分配，进而逐渐形成拥有高度分化的住房资源的住房阶级，这个围绕住房资源展开的竞争实质就是一种阶级斗争形式。对于雷克斯和墨尔住房阶级研究的影响，著名住宅社会学家凯梅尼（Kemeny）曾说：当雷克斯和墨尔在住宅研究中创用了"住房阶级"这个概念后，住宅研究发生了一个虽然缓慢却是根本性的变化，不断增强的概念化和理论化意识逐渐地渗入研究中。②

在穆希尔看来，这一时期最有价值的进展是发现了住宅的社会文化维

---

① 蔡禾主编《城市社会学：理论与视野》，中山大学出版社，2003，第 153 页。
② J. Kemeny, *Housing and Social Theory* (London and New York: Routledge, 1992), XV.

度，这对当时过于强调住宅的物质属性从而偏向经济和政治方面的住宅研究是个很好的补充。① 穆希尔把阿莫斯·拉普卜特（Amos Rapoport）、列维－斯特劳斯（Levi-Strauss）、皮埃尔·布迪厄（Pierre Bourdieu）等学者视为在推动该维度研究中最重要的贡献者。阿莫斯·拉普卜特在其代表作《宅形与文化》中的基本主张是与居住生活形态对应的住宅空间形态总是首先受到文化因素制约，而物质环境因素的影响是相对次要的。列维－斯特劳斯在《面具之道》中首次提出"家屋社会"概念并加以阐释，家屋作为一种虚幻的物化形式，逆转了女性和男性、"娶妻者和予妻者"之间既有的矛盾关系，改变了他们之间冲突的观念，通过"合二为一"完成了一系列关键性的逆转，一张权利和义务的网络被重新编织起来，这对于生产和维护社会关系从而向未来发展是十分必要的。② 布迪厄在讨论卡比尔人房屋的逆转（颠倒）时，对这一观点做了进一步发展。卡比尔人的房屋是一个符号象征体系，房屋内部呈现为反映一连串对立关系的对称空间结构，并且在空间-文化意义上房屋作为整个世界的倒影而存在。

如果考虑到杜波依斯等人的研究，那么穆希尔将上述研究称为对住房社会文化维度的"发现"并不准确，以上这些名作的问世实际上是沿着住宅空间、社会和文化关系维度研究轨迹取得的新进展，由于这些研究的影响，以往人们过度关注住宅物质属性的偏见得到一定的纠正，住宅不再被一味地看作居住容器，而是被越来越多的学者看成物质和文化的复合体。这不仅为人类学、建筑学、地理学、规划学以及其他社会科学参与住宅研究并形成对话交流提供了示范文本，更为住宅社会学在更多样的视域和更多元的学科话语语境下获得发展提供了新的可能和方向。

3. 住宅社会学研究方法的基本进展

这一时期，以马克思主义理论为基础的批判主义方法论获得一定的发展，如伯吉斯采用马克思主义框架作为分析所讨论的问题和政策的手段，使用批评话语分析的方法对约翰·特纳（John Turner）关于住房政策的观

---

① J. Musil, "How the Sociology of Housing Emerged," *Sociologický Časopis / Czech Sociological Review* 41(2005): 207-225.

② 〔美〕维克托·布克利：《建筑人类学》，潘曦、李耕译，中国建筑工业出版社，2018，第52页。

点进行批评。[①] 这一时期人文主义方法论也初步显露出其在住宅社会学领域的优势。这主要是由于随着住宅与居住文化研究的兴起，以往受关注不够的住宅文化方面成为很多人类文化学者的研究对象，扎根理论研究、民族志方法等得到比较充分的运用。

但是总体上看，实证主义方法论依然应用得最为广泛，从研究方式和具体技术方法来看，以调查研究方式和定量研究方式对住宅相关现状加以描述和解释最为常见，这类研究通常使用的是定量的分析方法，研究结果经常成为政府相关政策和规划的重要参考。例如，豪泽尔（Hausser）和贾菲（Jaffe）通过对美国国家统计局、人口普查局、公共卫生服务部门等机构公布的数据进行统计分析，基于人口因素与住宅因素对住房短缺程度进行分析和估计。[②] 斯坦（Stein）使用相关性分析和回归分析的方法，对房屋的大小及其拥挤程度进行分析，此外还研究了结核病和住房之间可能存在的联系以及这种联系的强度。[③] 威尔纳（Wilner）等人采用实验研究方式，对住房质量如何影响健康及家庭调整进行研究，数据主要来源于对女性户主的家庭访谈，其次来源于学校、法院、社会和类似机构的公共记录。[④] 几年后，威尔纳等人从对女户主的访谈和公共文件中系统地收集了关于住房质量、人口特征、发病率、社会调整、健康行为和状况、饮食习惯、儿童的学校表现情况以及警察和少年法庭的数据，研究了住房质量对身体发病率和社会-心理调节的影响。[⑤] 奥尼伯昆（Onibokun）对加拿大基奇纳、圭尔夫和高尔特的199名女性户主进行问卷调查，旨在收集关于可

---

① R. Burgess, "Petty Commodity Housing or Dweller Control? A Critique of John Turner's Views on Housing Policy, "*World Development* 6(1978) : 1105–1133.

② P. M. Hausser and A. J. Jaffe, "The Extent of the Housing Shortage, " *Law and Contemporary Problems* 12(1947) : 3.

③ L. Stein, "A study of Respiratory Tuberculosis in Relation to Housing Conditions in Edinburgh: I. —The Pre-war Period, "*British Journal of Social Medicine* 4, No. 3(1950) : 143.

④ D. M. Wilner, R. P. Walkley and M. Tayback, "How does the Quality of Housing Affect Health and Family Adjustment?"*American Journal of Public Health and the Nations Health* 46, No. 6(1956) : 736–744.

⑤ D. M. Wilner, R. P. Walkley, J. M. Schram et al., "Housing as an Environmental Factor in Mental Health: The Johns Hopkins Longitudinal Study, "*American Journal of Public Health and the Nations Health* 50, No. 1(1960) : 55–63.

居住性模型的各个组成部分的数据，用来评价消费者对住房的满意度。[1] 可以看出，随着研究的深入，具体的研究方法也得到了发展。收集数据的方法并没有太多改变，依然集中于访谈法、问卷法等，而分析数据的技术方法，尤其是以定量为主的分析方法得到了较大发展。从最初的对调查或收集得到的数据进行简单的统计分析，逐渐变为设计或应用模型进行双变量乃至多变量的相关性分析和回归分析，其研究流程也更为规范。

4. 住宅社会学的制度化发展

作为学科发展的基础和标志的制度化在这一时期也取得了较大进展。在住宅研究专门期刊创办之前，《美国社会学杂志》《美国社会学评论》等著名的社会学刊物成为刊发住宅社会学研究成果的重要期刊。进入 20 世纪 70 年代后，尤其是 20 世纪 80 年代中期以后，很多欧洲国家住宅领域的教学与研究的制度架构建设以惊人的速度获得发展，很多国家的大学设置与住宅研究有关的教学研究岗位。各类研究中心建立起来，为住宅研究提供资助和发表成果的平台，例如，1988 年，旨在为全球从事住宅研究的机构和个人提供学术交流平台的 "欧洲住宅研究网络"（European Network for Housing Research，ENHR）[2] 创建，多次组织召开例行的住宅领域的国际会议。在 1978 年召开的国际建筑研究与文献委员会大会上，正式成立了住宅社会学学会。1981 年 4 月的伦敦国际住宅和城市问题研究会通过了《住宅人权宣言》，许多国家陆续成立了住宅社会学的研究机构。1990 年，国际社会学协会正式批准成立住房与建筑环境研究会[3]。住宅领域的一些重要的国际学术刊物创刊发行，为住宅社会学研究的成果发表和学术交流提

---

[1]　A. G. Onibokun, "Evaluating Consumers' Satisfaction with Housing: An Application of a Systems Approach," *Journal of the American Institute of Planners* 40, No. 3(1974) : 189-200.

[2]　欧洲住宅研究网络平台为欧洲及其他地区积极参与住宅研究的机构和个人提供一个组织化平台。2022 年，已有 150 多名个人会员和来自遍及欧洲各国的 75 个机构会员的近 500 名雇员。拥有 25 个来自不同学科的工作团队，研究主题涵盖从综合住宅研究到福利政策的多个领域，每个团队每年至少组织一次学术会议。

[3]　住房与建筑环境研究会是一个国际性群众学术组织，在被国际社会学协会正式批准成立之前，已经开展了一些学术活动，每两年召开一次学术年会。第一届会议于 1984 年在荷兰举行，第二届会议于 1986 年在瑞典举行，第三届会议于 1988 年在荷兰举行，第四届会议于 1990 年在巴黎举行，第五届会议于 1992 年在加拿大蒙特利尔市举行，1994 年的第六届会议在北京举行。

供平台。其中，《住房与社会》（*Housing and Society*）创办于 1974 年，是最早的住宅研究专业杂志。英国的《住房研究》（*Housing Studies*）创办于 1986 年，后来成为在住宅研究领域具有很高知名度和权威性的综合性学术期刊。《住房政策辩论》（*Housing Policy Debate*）创办于 1990 年。而作为住宅理论研究最重要刊物的《住房，理论与社会》（*Housing，Theory and Society*）（英国）虽然创办于 1999 年，但其前身是创办于 1983 年的《斯堪的纳维亚住房和规划研究》（*Scandinavian Housing and Planning Research*）。1997~2005 年，著名住宅社会学家吉姆·凯梅尼曾担任这两份期刊的主编，在他的努力下，这两份期刊特别是《住房，理论与社会》成为推动住宅社会学理论发展的主要刊物之一。《住房，理论与社会》的创办意图在于满足在住宅领域中对聚焦于理论而非政策的期刊的需求，这也意味着将理论置于住宅学术研究领域的中心位置。在"住房"和"理论"之间的逗号表明该期刊的目标从一开始就并非要发展一种住宅的理论，而是为社会理论在住宅领域的应用提供空间。[1]

然而在这一时期，作为一个新的学科领域的住宅研究，在设置教学研究岗位，确定课程内容，决定哪些研究申请能获得资助、哪些论文可以发表、哪些作品可以被评论以及由谁评论等方面，都呈现新的权力结构。凯梅尼认为这种状况是危险的。因为制度化会对研究产生固化效应，不同"学派"固守自己的视角，那些拒绝改变和忽视新事物的传统会延续并难以撼动。更加令人担忧的是，制度化很可能造成住宅被从更为广泛的社会关注的议题中孤立出来的程度进一步加深。住宅研究的制度化很可能让狭隘的专业化获得合法性，而这种专业化会脱离作为整体的社会情境。凯梅尼认为住宅研究的权力结构制度化发生得过于迅速，如此下去，抽象经验主义和政策导向研究就会占据主流，从而扼杀或至少是阻碍批判性和反思性的住宅研究的发展。[2] 从后来的住宅研究情况看，凯梅尼的判断是正确的，实际情况甚至有过之而无不及，不论是在方法领域中抽象经验主义泛

---

① M. B. Aalbers, "What Kind of Theory for What Kind of Housing Research?" *Housing, Theory and Society* 35, No. 2(2018): 193–198.

② J. Kemeny, *Housing and Social Theory* (London and New York: Routledge, 1992), introduction: xvi.

滥，还是政策议题在研究中占据着主导地位，都是不争的事实。

（二）西方住宅社会学面临的发展困境

与二战后 20 年左右的较快发展相比，20 世纪 70~80 年代，西方住宅社会学研究却在某种程度上陷入困境，表现为社会学对用来居住的房屋的重视程度开始下降，转而关注邻里关系和社区互动等议题。例如，基于 JSTOR 资源库在《美国社会学杂志》中进行搜索的结果显示，1970 年之前，"住宅"一词出现在 81 篇文章或书评的标题或摘要中，平均每年创造 1.08 个条目。1970~2012 年，这个数字下降到每年 0.79 个条目（一共有 34 篇文章或书评）。在《美国社会学评论》中也有相同的情况，1970 年之前的标题或摘要中平均每年有 1.18 个涉及"住宅"的条目，而 1970 年及之后是平均每年 0.74 个条目。帕提洛（Pattillo）发现，当社会学家退出住宅研究这个领域时，经济学家、建筑师、规划师、地理学家、历史学家、文化研究学者乃至公共卫生学家和犯罪学家等都进入了这个领域[1]，并且其中很多研究都取得较大进展。又如，美国地理学名家大卫·哈维提出的城市空间政治经济学理论围绕城市居住场所中劳动力、租金占有者和建筑商之间的斗争展开研究。再如，著名规划学家纽曼（Newman）对居住空间、犯罪行为和居住安全做了经典的研究。面对这种状况，难怪弗莱会略带沮丧地说"很难确定是什么真正构成了住宅社会学"[2]。

在我们看来，应该从两方面理解这种状况。一方面，过分夸大这种困境既不客观也有失公允。[3] 对于有着明显交叉特点的住宅社会学来说，将

---

① M. Pattillo, "Housing: Commodity Versus Right," *Annual Review of Sociology* 39, No. 1 (2013): 509-531.

② D. L. Foley, "The Sociology of Housing," *Annual Review of Sociology* 6 (1980): 457-478.

③ Weber 等人的研究发现，在 20 世纪 50 年代和 20 世纪 80 年代之间，理论在住宅研究中的使用大大增加。他们发现，在 20 世纪 50 年代，只有不到 25% 的住宅研究出版物为理论的发展做出了贡献，但到 20 世纪 80 年代，这一比例已增加到近 80% ［参见 M. J. Weber, J. W. McCray and S. S. Day, Historical Perspectiveon Housing Research: Foci, Methods, and Contributions (paper presented to Human Resources Research: A Multidisciplinary Symposium, St. Louis, MO, 1986) ］。1978 年，在印度新德里召开的国际建筑研究与文献委员会大会上正式成立了住宅社会学学会，以加强国际上有关住宅社会学的合作与研究。这在一定程度上说明这个时期住宅社会学研究虽存在困难，但并非全面停滞。

来自其他学科的对住房的"社会性"研究纳入自己的学科范畴，不仅必要而且是可行的。前面的论述已经表明了这一点。接下来的问题是，这一时期学界的研究兴趣从住房向邻里和社区的转移，是否意味着住宅社会学研究的衰落？用沃斯的观点看，这种兴趣的转移应该被理解为住宅社会学内部研究议题的变化。沃斯的理由是住宅不仅仅代表其自身，还是邻里、地方性社区与大都市的构成部分，要了解什么是好的住宅，就要了解什么是好的社区。对住宅所构成的社区乃至更大范围的城市的研究，都应该被看作住宅社会学的研究议题，并且，将住宅放置在更大范围里进行研究，可以为住宅社会学提供更多样的研究视野和进路。① 只不过随着议题的"泛化"，相关研究成果经常出现在跨学科期刊上。最后，虽然在社会学专业期刊发表的关于住宅的研究成果数量有所减少，但即使从严格意义上说，住宅社会学的研究脉络也仍赓续不绝，特别是一些社会学期刊上，依然陆续发表了一些住宅理论研究的重要成果，如基于理性选择的家庭住房调适理论、居住满意度理论、住宅剥夺理论等。

另一方面，帕提洛认为尽管说这一时期社会学退出了住宅社会学研究领域有些夸大其词，但对住宅社会学面临的困境也无法视而不见。这种困境实质上反映了住宅研究在社会学领域中的边缘地位，其根源则在于以迪尔凯姆（Durkheim）为代表的经典社会学家对将物质实体作为研究对象的某种轻视。② 而长期以来，尤其是在住宅的社会文化属性得到学界重视以前，住宅主要被视为用来居住的物理空间，过度强调住宅的物质属性严重限制了社会学在住宅研究中的学科优势，和擅长研究住宅物质属性的建筑学、规划学、经济学、地理学等学科相比，这一时期社会学对住宅的研究往往处于相对劣势。从根本上看，其实是如何在理解住宅的基础上对住宅社会学进行定位的问题一直没有真正得到解决。

① 在本书中，我们承认社区研究与住宅社会学研究之间存在的关联，但考虑到社区研究往往被当作一个相对独立的社会学研究领域甚至被看作一个社会学分支，并且社区研究涵盖范围极广、成果繁杂，故本书并未将社区研究相关的理论与方法完全地纳入研究之中，而只在研究过程中有所涉及。

② 多少有些讽刺意味的是，迪尔凯姆极力将社会现象当作一种客观的物化的社会事实，但秉持这种研究立场和思想的社会学者，在面对像住宅这样真正的"物"的时候，反而提不起多大的研究兴趣。

三　反思与再建：西方住宅社会学研究新动向
（20 世纪 90 年代以来）

20 世纪 90 年代以来，西方住宅社会学研究最为显著的变化是对住宅社会学理论的再建和对居住现实的反思。住宅社会学理论再建表现为由主要来自欧洲和澳大利亚的学者所推动的住宅研究理论化进程（theorizing of housing study），基于该进程的有力推进，西方住宅社会学的理论自觉和学科意识不断凸显。居住现实反思的结果则是在美国和英国形成所谓的新住宅社会学（new sociology of housing），在接续西方主流的住宅实证研究取向基础上，一些学者尝试将批判分析带回住宅研究，为住宅社会学的当代发展提供新的学术视野。当然，在住宅社会学的研究方法领域中也发生了十分明显而且重要的变化。

（一）理论的批评与再建

20 世纪 60~70 年代，西方住宅社会学理论就已经有所建树，20 世纪 80 年代，西方学界开始对以往的住宅社会学理论进行总结和反思。但真正从本体论和认识论层次对住宅进行研究以及对住宅理论进行系统的梳理和反思性重建的努力，则是开始于 20 世纪 90 年代并延续至今。作为住宅社会学领域最具代表性的学者之一的吉姆·凯梅尼，在 1992 年出版了他的代表作《住宅与社会理论》，作为住宅研究领域最重要的作品之一，该书的出版吸引了越来越多的学者关注和参与住宅理论研究。尤其是到了 21 世纪，该书在学界影响进一步扩大，学者们在凯梅尼的研究基础上推动住宅理论发展并取得丰硕成果。在这部著作中，凯梅尼对住宅社会学理论进行批评和总结。他认为尽管对理论问题的兴趣日益增长，但是长期以来住宅研究者把自己埋在经验和政策问题中，几乎完全不关心这些"抽象"问题，造成的结果是住宅理论研究被社会科学的进步抛在了后面，像帕森斯（Parsons）结构功能主义、符号互动论以及国家权力理论和社会变迁理论等都并未被纳入住宅社会学理论体系中，住宅研究在社会科学中的地位仍然非常模糊。大多数学者都认同凯梅尼对住宅社会学理论发展状况的判断，在很大程度上，正是这种判断以及由其引发的担忧，成为推动近 30 年来住宅社会学理论化进程的重要动力。

这一时期，住宅领域的学术期刊开始提高对所刊发文章在理论方面的要求和标准，以期在住宅研究领域中逐步建立重视、使用和创新理论的导向和氛围。其中，堪为代表的期刊是《住房，理论与社会》。目前，该期刊是住宅理论研究最重要的进行学术交流和成果发表的刊物之一。1999年，该期刊改用这个名称，其用意就是将理论置于住宅研究学术领域的中心地位。2008 年，为纪念《住房，理论与社会》的前身《斯堪的纳维亚住房和规划研究》创刊 25 周年，在都柏林举行的 ENHR 会议上组织了一次全体辩论，主题是理论在住宅研究中的作用。2020 年，《住房，理论与社会》第 5 期以"凯梅尼住房制度理论的再思考"为主题，刊发了一组高水平的住宅社会学理论文章，以致敬在当年去世的凯梅尼，该期刊也以这种方式向多年担任期刊主编的凯梅尼表达怀念。值得一提的是，2018 年第2 期《住宅，理论与社会》围绕"住宅社会理论研究"这一主题，刊发了一组高质量的学术文章。由于这是第一次如此大规模集中发表住宅理论领域的研究成果，在这些发表的成果中还包括多篇作者之间的互评文章，不仅充分展示了最新也最具代表性的理论观点，还推动了不同理论观点之间的碰撞交流，所以在某种意义上，可以将其看作住宅社会学理论达到新高度的一个重要标志。

2004 年 7 月在剑桥举行的 ENHR 会议上有近 20 篇论文发表，共举行 5 场住宅和社会理论研讨会，平均每场会议有超过 40 人参加。这次举办的研讨会中有两个趋势特别明显：一是将住房与就业、机会平等和规划等公共政策领域之间的联系理论化，二是学者们对推动住宅研究理论化而不仅是借用其他学科理论表现出更大的信心。后一种趋势特别能鼓舞人心，它为住宅理论研究提供了更有意义也让人振奋的工作前景。此外，由于来自不同国家的许多学者在研究共同的问题和理论，但他们并不了解彼此的工作，所以这次会议推举彼得·金（Peter King）、乔·理查德森（Jo Richardson）和里克·雷恩德斯（Leeke Reinders）作为联络人，其任务是在从事类似工作的研究人员之间建立联系，不断深化和扩展理论研究工作。[①]

在这一时期的理论化进程中，除了凯梅尼的重要贡献外，其他重要的理论成果几乎都是直接或间接地围绕凯梅尼的理论思路和研究进路展开的。有的研究倾向于沿用和推进凯梅尼的研究，在凯梅尼倡导的住宅研究的跨学科主义和理论建设的"拿来主义"的思想延长线上继续向前探索。也有的研究站在与凯梅尼不同或相对的立场，提出发展住宅社会学理论的不同思路，并尝试构建更具住宅社会学特色的理论与思想。这些内容我们将在后面的内容中做更详细的讨论。

（二）迈向新的住宅社会学

与由对住宅理论体系的不满促发的理论化进程不同，新的住宅社会学主要肇始于西方学界对当代资本主义社会的住房问题的高度关注以及由此引发的学术反思。虽然西方住宅社会学缘起于19世纪欧洲城市住房危机，但到了20世纪，欧美国家在资本主义体系内进行改良，特别是针对二战后的住房短缺，政府直接参与建设，在住房领域逐渐形成市场经济与政府力量的分工与合作，住房的市场供给能力和福利保障水平明显提升，住房短缺问题在总体上有所缓解。尤其是住房供给总量的增加与直接针对中下层民众的社会住房的兴建，二者都在很大程度上缓解了住房供求矛盾以及住房资源分化带来的阶层冲突。包括研究住房的学者们在内的大多数人都相信政府和市场能够有效解决住房问题，二战后到20世纪80年代欧美住房发展状况似乎也为这种认识提供了现实依据。于是，针对住房矛盾的议题主要集中于社会弱势群体居住不公平以及住房和邻里、社区之间的关系等微观问题。但后来出现的情况似乎越来越"出人意料"。20世纪70年代以后，美国里根政府和英国撒切尔夫人主导的新自由主义思潮出现，西方国家新自由主义逐渐盛行，同时受公共财政的约束，很多城市减少对租赁住房的直接投资，公共住房呈现从"福利化"向"市场化"转型的特点。[②]

---

① P. King, L. Reinders and J. Richardson, "Housing and Social Theory Working Group," *Housing, Theory and Society* 21, No. 4(2004): 185.

② 田莉、夏菁：《租赁住房发展与住区规划：国际城市的经验与启示》，《住区》2020年第4期。

在全球经济金融化时代，住房的商品属性逐渐占据主导地位，住房不断地被金融化，成为房地产商和其他相关群体攫取利润的理想工具。同时，许多房主把住房看作金融投资品而不是居住场所，住房成为获取更多的消费和更大投资回报的财富杠杆，也变成一个代表着资产和投资的金融术语。[①]住房的使用价值及拥有住房作为人人享有的基本权利的特性日益弱化，买房和租房的能力重新以消费者的经济能力为主要依据，住房再次成为家庭财富的重要载体，进而成为阶层分化的一个主要因素。欧美深层次的结构性的住房问题不仅没有真正解决，反而不断累积恶化，并且发生了根本变化，即从住房供应总量不足转变为住房供需结构性矛盾。这主要表现在两个方面，一个方面是在房源总体宽松情况下，社会上始终有部分人缺少住房，另一个方面是由来已久的居住分化问题没有得到缓解反而变得更为严重。大致从 20 世纪 90 年代起到 21 世纪初期，一些西方学者开始对住房问题所发生的新变化进行研究，如哈特曼（Hartman）等人对居住驱逐的研究、朗（Lang）等人对住房财富与产权的种族差异的研究、马西对居住隔离与底层阶级形成的研究等。2008 年，美国次贷危机引发的金融危机和随之而来的经济衰退，将住房问题提升到更广泛的讨论和抗议的层面上。[②]危机爆发让累积已久的住房矛盾像火山一样被"揭盖"，也使西方学界开始意识到在全球新自由主义经济下重新认识住房问题的迫切性与重要意义。

在这样的现实背景下，欧美住宅社会学研究开始对当代住房问题进行重新审视，与之前学界着眼于各种微观社会机制的中层理论研究不同，住房不再被视为单纯用于居住的物理实体，而是被放入更加宏阔和复杂的政治经济网络之中，成为家庭、经济、法律、政治和技术关系的空间化表达。在研究上，对于作为一种"总体社会事实"的住房，以往单纯强调住房物理特性的研究取向已经过时，这成为西方学界重新聚焦住房问题研究的直接触发点，由此逐渐形成所谓的"新住宅社会学"。对于新住宅社会

---

① F. Allon, "Home as Investment," *International Encyclopedia of Housing and Home* 2, No. 4(2012): 404-409.

② M. Pattillo, "Housing: Commodity Versus Right," *Annual Review of Sociology* 39, No. 1(2013): 509-531.

学，提出这个概念的学者马丁（Martin）这样说：由帕提洛提出的住宅社
会学的新议程，重点关注住房权利的形成、分配及其实现的方式，其后陆
续出现的一些作品响应了帕提洛的号召，它们分别侧重于私人租赁住房、
混合收入开发项目中的保障性住房和债务融资住房的所有权，它们的共同
之处在于，不仅将住房作为一个建筑环境、一个空间地点，或看作我们学
习和实施文化实践的住所，而且也把住房看作社会关系中的一系列位置。
这些著作都是针对让我们得以安居的社会关系的研究。[①] 可见，所谓新住
宅社会学并非以往住宅社会学升级后的"新版本"，在理论视角上也并没
有多少"新发现"。其"新"主要表现在三个方面：第一，研究议题上，
对 20 世纪 80 年代以来住房领域中出现的新的矛盾和危机加以揭示；第二，
研究对象上，将分析对象从以往的强势/弱势群体扩展到不同阶级；第三，
与以往过于强调住房实物属性不同，将住房放入社会关系中分析其在经济
社会关系特别是在阶层关系中的结构特征及其后果。在文章中，马丁对马
修·德斯蒙德（Matthew Desmond）的《扫地出门：美国城市的贫穷与暴
利》、罗伯特·查斯金（Robert Chaskin）和马克·约瑟夫（Mark Joseph）
的《内城的整合：混合收入公共住房转型的前景和危险》、布赖恩·麦凯
比（Brian McCabe）的《无处如家：财富、社区和住房所有权政治》进行
了介绍和分析。实际上，按照马丁的观点，马西（Massey）等人的《攀登
劳雷尔山》、戴维·戴恩（David Dayen）的《房奴》等著作也可以算作新
住宅社会学的重要作品。沿着社会关系维度研究住房的最新学术探索中，
最重要的成果是通过回归马克思和恩格斯的阶级理论对资本主义社会住房
问题所进行的批判性研究。大卫·麦登（David Madden）和彼得·马尔库
塞（Peter Marcuse）合著的《保卫住房：危机的政治》是这个领域的最新
力作。

　　最后，我们对俄罗斯住宅社会学现状也做一个简要介绍。2020 年，俄
罗斯学者利特文采夫（Litvintsev）在一次社会学大会上宣读了自己关于俄
罗斯住宅社会学的研究成果，他通过对近 20 年（截至 2020 年）俄罗斯公
开发表或出版的与住宅主题相关的著作和论文的文献研究，对俄罗斯住宅

---

① I. W. Martin, "New Sociology of Housing, "*Comtemporary Sociology* 46, No. 4(2017) : 393-397.

社会学发展近况做了描述与分析。他发现，作为一门科学的住宅社会学在俄罗斯的起源相当早，但是目前俄罗斯住宅社会学的发展以及俄罗斯社会学界对它的兴趣仍处于 21 世纪初的水平。俄罗斯社会学界的研究兴趣往往在于与住房无关的许多其他问题，这主要表现为有关住宅主题的论文数量很少。近 20 年来，俄罗斯学界关于住宅社会学的出版物（论文和著作）总数只有几十篇（部）。这个结果足以表明，俄罗斯学界对住房问题的研究趋于保守，俄罗斯的住宅社会学研究仍然没有得到应有的发展。从学科发展角度看，1990 年国际社会学协会批准成立住房与建筑环境研究会以来，已经过去了 30 多年，但是在俄罗斯社会学协会（ROS）里依然没有成立类似的研究会。近年来俄罗斯尚未举办过住宅社会学的主题会议，在高等教育机构中也极少开设与住宅社会学有关的课程，住宅社会学还没有被当作一门独立的学科和一个单独的教学单元。在俄罗斯图书馆和书目分类（BBK）中，也没有住宅社会学这个类别。当然，利特文采夫认为，对专业的社会学家来说，住宅社会学具有巨大的研究潜力，推动住宅社会学的专业化与学科化的需要是显而易见的。[①]

（三）住宅社会学研究方法的新进展

在这一时期，住宅社会学拨开长期的经验与政策研究中的迷雾，开始对住宅理论进行反思和再建，注重理论的创新与发展。这使得学者们意识到住宅的多重属性，研究议题与研究取向越来越丰富多元，这也推动着住宅社会学研究方法趋于繁多复杂。

首先，以实证主义方法论为预设的研究依然非常普遍，定量研究方式下的具体技术方法得到进一步的发展与创新。一方面，原有的定量技术方法继续被应用并得到改进，这些方法的复杂程度更高，逻辑性更强，对住宅社会现象的解释力得到提升。另一方面，随着互联网时代的来临，新的定量技术方法不断被引入住宅研究中。例如，在房价研究领域中，就有享乐归因模型、纵向享乐方法、重复销售方法、混合模型和混合调整中位数

---

① D. B. Litvintsev, In search for Housing Sociology in Russian Federation(paper represented at the Ⅵ All-Russian Sociological Congress "Sociology and Society: Traditions and Innovations in the Social Development of Regions", Tyumen, Russia, October 2020).

方法等多种方法被开发和应用。其次，以往住宅研究以经济学为主导，文化学、社会学等学科对住宅研究的作用并未充分发挥。20 世纪 90 年代以后，学者们对住宅的社会文化等属性越发重视，使得基于人文主义方法论的研究逐渐增多，与之相对应的定性研究方式及其相关技术方法被引入住宅研究中。例如，解释性传记法被引入住宅研究，它的特殊优势在于能发挥被采访者的主观能动性，这样得到的更加全面的信息具有重要意义，为更深入地了解被采访者的居住经验提供了有效手段。又如，施耐德（Schneider）和英格拉姆（Ingram）首次将社会建构主义纳入住宅研究政策分析中，语言的重要性在住宅研究中逐渐体现出来，话语分析法也逐渐成为住宅研究的重要方法之一。再如，华莱士（Wallace）等人提出了系统文献综述法，该技术被视为确保政策和实践以证据为依据的关键工具[1]，住宅研究向循证或循证决策的转向引起了人们对系统文献综述技术的兴趣，该方法有利于对住宅社会政策进行系统梳理和深入分析，进而解决复杂的政策领域的问题。最后，二战后住宅短缺问题得到缓解，随之而来的住宅结构性矛盾却不断加剧。这促使越来越多的学者对住宅危机背后的机制展开探讨，持马克思主义哲学方法论对住宅开展研究的学者也随之增多。

---

[1]　A. Wallace, K. Croucher, M. Bevan et al., "Evidence for Policy Making: Some Reflections on the Application of Systematic Reviews to Housing Research," *Housing Studies* 21, No. 2(2006) : 297 – 314.

第二章 国内住宅社会学的发展历程

一 学科缘起及早期的相关研究
（20 世纪 20～50 年代）

与西方相比，我国住宅社会学研究起步较晚，最早可追溯至 20 世纪上半叶。民国初期由于城市化发展和农村灾荒的频繁发生，大量农村人口向城市集中，人口快速增长致使各主要城市整体居住环境恶化，住房短缺、房租高涨、房屋租赁双方关系紧张等问题十分突出，住宅问题日趋严重。陶孟和、李景汉是早期对我国住宅问题展开社会调查的代表人物。在《北平生活费之分析》一书中，陶孟和详细考察和描述了 20 世纪 20 年代在中国工业化和城市化进程中工人和小学教员家庭住房困难及城市住房贫富差距现象。工人家庭每家平均只有 1 间房子，其面积也仅有 5～11 平方米，一家四五口人不得不挤在一间狭小的房子里。[1] 李景汉则以定县为例，对这一时期中国北方农民的住房状况进行了细致描述。[2] 总的来看，陶、李等人因其鲜明的问题意识而开了我国针对住宅问题真正意义上的社会学研究的先河。但同这一时期其他类型的社会调查研究相似，其研究过于强调经验性社会事实，忽略了理论的指导作用和理论建构工作。

20 世纪 30 年代，一些学者在住宅社会学研究领域进行了新的尝试和推进。吴景超在《都市社会学》一书中探讨了都市中套房式住宅与社会制裁力的关系问题，提出了住宅类型影响社会控制效果的观点。[3] 邱致中在

---

① 陶孟和：《北平生活费之分析》，商务印书馆，2011。
② 李景汉编著《定县社会概况调查》，上海人民出版社，2005。
③ 吴景超：《都市社会学》，全国图书馆文献缩微复制中心，2002。

其 1934 年所著的《实用都市社会学》一书中较为系统地对住宅区域规划进行了研究，提出了都市中集合住宅优于单独住宅的观点。[1]

20 世纪 40 年代，国内围绕战后住宅问题的研究有所增多。杨开道从社会学角度对战后都市住宅建设和改善中应注意的问题进行了分析，并提出了相应的建议与办法。李森堡着重探讨了都市重建尤其是都市住宅复原的重要性，并通过列举战后都市住宅的特质说明了战后住宅建设的艰巨性。[2] 蒋旨昂则分析了战后国家如何从社会福利和人本价值出发规划住宅改善的问题。[3]

在实践与政策导向成为国内住宅社会学研究主流取向的同时，这一时期国内也有部分学者从其他视角展开研究。例如，孙本文从文化视角分析了中国家庭制度中同居共爨风俗的变迁及其原因；吴文藻对以蒙古包为载体的游牧民族居住方式进行了考察，并提出使游牧民族改为定牧生活的建议[4]；20 世纪 40 年代中期费孝通借用社会区位学理论提出居处聚散和行止轨迹等概念，对居住空间与社会距离的关系进行了分析[5]。

新中国成立以后，在重工业优先发展的政策背景下，我国的住宅建设一直处于次要地位，城市住宅建设进程缓慢，无法满足日益增长的城市人口的居住需求。这一时期，我国的住宅研究仍然相对活跃，先后出版了《天津市住宅问题》《住宅生活问题》《论苏联的住宅建设》等著作（译著），这一时期的研究多是围绕某些具体的城市住宅问题及住宅建设开展的，如许绍基针对新中国成立初期城市住宅紧张的情况，提出通过"自建公助"的方法来解决城市职工群众和企业单位的住宅问题。[6]

伴随着埋论研究的进一步深化，国内住宅社会学在研究方法上也更加多样，除了在资料收集环节中大量采用文献研究与实地研究方式，利用无结构观察、历史文献等方法收集资料外，在研究环节中，吴景超、费孝通

---

[1]　邱致中：《实用都市社会学》，全国图书馆文献缩微复制中心，2001。
[2]　李森堡：《战后的住宅问题》，《战斗中国》1945 年第 10~11 期合刊。
[3]　蒋旨昂：《社区计划与住宅改善》，《社会建设》1946 年第 5 期。
[4]　吴文藻：《蒙古包》，《北平晨报》1935 年 2 月 27 日。
[5]　费孝通：《生育制度》，群言出版社，2016。
[6]　许绍基：《"自建公助"是解决职工住宅问题的一个好办法》，《中国劳动》1958 年第 7 期。

等学者也开始积极借用人类生态学的社会区位分析等方法进行分析，有力地推动了国内住宅社会学研究的发展。

二 学科起步与探索时期的发展状况
（20世纪80年代至20世纪末）

改革开放以后，伴随计划经济向市场经济的转变，国民经济持续快速发展，城市居民生活水平显著提高，国家对合理解决住宅问题也给予高度重视。1980年4月，邓小平对中央有关负责人说，"要考虑城市建筑住宅、分配房屋的一系列政策。城镇居民个人可以购买房屋，也可以自己盖。不但新房子可以出售，老房子也可以出售"①，这表明邓小平希望通过市场化的方式解决住房短缺问题。② 经过多年试点和不断总结，1998年我国城镇住房制度改革正式全面实行，改革的政策核心是"推进住房商品化、社会化，加快住房建设，促使住宅业成为新的经济增长点，不断满足城镇居民日益增长的住房需求"。总体来看，改革开放以来的40多年的时间里，我国住宅建设获得了快速的发展，住宅存量增长势头迅猛。住房制度市场化改革的推行，标志着我国城市住宅建设与消费正式进入了由住房市场起主导作用的新时期。2020年底，全国居民人均住房建筑面积达到了50平方米，已基本达到高收入国家的平均居住水平。与此同时，以住宅建设为主的房地产业已成为我国重要的国民经济支柱产业，在拉动经济和促进消费方面发挥了巨大的作用，部分城市近一半的财政收入来自房地产业。③ 然而，伴随着住宅商品化水平以及住宅私有率的大幅度提升，人们的居住需求同住宅发展之间的矛盾却愈加尖锐，住宅结构性短缺以及高房价等问题已成为影响我国社会经济发展的重要因素，住宅研究的重要性日益凸显。这不仅成为我国住宅社会学的重建与兴起的现实背景，也为推动我国住宅社会学发展提供了机会和条件。

1983年12月13日，费孝通在中国城市住宅问题研究会成立大会上做

① 《邓小平思想年谱（1975—1997）》，中央文献出版社，1998。
② 易宪容、郑丽雅：《中国居住正义的理论研究》，中国社会科学出版社，2020，第4页。
③ 焦杨：《2011-2012年我国城镇住宅发展状况研究》，《住区》2013年第4期。

了题为"开展对城市住宅问题社会学的研究"的书面讲话，标志着全国性住宅社会学研究的开端，中国住宅社会学研究进入了一个较快的发展阶段。费孝通谈到，住宅是人类赖以生存、发展的必要条件，并且，随着科技的进步和社会的发展，住宅将由人类的生存条件，发展为享受和进行精神生活的重要场所。但是，城市住宅问题十分复杂，既关系到经济学、建筑学、社会学、人口学、管理学、美学、环境生态学等多种学科，又涉及现行经济管理体制、财政、物价、工资以及材料、建筑技术、房地产管理等各个方面。因此，需要各方面协作配合，开展综合性的研究，以提高城市住宅建筑的经济效益、社会效益和环境效益。应当努力从住宅调查入手，与兄弟学科通力合作、共同发展，为研究和解决住宅问题提供科学的依据，通过调查、实践与理论研究，创建我国以马列主义、毛泽东思想为指导的住宅社会学。对于住宅社会学的研究内容，费孝通也在讲话中简要地提出自己的想法，主要包括四个方面的内容：第一，不同群体住宅问题研究，如青年中待房结婚和婚后无房的困难户、无子女的无人照顾的老人的住宅问题；第二，不同家庭住宅问题研究，如针对三代及以上家庭成员共同生活的家庭的住宅开展研究、对越来越多的核心家庭的住宅问题的研究；第三，居住空间问题研究，如建立良好的居住区环境，以便于邻里间的交往与互助等；第四，职业、消费与住房的关系研究，这涉及住房机制和住房分层等问题。可以看到，费孝通提出的住宅社会学研究内容涉及宏观与微观两个层面，不论对于哪个层面的内容，费孝通都主张应该从政策的规划设计角度展开研究。在研究方式方法上，费孝通也明确提出，由于城市住宅问题十分复杂，涉及不同方面和不同学科，所以必须要各方面协作配合，开展综合性的研究，进行调查、实践与理论研究，并着重提出应从住宅调查入手，为研究和解决住宅问题提供科学的依据，努力创建我国以马列主义、毛泽东思想为指导的住宅社会学。[①]

这个时期，我国住宅社会学发展遇上了关键历史时期的一系列重大事件——改革开放的时代洪流、住房建设加快推进、住房制度改革深化，加

---

① 费孝通：《开展对城市住宅问题社会学的研究》，载《费孝通全集》（第九卷，1981－1982），内蒙古人民出版社，2009，第482~484页。

上费孝通等学界前辈的关心和支持，住宅社会学得到较快发展，也取得了良好成效。

一是学科定位上的成效。关于学科定位的主要研究成果包括两个方面。一方面是住宅社会学的界定。周运清认为："住宅社会学应界定为研究住宅与社会生活诸要素间的关系及其规律的科学。"① 孙金楼和柳林认为："住宅社会学是用社会学的方法研究住宅的历史发展，研究住宅在现实生活中的地位和作用，研究住宅与社会各方面的相互关系及其发展状况的一门科学。"② 张仙桥将住宅社会学的研究对象综合概括为人、住宅和社会三者之间的关系，认为这一学科是关于居住环境中人的活动、人与人之间的交往和相互关系的。③ 虽然学者的观点各异，最终也并没有形成一致的认知，但要看到这一时期对应该如何界定住宅社会学的研究与讨论，是国内唯一一次集中地研究这个问题，就我们的研究来看，甚至可能也是在世界范围内唯一一次这对这个问题的集中探讨，至少西方学界很少有学者专门提出过住宅社会学的内涵定义，更未见集中的研讨。当然，多少令人遗憾的是，在并未形成共识的情况下，国内学者们却将这个问题搁置一旁。另一方面是住宅社会学的学科定位。孙金楼、朱志杰等人对住宅社会学的学科定位与研究对象展开了比较深入的讨论。孙金楼认为住宅社会学是应用社会学的一个分支，其研究对象是社会同住宅之间的关系，而朱志杰则认为住宅社会学是社会学同与住宅相关的学科相互交叉的边缘学科，作为社会学的分支，它的研究对象是人与住宅的关系。④ 张仙桥对孙金楼提出的住宅社会学属于应用社会学的分支这一说法表示认同，但他认为城市住宅研究也应充分考虑人口、年龄构成、家庭结构、生活方式等因素，住宅社会学的研究对象应扩展为人、住宅和社会三者之间的关系。⑤ 江南岸和许野轼对住宅社会学的研究视野进行了讨论，他们认为"住宅社会学研究的是住宅这一空间的质量、结构与人的心理和人际关系之间的问题，

---

① 中国城市住宅问题研究会住宅社会学学术委员会编《住宅社会学导论》，第 10 页。
② 孙金楼、柳林：《住宅社会学》，第 1 页。
③ 张仙桥：《住宅社会学的兴起及在中国的发展》，《社会学研究》1995 年第 1 期。
④ 孙金楼：《我国住宅社会学研究综述》，《社会学研究》1990 年第 4 期。
⑤ 张仙桥：《试析城市住宅的社会因素》，《社会学研究》1988 年第 4 期。

除了对住宅进行微观分析外，还应对住宅与社会进行宏观的把握"[1]。张仲较早提出中国住宅社会学本土化的观点，他指出我国社会主义社会中的社会生活、社会现象与西方资本主义国家有根本上的不同，因此西方住宅社会学的一些概念、研究范围和经验并不能直接移植到我国。[2]

二是科学研究上的成效。这个时期，由于我国住宅社会学重新起步不久，研究议题相对较为简单和集中，主要包括两个方面。一方面是针对住房制度和住房市场改革的研究。在1988年国家住房制度改革进入逐步推开和深化阶段前后的一段时期内，住房制度及其改革研究成为我国学者关注的重点议题，涌现了一批研究成果。例如，中国住宅社会学学术委员会汇编的《住宅与社会——住宅社会学论文集》（二）选入多篇相关文章，包括《深化住房制度改革的思考》（周汉林）、《关于住房制度改革问题的思考》（韦锡琢）、《试析我国住房制度改革目标模式》（方传铿、刘炳元）、《在实践中探索住房制度改革的路子》（曲以才）、《住房制度改革中机关干部双重社会角色刍议》（张云）、《房改与住户社会心理》（张书英）、《住房体制改革心理承受力浅析》（周政）等。[3] 20世纪90年代，《社会学研究》上刊发了多篇关于住房改革研究的文章。例如，辜胜阻和李正友在剖析"住房双轨制"内涵的基础上讨论了住房双轨制改革与住宅市场启动之间的关系，他们认为我国城镇居民住房福利化分配与住房商品化并存的"双轨制"状态导致了我国住宅市场长期处于供求失衡的非均衡状态[4]；李国庆通过对住宅的投资、建设、分配、管理和所有权的主体特征的分析，提出城市住宅经营与管理的单位体制不仅导致了我国城市住宅在质与量上的不足，还加剧了住房分配不公现象[5]；陈星则认为住房商品的特殊性决定了"政府干预是住房市场发展的必要条件"，主张政府在顺应经济规律

---

[1] 江南岸、许野轼：《住宅——在社会学视野中》，《社会》1987年第5期。

[2] 张仲：《住宅问题与社会学》，《社会》1983年第4期。

[3] 中国住宅社会学学术委员会编《住宅与社会——住宅社会学论文集》（二），长春市房地产经济研究会内部资料，1990。

[4] 辜胜阻、李正友：《住房双轨制改革与住宅市场启动》，《社会学研究》1998年第6期。

[5] 李国庆：《试论我国城市住宅的建设主体和分配问题》，《社会学研究》1990年第4期。

的前提下通过合理的手段发挥调节市场的作用①；边燕杰等人的研究发现，当时中国的住房改革措施都是以"单位"为中介的，对于大多数的城市居民来说，尚无足够的机会与能力进入住房市场②。

另一方面主要是围绕居住状况和居住分化的研究。随着中国从总体性社会向分化性社会转变，特别是在住房改革的推动下，居住分化现象越来越普遍并不断深化。在此背景下，围绕住宅与规划、人口、家庭、环境、消费、心理以及居住分化的研究不断增多。例如，张仙桥从人口、年龄、家庭结构、消费结构、产业结构、生活方式、居住区环境等方面分析了城市住宅的社会因素③；戴建中基于对北京厂桥社区的实地调研，分析了居住条件带来的社会影响④；潘允康等人从区位中心、区位居散、区位共生等三个角度分析了住房和中国家庭的居住与结构模式之间的关系⑤；顾朝林和克斯特洛德发现，北京新的低收入的农村流动人口和高收入的暴发户正在重构城市社会分层现象，并通过城市社会分层实现城市社会空间结构的分异⑥；徐晓军认为我国城市居住社区已经出现阶层化现象，住宅的商品化、市场化是阶层型社区形成的动力机制⑦。

这一阶段中，国内住宅社会学的研究方法仍较为单一，主要通过问卷调查法、访谈法和观察法等常用方法获取资料和信息并进行比较简单的描述。例如，王智慧在上海市区的东、西、南、北各片区，挑选有成套住宅、人均使用面积 12 平方米左右的住户，采用问卷形式进行调研，研究了

---

① 陈星：《从住房市场的特点看政府对住房市场的干预和作用》，《社会学研究》1998 年第 6 期。

② 边燕杰、约翰·罗根、卢汉龙、潘允康、关颖：《"单位制"与住房商品化》，《社会学研究》1996 年第 1 期。

③ 张仙桥：《试析城市住宅的社会因素》，《社会学研究》1988 年第 4 期。

④ 戴建中：《从厂桥社区看改善北京旧城居住条件的社会意义》，载北京市哲学社会科学规划领导小组办公室、北京市社会科学研究所社会学研究室编《首都社会结构调查与研究》，内部资料，1983。

⑤ 潘允康、〔美〕约翰·罗根、边馥琴、边燕杰、关颖、卢汉龙：《住房与中国城市的家庭结构——区位学理论思考》，《社会学研究》1997 年第 6 期。

⑥ 顾朝林、〔比利时〕C. 克斯特洛德：《北京社会极化与空间分异研究》，《地理学报》1997 年第 5 期。

⑦ 徐晓军：《社区走向阶层化》，《社会》1999 年第 8 期。

住户在居住实践中对住宅功能要求的变化和居住生活行为的变化。① 梁梅和向大庆结合对广州与深圳地区商品住宅社区的调查，探讨了公共空间与户外行为的关系。② 李铁立在研究北京市居民居住选址行为时，采用了问卷调查法，同时还以一些现成的统计资料和对被调查者进行访谈的方式作为补充，最后对调查数据进行整理和统计分析。③

　　三是学术交流与成果发表上的成效。一方面，学术组织创建。中国城市住宅问题研究会于 1983 年 12 月召开成立大会，聘请著名社会学家费孝通教授担任该研究会顾问。1985 年 10 月，在该研究会于大同市召开的年会上经反复论证成立了三个学术委员会：住宅社会学学术委员会，会址设在成都；住宅建设学术委员会，会址设在北京；房地产经济学术委员会，会址设在天津。中国城市住宅问题研究会住宅社会学学术委员会第一次会议于 1985 年 10 月在山西省大同市举行。1986 年 6 月，住宅社会学学术委员会在成都召开了首次年会暨第一次学术研讨会。其后，1987～1992 年，在上海、长春、武汉、石家庄、广州、兰州连续召开了第二至七次年会与学术研讨会。1986 年 5 月，上海市住宅社会学研究会正式成立，作为上海市社会学学会和上海市房产经济学会下属的二级学会，这是第一个地方性的住宅社会学学术研究组织。④ 1990 年，广州市房地产学会组建住宅社会学研究会。全国性与地方性学会纷纷成立表明我国住宅社会学进入快速发展阶段。另一方面，这个时期有一些相关学术期刊创办发行。比如，1980 年，《中国房地产》受国家城市建设总局委托创刊，这是全国房地产业综合性、专业性刊物。经过多年发展，其成为国家社科类优秀期刊、一级期刊、全国重点院校中文核心期刊、中国房地产业最具社会影响力期刊，是全国房地产行业创办历史最久、发行量最大的刊物，被誉为全国房地产行业领军期刊。1982 年，上海市房产经济学会主办的《上海房地》创刊，该刊辟有"住宅社会学"专栏。1995 年，现由住房城乡建设部、自然资源部指导，中国房地产研究会、深圳住宅与房地产杂志社主办的《住宅与房地

---

①　王智慧：《住宅的功能和居住生活行为》，《住宅科技》1993 年第 7 期。
②　梁梅、向大庆：《商品住宅社区居住行为心理初探》，《新建筑》1996 年第 3 期。
③　李铁立：《北京市居民居住选址行为分析》，《人文地理》1997 年第 2 期。
④　孙金楼：《我国住宅社会学研究综述》，《社会学研究》1990 年第 4 期。

产》创刊。此外，一些相关著作陆续出版，主要包括孙金楼、柳林合著的国内第一部住宅社会学著作《住宅社会学》（山东人民出版社，1985）、中国城市住宅问题研究会住宅社会学学术委员会所编的《住宅社会学导论》（安徽人民出版社，1991）、张仙桥和洪民文主编的《住宅社会学概述》（社会科学文献出版社，1993）、陈佳骆编著的《住宅社会学》（中国建材工业出版社，1993）等。另外还汇编了一些学术论文集，如中国住宅社会学学术委员会编印的《住宅与社会——住宅社会学论文集》（共三辑，长春市房地产经济研究会内部资料，1990）、广州市房地产学会住宅社会学研究会所编的《住宅社会学研究》（1991）等。

三 进入 21 世纪以来的学科发展与研究进展
（21 世纪初以来）

进入 21 世纪，国内住宅社会学获得了进一步发展。一些学者继续对住宅社会学进行研究。例如，张仙桥和纪晓岚认为，住宅社会学属于应用社会学的分支，是介于建筑学、规划学、经济学、消费学、人类学、生态学等学科之间的边缘学科。[①] 李继军和于一凡在回顾国内外住宅社会学发展历程的基础上，提出了新时期我国城市住宅社会学研究所面临的现实课题，并从研究对象、研究内容和研究体系三个方面讨论了我国住宅社会学研究的不足与改进的思路。[②] 薛亚利和唐利平以居住行为为核心概念将住宅社会学的研究内容概括为微观、中观与宏观三个层次，并根据社会学独特的研究视角、分析视野和理论与方法资源论证了住宅社会学的必要性与科学性。[③] 除对学科自身的反思与总结外，进入 21 世纪以来国内住宅社会学的研究议题和研究方法都发生了明显的变化。

一是住宅社会学研究议题的变化。伴随着国内住房制度改革后住宅

---

① 张仙桥、纪晓岚主编《住宅社会学》，华东理工大学出版社，2014，第 14 页。

② 李继军、于一凡：《城市住宅的社会学研究问题》，中国城市规划学会 2002 年年会会议论文，福建，2002 年 12 月。

③ 薛亚利、唐利平：《社会学视角下的住宅社会学研究》，《经济与社会发展》2009 年第 9 期。

问题的快速涌现以及学界对住宅研究的高度重视，相关研究不断增多，研究议题更加广泛多样，大致有以下几类：居住行为研究，主要议题包括城市居民居住行为特征、城市核心家庭居住行为系统特性、高层住宅居民的居住行为、拥挤空间中的居住行为、青年居住行为特征、商品住宅社区居住行为和心理等；居住文化研究，主要议题包括中国古代农业社会的居住文化、历史街区中传统居住文化的延续与创新、民族居住文化的继承与创新、旧城改造与居住文化、住宅地产的文化营销、居住文化与住宅市场关系等；居住区社区管理研究，主要议题包括我国居住区物业管理的研究现状与策略、流动人口多的大型居住区社会管理创新、城市居住区物业管理与社区管理整合机制、居住区物业管理中成立业主委员会的困境及其对策、流动人口聚居区社区融合的主体选择等；住房政策研究，主要议题包括改革开放以来我国住房政策变迁的动力、快速城镇化过程中我国的住房政策演变、我国住房政策和住房保障制度、针对我国城镇低收入家庭的住房政策、针对我国农民工的住房政策等；国外住宅与理论研究，主要议题有马克思与恩格斯的土地与住宅思想、马克思与恩格斯对工业化进程中城市住宅问题的论述的当代启示、西方居住隔离理论、妹岛和世的住宅研究、日本公有住宅研究、德国住房保障体系及其启示、美国住房政策及其启示、西方住房合作社、维也纳的居住文化与社会住宅传统、国外适应老龄化社会的住房发展研究等。还有一些学者针对住宅的社会功能以及居住心理、居住需求等议题展开研究。

在这些研究中，若论成果数量最多、整体水平最高的，当属居住分化问题研究。1998 年全面停止住房实物分配，标志着我国长达近 50 年的福利分房制度的终结，此后是否拥有住房产权成为国内阶层差异和阶层分化的重要指标，这一社会背景催生了我国社会分层理论与住宅分析相结合的研究。例如，边燕杰和刘勇利在对我国"五普"数据中不同职业阶层在住房产权、房屋面积和房屋质量上的差异进行实证分析后发现，"在改革时代的中国城市，是否拥有住房产权是经济成功的一个重要指标，而拥有产权的比例从非精英到专业精英再到管理精英依次递增"①。李强则针对进入 21 世纪以来我国住房地位的分化提出了"住房地位群体"的概念，在对六种住房地位群体的比较中，他发现，不同住房地位群体在经济收入、生活水平、受教育程度、居住条件、获得住房方式等方面存在较大差异。同时李强认为随着改革的推进，部分类型的住房地位群体将会转型或消失，而商品房户会成为未来城市住房地位群体的主流。②

与住宅阶层地位分化相对应的是，近年来社会极化现象正通过社会分化重新促成城市居住空间结构的分异，很多学者对此进行了较为深入的研究。例如，刘精明和李路路在对我国城镇社会阶层化问题的实证研究中将居住模式列为分析中的一个重要维度，他们发现"客观的阶层位置与居住空间的分化有着一定的一致性"，在客观上居于较高位置的阶层，往往倾向于向优势地段和优良社区集中。③ 吴启焰等人认为"城市居住空间分异是社会阶（层）级分化结果通过市场宏观控制、个体择居行为心理的局部调整而实现空间化的过程"，在研究中，他们从政府、城市建筑商与地产开发商、金融信贷业、地产物业机构、城市规划等五个方面具体分析了影响城市住宅市场分化的机构及其对城市居住空间、社会空间分异的影响力。④ 杨上广和王春兰则从居住隔离、空间剥夺、阶层矛盾和对公共空间的漠视等角度分析了居住分化的负社会外部性，他们认为处于社会经济体制转型期的中国应"构建一个以效率为导向的市场经济和以公正为导向的社会保障制度的'双支柱'社会架构"，保证社会不同阶级共享社会发展成果。⑤ 陈俊峰从空间社会辩证统一的理论视角，对大城市郊区居住空间分化在实体居住空间中的典型表现、居住空间分化对社区交往的主要作用以及居住空间的符号分化与身份建构等问题展开探讨。⑥

---

① 边燕杰、刘勇利：《社会分层、住房产权与居住质量——对中国"五普"数据的分析》，《社会学研究》2005 年第 3 期。
② 李强：《转型时期城市"住房地位群体"》，《江苏社会科学》2009 年第 4 期。
③ 刘精明、李路路：《阶层化：居住空间、生活方式、社会交往与阶层认同——我国城镇社会阶层化问题的实证研究》，《社会学研究》2005 年第 3 期。
④ 吴启焰、张京祥、朱喜钢、徐逸伦：《现代中国城市居住空间分异机制的理论研究》，《人文地理》2002 年第 3 期。
⑤ 杨上广、王春兰：《上海城市居住空间分异的社会学研究》，《社会》2006 年第 6 期。
⑥ 陈俊峰：《城市居住空间分化与融合研究》，合肥工业大学出版社，2012。

此外，值得一提的是，在这个时期，学者们的研究视野有所扩展，一些国外研究成果被翻译和引入，如法国学者让-欧仁·阿韦尔（Jean-Eugene Havel）的《居住与住房》、美国学者格温德琳·赖特（Gwendolyn Wright）的《筑梦：美国住房的社会史》、马修·德斯蒙德的《扫地出门：美国城市的贫穷与暴利》、道格拉斯·马西等人的《攀登劳雷尔山》、戴维·戴恩的《房奴》，英国学者斯蒂芬·加德纳（Stephen Gardiner）的《人类的居所》，韩国学者孙洛龟的《房地产阶级社会》，等等。此外，住房政策方面也有一些著作被翻译和出版，如《英国住房政策》《德国住房政策》《美国住房政策》《日本住宅政策的问题》《荷兰社会租赁部门绩效测评实践》等。

二是住宅社会学研究方法的变化。从研究方法的变化来看，首先，秉持实证主义方法论的定量研究迅速增多，除了简单的描述性统计分析，还有通过各种模型进行的多变量之间的影响分析。沈悦等人通过构建房屋价格指数、本年土地购置面积、开发企业国内贷款和住房贷款利率的四元SVAR模型进行实证分析，研究了调控政策与住宅价格波动的关系。[1] 湛东升等人采用2012年居住满意度感知评价调查数据，运用探索性因子分析和结构方程模型方法构建了"居住满意度-居住流动性意向"概念模型，重点探讨转型期北京市居民居住满意度感知因素及居住满意度与居住流动性意向的相互关系。[2] 王丽艳等人通过问卷调查，利用Hedonic模型，对居住点的平均住房价格与居住点到城市中心的距离、职住距离、居住点附近的各类城市服务设施和环境指标进行回归分析，探究城市创意人才居住选址偏好并进行群体异质性分析。[3] 除了统计分析法外，也有用内容分析法的，如王先柱和年崇文利用中华人民共和国中央人民政府网、中华人民共和国住建部网站、其他政府部门网站以及各地住房公积金网站，收集了1991～

---

[1] 沈悦、张学峰、张金梅：《基于SVAR模型的住宅价格调控政策有效性实证分析》，《统计与决策》2011年第7期。

[2] 湛东升、孟斌、张文忠：《北京市居民居住满意度感知与行为意向研究》，《地理研究》2014年第2期。

[3] 王丽艳、季奕、王咿瑾：《城市创意人才居住选址偏好研究——基于天津市微观调查与大数据的实证分析》，《管理学刊》2019年第5期。

2017 年我国住房公积金制度政策文件共 181 份，并对其进行量化分析。[①] 此外，还有以统计分析法进行资料分析的定量研究，但并不是太多。例如，鄢盛明等人通过访谈法和抽样调查法，对居住在保定市 50 岁以上的市民及其 1 位在市区的成年子女进行了调查，运用多变量分析技术描述和解释了居住安排与子女赡养行为之间的关系[②]；齐明珠和徐征基于加拿大 1996 年移民数据，利用单因素和多因素 Logit 模型分析方法，研究了文化因素对老年人居住方式的影响[③]。

其次，采用定性研究方式的研究成果也逐渐增加并呈现一定的阶段性特点。21 世纪最初 10 年左右的时期中，定性研究的具体技术方法较为单一，这与住宅问题的研究取向以及研究方法本身发展较弱有一定关系。其中，比较分析法和案例分析法应用较为广泛，此外也有学者运用田野调查法、话语分析法等。例如，施维琳通过对传统民居与城市住宅、现代城市、现代生活、自然生活进行比较分析，对传统民居如何在城市和乡村寻找到可以存在的空间展开探索[④]；刘长岐和王凯对西方和国内的城市居住空间结构进行梳理，采用历史比较法对我国城市居住空间结构的演变历程以及不同时期的城市居住空间结构特征和演变形式进行探讨[⑤]；冯智明通过观察法收集资料，对土家族的居住文化、民族心理进行描述与分析[⑥]；邓玉环利用话语分析法，分析了若干典型的文学文本，揭示了文学所表达的不同时代人的心理状态、精神世界以及相应的文化意识[⑦]；闫凤英和赵黎明通过对英国城市化过程中人类集约式居住行为的发展进行案例分析，

[①] 王先柱、年崇文：《住房公积金制度的演进、特征与改革取向——基于政策文本的量化分析》，《河海大学学报》（哲学社会科学版）2018 年第 6 期。

[②] 鄢盛明、陈皆明、杨善华：《居住安排对子女赡养行为的影响》，《中国社会科学》2001 年第 1 期。

[③] 齐明珠、徐征：《文化的同化对加拿大老年人居住方式的影响》，《人口与经济》2002 年第 2 期。

[④] 施维琳：《传统民居与未来居住建筑的取向》，《新建筑》2000 年第 2 期。

[⑤] 刘长岐、王凯：《我国城市居住空间结构的演变过程研究》，《重庆建筑大学学报》2004 年第 6 期。

[⑥] 冯智明：《渝东酉水土家族居住文化之民族心理透视》，《重庆社会主义学院学报》2005 年第 4 期。

[⑦] 邓玉环：《当代文学中关于"居住"的精神性话语分析》，《华南师范大学学报》（社会科学版）2006 年第 3 期。

从居住行为的角度研究了西方工业化国家在城市化进程中存在的各类问题①；冯敏和罗凉昭以凉山彝族为例，通过田野调查，揭示了居住环境和文化对妇女健康的重要影响②。2010 年以来，更多的定性研究的具体技术方法被引入，如扎根理论研究法、口述史、民族志、话语分析法、社会网络分析法等。例如，高松林等人通过功能分析法，从社会学功能论的角度探寻指定监视居住制度的显性功能与隐性功能③；吴宾和徐萌以 1978~2016 年中央政府各部门联合颁布的住房政策为研究样本，运用社会网络分析法，研究住房政策主体合作网络结构演化的特征及角色演变④；赵士雯和陈立文通过深入访谈，应用扎根理论揭示绿色住宅购买意愿的影响因素及其作用机制，预测绿色住宅作为未来住宅领域的发展趋势⑤；等等。

　　住宅社会学作为一个具有很强交叉性与综合性的社会学分支学科，其研究方法大多来源于其他学科，因此，住宅社会学方法的发展需要置于整个社科方法发展的背景下来分析。从近些年的相关文献中可以看出，目前国内学者对方法的重视程度、认知水平和应用能力不断提高。首先，以往的研究通常不会点明所使用的研究方法，或者寥寥几笔带过，对方法的呈现是隐含且模糊的。这既可能是因为学者自身的方法意识较弱，也可能是因为方法本身发展的成熟度不高。而今越来越多的学者会在文章中仔细说明所使用的方法，详细介绍数据来源与分析手段，方法应用的准确性和清晰度均有所提高。其次，许多学者对各类方法的优劣展开讨论，有意识地引入和应用各种技术方法，对方法的新动态的关注度也越来越高。关于研究方法的学术讲座及研讨班也在不断增加，这同样反映了学者们对方法本

---

① 闫凤英、赵黎明：《从西方的城市化进程看集约式居住行为的发展》，《天津大学学报》（社会科学版）2009 年第 1 期。

② 冯敏、罗凉昭：《从居住环境文化透视妇女的健康发展——以凉山彝族的田野考察为例》，《妇女研究论丛》2001 年第 3 期。

③ 高松林、刘宇、师索：《指定监视居住的功能分析与制度完善》，《西南农业大学学报》（社会科学版）2013 年第 4 期。

④ 吴宾、徐萌：《中国住房政策主体合作网络演化研究——基于社会网络分析的方法》，《山东行政学院学报》2018 年第 5 期。

⑤ 赵士雯、陈立文：《绿色住宅购买意愿影响因素及作用机制——基于扎根理论视角》，《企业经济》2020 年第 4 期。

身的兴趣和重视程度有所提高。再次，与住宅相关的数据越来越丰富，除了实体性质住宅的相关数据外，一些关于居住行为、居住文化等方面的调查数据也为针对住宅经济和社会属性的研究提供了丰富资料。例如，中国综合社会调查（CGSS）以及中国家庭追踪调查（CFPS）中关于家庭和社区的数据都可以应用于住宅研究。而随着科技的发展，一些数据处理软件也更加成熟，如 STATA、SPSS、SAS 等软件操作的便捷程度更高了，数据分析的方式更丰富了，这对住宅研究也起到了推动作用。最后，在具体的研究过程中，方法的边界日益开放，不同学科方法的融合趋势越来越明显，不同方法的组合应用也逐渐增多。哪怕是被认为难以兼顾并用的定量研究方式与定性研究方式，在这一时期的研究中也得到综合运用。

总体而言，随着人文社科领域研究方法进入快速发展时期，国内住宅社会学的研究方法无疑也在此进程中获得了较快的发展，研究方法的体系化、规范化和多元化为住宅研究提供了有力支持。从更根本的意义上说，方法的不断成熟也为住宅研究提供了许多新的研究视角和新的研究路径，很多以往无法意识到的住宅问题在此过程中逐渐显现出来。

四 国内住宅社会学的局限与不足

回顾我国住宅社会学近百年来的发展历程，应当承认国内住宅社会学就研究数量而言从无到有，就研究主题而言从少到多，取得了较为丰硕的发展成果，尤其是 20 世纪 80～90 年代，随着国内社会学学科的恢复与重建，住宅社会学逐渐受到学界的较多关注并进入快速发展时期。但从整体上看，国内住宅社会学研究的水平同社会发展和学科建设的要求相比仍然存在一定的差距，具体而言，主要表现在以下三个方面。

第一，对国外住宅研究特别是住宅社会学研究的历史与进展缺乏关注和了解。比如，对国外学术成果的引入、翻译、参考与批判等都比较欠缺，这个问题在理论领域表现得尤为明显。有学者认为，中国社会学恢复重建四十年来（截至 2019 年），中国社会理论研究大致经历了从最初侧重引介和翻译国外主要社会学理论学说与流派及人物到注重更专业和深入的研究的变化。① 但是具体到住宅社会学来看却并非如此。对西方住宅社会学理论的引介与翻译工作，在我国住宅社会学界长期未能得到应有的重视。例如，孙金楼和柳林合著的《住宅社会学》、张仙桥和洪民文主编的《住宅社会学概述》、张仙桥和纪晓岚主编的《住宅社会学》等著作中，都极少涉及西方住宅社会学理论相关内容，甚至连理论方面的内容都极为少见。前两部著作均未列出参考文献，而张仙桥和纪晓岚主编的《住宅社会学》所列出的不多的参考文献中，也没有一篇外文文献。这种情况也反映在一些学者对国外住宅社会学发展状况的认识偏差上。例如，张仙桥认为20世纪70年代后，在社会学角度的住宅研究中，人们的视野开始从住宅社会问题拓展到对住宅建设和居住区环境进行综合研究。② 这种观点显然并不符合实际情况。尽管近些年对国外作品的译介有了一定进展，但大部分高水平的专著和论文，如本书多次提到和引用的《住宅与社会理论》，都尚未得到翻译和引入。就我们的了解而言，国外的这些高水平专著和论文极少为国内研究所引用。国内住宅社会学界对在西方住宅社会学领域中大名鼎鼎的那些学者知之甚少，甚至对极具代表性的吉姆·凯梅尼都十分陌生。

第二，住宅社会学的学科发展状况不理想。虽然20世纪80~90年代我国住宅社会学学科建设取得较大进展，但进入21世纪后，随着许多老一辈学人或年事已高或去世，专门从事住宅社会学研究的学者队伍老化、断层现象非常严重。曾经比较活跃的中国住宅社会学学术委员会和各地的住宅社会学研究会，基本上都不再开展活动，许多学术研究团体名存实亡。目前，还没有专门针对我国住宅社会学学科发展情况的梳理和总结，家底不清问题很突出。在我国房地产快速发展的背景下，现有的几份期刊也进一步向房地产产业研究倾斜，有的甚至沦为不入流的期刊。目前国内还没有一份具有较高学术性的专业期刊，这显著影响了学术成果的发表，同时也是国内住宅社会学发展境遇的一种写照。在这种情况下，我国住宅社会学领域的学者们之间严重缺乏交流和联系，更谈不上形成学术共同体了。

① 赵立玮、陈涛：《中国社会理论研究评述（1949-2019）》，《社会学研究》2019年第6期。
② 张仙桥：《住宅社会学的兴起及在中国的发展》，《社会学研究》1995年第1期。

第三，学术研究进展仍然不尽如人意。一是当前我国住宅社会学研究总体上仍处于一种比较松散的状态，研究主题不够系统①，对住宅社会学的核心概念缺乏共识②。学者们在研究中更多地运用其他社会学分支学科的知识对住宅现象与问题进行解释，住宅社会学自身的学科意识很不明显。二是重经验和政策研究，轻理论与方法研究。自20世纪80年代住宅社会学逐渐受到学界关注以来，国内相关研究中实践与政策导向一直占据主流，住宅研究"政策社会学"色彩浓厚，基于问题导向与学科需要的"专业社会学"和"公共社会学"没有得到足够重视。与政策和经验研究相比，理论研究成果数量明显偏少，高水平成果更是不多。过于偏重实用取向使得国内住宅社会学缺少理论建构，已有的有关理论关注的也多是具体问题的原因分析和对策研究。而在研究方法上，尽管国内学者对研究方法也比较关注，但研究成果中更多的是关于如何将社会学等学科的方法运用到住宅社会研究中的思考和操作，对如何改进和创新方法的讨论较少。理论和研究方法的相对缺失，使得国内住宅社会学一直难以形成自己的学科体系，进而导致住宅社会学在国内学术领域缺乏应有的话语权。三是本土化研究及其拓展明显滞后。国内住宅社会学要真正成为一门独立学科，其话语体系与知识体系建构必然要有本土的历史认知。如前文所述，目前国内住宅社会学的理论研究相对薄弱，真正立足于我们国情的概念和理论还相对较少。大多数研究者仍是在用国外的（尽管并不多）或其他学科的理论和方法进行应用研究与实证研究，既没有在结合我国住宅领域的新变化和重大问题的基础上消化国外的概念和理论并把它们转化为真正本土的内容，也没有创建中国本土化的住宅社会学理论或流派。四是对我国住宅社会学理论与方法历史脉络进行系统梳理与详细总结的研究极少，尤其是反思性与批判性的成果更是付诸阙如。不论是国内还是国外学界，对住宅社会学的学术史进行详细考察与深度耕犁的研究成果都十分少见，近10余年来更是接近空白，更遑论对国内外住宅社会学发展进行深入比较以及给

---

① 可能除了居住分化研究比较系统和深入外，其他主题很难引起学者们持续广泛的研究兴趣。

② 一个典型的例子是学界对常用的"社区""居住区""小区"等概念在界定和理解上存在很大分歧，而且这几个概念的混用问题十分严重。

出规范性话语知识体系构架的研究。

虽然不得不承认我国的住宅社会学发展不尽如人意,特别是与西方比较起来,我国住宅社会学不论是在科学研究上还是在学科建设上,都处于落后的状态;但不能忽视和否认的是,我国学者在住宅社会学领域始终耕耘不断,学术研究成果日渐可观。举例来说,我们曾经在中国知网上针对城市居住空间分化这一主题搜索相关文献,时间限定为 1980~2021 年,共搜得 190 篇左右。其中 20 世纪 80 年代仅有 1 篇,20 世纪 90 年代有 10 篇左右,其余 180 篇左右均发表在 2000 年及之后的 20 多年间。有很多文章发表于高水平期刊上,例如《社会学研究》上共有 16 篇,2017~2021 年就有 8 篇。刘祖云、毛小平撰写的《中国城市住房分层:基于 2010 年广州市千户问卷调查》发表在《中国社会科学》2012 年第 2 期上。这在一定程度上反映出我国住宅社会学研究取得的积极进展,可以看出进入 21 世纪以来,该领域的研究进程明显加快,既表现在发表的相关成果数量的增长上,也反映在所发表的期刊层次的提高上。如果把发表学术论文看作作者的“个体”行为,那么,近年来在住宅社会学研究领域中有组织的“集体”行动也在增多。例如,复旦大学的刘欣、李煜、胡安宁等学者所编的《社会学刊》(第 4 期)(社会科学文献出版社,2021),将“住房社会学”作为专题,以住房不平等为主题,对影响住房选择的社会因素、住房与家庭的关系、社会阶层与住房、住房政策及其社会后果等方面进行分析和讨论,对中国当今社会的住房问题进行了较为全面的论述。2021 年 11 月,北京工业大学文法学部和中国社科院社会学研究所《社会学研究》编辑部共同主办第四届住房政策研究工作坊,以“让全体人民住有所居”为主题,围绕“住房政策”“住房治理”“住房分化”“住房分层”“青年住房”“新市民住房”六个专题,学者们进行了深入的探讨和交流。虽说目前住宅社会学研究领域这样的“集体”行动还不够多,影响还不够大,但是这一团团的学术星火正在散发光热,必将吸引更多的学界同侪向之靠拢。在对住宅这个人类生活的重要构成部分的研究中,住宅社会学已经证明并将继续证明自身的价值。我们可以满怀希望地说,中国住宅社会学大有可为,前途可期。

第二部分

住宅社会学理论研究

第三章 住宅社会学理论的界定与研究思路

在对住宅社会学理论进行研究时，首先遇到并需要解决的一个难题就是哪些理论应该被纳入分析范围。进一步说，这个问题包括以下四个相关的问题。一是哪些内容属于理论。这涉及对理论的界定和理解，而不同的界定和理解直接影响到后续研究的宽严范围和合理程度。二是哪些理论属于社会学理论。这个问题的解决是研究住宅社会学理论的必要前提。三是哪些内容属于住宅社会学理论。举例来说，虽然凡勃仑（Veblen）既是经济学家也是社会学家，但其代表作《有闲阶级论》主要被看作一部社会学经典著作。如果从研究对象和主要内容上看，凡勃仑在这部著作中几乎没有对住宅加以关注和分析，因此该著作不属于住宅社会学领域的专论。但如果我们把住宅视为一种商品，强调其商品和交换属性，那么，凡勃仑对商品的获取、累积和消费显隐功能分析的理论观点，就可能成为住宅社会学研究的一个有用理论。但是，如何衡量"是否有用"以及"有用程度"以确定是否应该将某一理论列入本书的讨论范围，是一个很具挑战性的问题。四是哪些理论属于应该在本书中进行讨论的对象。对于本书来说，不必也不可能对住宅社会学的全部相关理论进行清单式的梳理，因而只能在合理取舍的基础上对主要的理论加以阐述。那么，如何进行取舍就是一个需要审慎对待的问题。下面，我们将对这四个问题分别加以分析和讨论。

一 理论的界定及其困境

（一）理论的界定

在人类的智识传统中，理论一直占有十分重要的地位。著名哲学家伽达默尔（Gadamer）曾说，人既能从事社会实践，又能投身于纯知识，能致力于看和思，因此可以说"人是一种'理论的生物'"[①]。在科学发展历程中，理论的作用更是极为重要。社会学家杰弗里·亚历山大（Jeffrey Alexander）认为"理论的确是科学的核心"[②]。默顿也曾说过"理论问题是社会学的核心"[③]。但是麻烦在于很难对理论进行界定，因为有许多理论概念化方式。在不同的场合、不同的背景、不同的学科中，理论的概念具有十分不同的内涵。在社会研究中，理论的含义也与在其他场合出现的理论有所不同。[④] 不仅如此，即使在单一的科学哲学，如实证主义传统中，也有可能找到许多不同的理论概念化方式。而且事实上，不仅一个人对理论的偏好和应用会受到其本体论和认识论立场的影响，一个人对理论构成的概念化或定义也往往取决于其本体论和认识论的立场。[⑤] 即便在同一个学科中，不同学者尤其是遵循不同研究范式的学者对理论的界定和理解也

[①] 〔德〕伽达默尔：《赞美理论——伽达默尔选集》，夏镇平译，上海三联书店，1988，第26页。伽达默尔所说的作为一种"理论的生物"的人，既指向日常生活中的行动者，也包括从事哲学科学的思考者。就理论与生活的关联而言，生活就是理论和实践的统一，是每一个人的可能性和任务。因此，理论的获得只有在活生生的生活世界中才有可能，理论实质上是一种人人都能参与其中的生活权利。就哲科理论的抽象性与普遍性而言，理论是对自然和社会的规律化与超越，因此，柏拉图才将献身于追求纯粹知识（理论）的生活赞美为"理论的（理念的）"生活理想。尽管伽达默尔论说的"日常生活理论"与纯知识的理论之间有着很大不同，但如果把两者看作相向开放而非互相对立的知识类型，就更可能在完整意义上把握人的理论属性和理论的本质特征。

[②] 〔美〕杰弗里·亚历山大：《社会学二十讲：二战以来的理论发展》，贾春增、董天民等译，华夏出版社，2000，第3页。

[③] 〔美〕罗伯特·金·默顿：《论理论社会学》，何凡兴、李卫红、王丽娟译，华夏出版社，1990，第157页。

[④] 风笑天：《社会研究方法》（第四版），中国人民大学出版社，2013，第20页。

[⑤] M. B. Aalbers, "What Kind of Theory for What Kind of Housing Research?" *Housing, Theory and Society* 35 (2018): 193-198.

往往很不相同甚至相互对立。从这个意义上说，所有对理论的界定都是在为理解理论提供"近似值"。

总的来看，学界对理论的界定和理解可以分为四类。第一类是根据其形成方式来理解理论。例如，亚历山大认为，理论就是脱离个别事物的一般化、脱离具体事物的抽象。[①] 第二类是根据其功能来界定理论。《简明牛津词典》对理论的定义是："用于说明某事物的假定，特别是以独立于被说明的现象等对象的原则为基础的假定。"[②] 艾尔·巴比（Earl Babbie）认为理论是对与某特定生活方面相关的观察的系统解释。[③] 理查德·谢弗（Richard Schaefer）认为，理论指的是试图解释问题、行动与行为时所做的一套叙述。[④] 第三类是从内涵方面界定理论。约翰·麦休尼斯（John Macionis）认为，理论是一种关于特定的事实如何相互联系以及为什么会有这种联系的陈述。[⑤] 默顿则认为，理论"是指逻辑上相关联并能推导出实验一致性的一组命题"[⑥]。第四类是从多角度理解理论。我国《现代汉语词典》中对理论的定义是"人们由实践概括出来的关于自然界和社会的知识的有系统的结论"。美国《哈珀柯林斯社会学词典》给出的定义是："由逻辑的或数学的陈述所连接的一组假设或命题，它对经验现实的某一领域或某一类现象提出解释。"[⑦] 著名学者风笑天对理论下的定义是：理论是以一种系统化的方式将经验世界中某些被挑选的方面概念化并组织起来的一组内在相关的命题。[⑧] 汉努·鲁纳瓦拉（Hannu Ruonavaara）认为，理论是由一组被用来对全部的或部分的社会实体、社会关系和社会过程进行重新

① 〔美〕杰弗里·亚历山大.《社会学二十讲：二战以来的理论发展》，第 2 页。
② 〔澳〕马尔科姆·沃特斯：《现代社会学理论》，杨善华等译，华夏出版社，2000，第 3 页。
③ 〔美〕艾尔·巴比：《社会研究方法》（第 13 版），邱泽奇译，清华大学出版社，2020，第 7 页。
④ 〔美〕理查德·谢弗：《社会学与生活》（插图第 9 版），刘鹤群、房智慧译，世界图书出版公司，2006，第 9 页。
⑤ 〔美〕约翰·J. 麦休尼斯：《社会学经典入门》（第 14 版），风笑天等译，中国人民大学出版社，2019，第 12 页。
⑥ 〔美〕罗伯特·金·默顿：《论理论社会学》，第 54 页。
⑦ D. Jary and J. Jary, *The HarperCollins Dictionary of Sociology* (New York: Harper Perennial, 1991), p. 519.
⑧ 风笑天：《社会研究方法》（第四版），第 21 页。

描述、解释和阐释的相关的假设性的概念和命题构成的话语。它是基于研究人员的想象力、从先前的研究和经验知识中得出的概念和想法的混合物的假设性构造。[①]

（二）理论面临的困境

尽管学者们侧重于从不同角度对理论进行界定，但可以发现，对理论的界定和理解存在着明显的分歧甚至纷乱的特点。布赖恩·特纳（Bryan Turner）说："所谓'理论'究竟指什么，或者理论的进步是由什么来构成，对这些问题几乎没有什么共识。结果，人们可以把理论看作一种宽泛的框架，用来组织和安排研究；或者看作汇集了一些有助于指导研究关注方向的一般性概念；又或者看作一种特定的取向，将研究者引向那些众人讨论的问题和论题。"[②] 还有些理论仅到概念层次为止，只是提供一串概念而没有对它们是怎样联系在一起的做出进一步的解释。

从上述对理论的不同界说可以看出，不同学者采用不同标准和不同方式得到的对理论的理解也存在较大差别。针对上述四类不同的界定和理解，可以进一步将其分为规范定义和非规范定义两种基本类型。这里的规范定义是指主要从一个概念的内涵和外延出发所做的确切而简要的说明。这是基于逻辑学的比较严格的定义方式。上述的第三类和第四类定义可以看作规范定义。所谓的非规范定义则是从某一主要特征或基本属性出发给出定义。与前一种定义方式相比，这种定义的规范性相对较弱。上述的第一类和第二类定义主要属于非规范定义。值得注意的是，不仅很多学者主要采用这种非规范定义方式，甚至有的文献会同时给出规范定义和非规范定义。例如，美国《哈珀柯林斯社会学词典》在对理论进行规范定义的同时，也不忘补充道："在不太严格的意义上，有关现实某一领域的任何抽象的、一般性的陈述都可称为理论，它通常包括对一般性概念的详细阐述。"[③]

---

① H. Ruonavaara, "Theory of Housing, from Housing, About Housing," *Housing, Theory and Society* 35, No. 2(2018): 178-192.

② 〔英〕布赖恩·特纳主编《Blackwell 社会理论指南》，李康译，上海人民出版社，2003，第一版序，第10页。

③ D. Jary and J. Jary, *The HarperCollins Dictionary of Sociology* (New York: Harper Perennial, 1991), p. 519.

就上述对理论的不同理解来看，我们的确应该对布赖恩·特纳的说法表示赞同，因为这些差别显而易见也不容否认。但是问题不在于是否看到这些差别，而在于如何看待这些差别。由于这直接关系到社会学理论和住宅社会学理论的范围和内容，因而这个问题格外重要。此外，很多学者有意无意地站在科学主义立场，倾向于认同对理论的规范定义，在他们眼中，只有规范定义才是逻辑严谨、表述清晰且具有唯一性的科学定义，而非规范定义只考虑定义项的某个或某些方面特征，难以说明概念的本质属性和基本内涵，因此应该摒弃这些非规范定义。

究竟该如何看待对理论的不同理解呢？让我们先简要分析一下为什么会有差异如此之大的不同理论定义。存在这种差异的根本原因在于作为定义项的理论本身具有复杂性和多样性。首先，理论来源不同。亚历山大认为，理论既可以产生于对"真实世界"进行科学研究之前的非事实或非经验性思考过程，也可以产生于这个"真实世界"的结构。而科学的非经验部分是更重要的要素，这种要素的传递不是通过观察而是通过传统实现的。① 社会学名家瑞泽尔（Ritzer）甚至说过，"最好的理论是源自于强烈的个人利益或兴趣的"②。来源的不同很可能会影响理论的取向与风格，例如产生于经验的理论更具有实证特征，而非经验来源的理论则可能显得更加抽象和思辨。其次，理论立场不同。持有不同认识论和方法论立场的学者所构建的理论往往有很大区别。比如，秉持经验主义原则的实证主义者，会倾向于构建逻辑严密的科学理论，着重探究和阐明不同变量之间的关系及其机制。持有人文主义立场的学者则侧重于解释性理解事物所蕴含意义的理论的构建，尽管这类理论也可能涉及不同对象（变量）之间的客观关系问题，但其根本目标在于从主观层面展开对主体间的意义的赋予与解释。前一种理论更符合规范定义，而后一种理论就很难得到规范定义。再次，理论目的不同。一般来说，创建理论的目的包括解释范围广泛、解释精确和结构简练三个方面。对于具体理论而言，往往难以同时实现所有目的，而只能有所取舍或有所侧重。比如，可能某一理论的解释范围很

---

① 〔美〕杰弗里·亚历山大：《社会学二十讲：二战以来的理论发展》，第5页。
② 〔美〕乔治·瑞泽尔：《当代社会学理论及其古典根源》，杨淑娇译，北京大学出版社，2005，第3页。

广，但其精确性不够；而另一种理论则正好相反。也可能一种理论解释的精确程度很高，解释的范围也很广，但结构却十分复杂；而另一种理论则比这一理论在结构上更为简单，但它在解释上却不够精确或不够广泛。[①]最后，理论表述方式不同。理论概括的对象、层次和路径不同，学者对概念及其相互关系的处理能力存在差异，甚至学者运用语言表达理论的方式和风格也有明显区别，这些都可能导致理论在表述上呈现相异的特点。有些理论中不同变量之间的逻辑联系是显性和紧密的，一望可知，比较容易理解，但很多时候这种联系是隐性的、间接的甚至看似松散的，这需要先放下对表达形式的偏见，从其内在质量上做出准确判断。

可以看到，来源、立场、目的和表述等方面的不同，造成了理论的复杂多样，在理解和判断理论时，往往也难以定于一规地采用一种定义方式和评判依据。基于这样的认识，可以说，对于理论的界定而言，可能既需要规范定义以说明其本质内涵，也需要从多角度把握其典型特征从而获得更全面的理解。简单地说，我们之所以应该"容忍"甚至需要这种对理论不够规范的定义，根本上是因为就"理论"这个具有极大内部张力的概念来说，简单地采用规范定义意味着对极为丰富的理论外延的过度简化。明确这种对理论的基本认识后，接下来对社会学理论和住宅社会学理论的研究才有可能更为合理地确定研究的范围和边界。由于对理论界定的精确和严格程度的不同，理论的外延也有很大区别。一般来说，对理论内涵界定得越精确严格，其外延范围也就越小。相反地，如果对理论的界定相对宽泛和具有弹性，那么，其外延范围则更大，结果就是可以称为理论的内容更多。当然，从严格意义来说，在研究中应该主要采用精确严格的界定方式，因为这样最符合科学研究的严谨性，研究可能引发的争议也比较小。但问题在于，既有的理论并非都是以最严格精确的方式来表述和呈现的，而这些不够严格（但不意味着粗糙低劣）的理论对现实的解释可能也是有效的。从动态角度看，它们也可能被进一步提炼发展为更加精确严格的理论。因此，这些理论恰恰可能因彰显着理论的野性和开放性而更具有活力。

---

① 风笑天：《社会研究方法》（第四版），第23页。

二　住宅社会学理论界定与研究思路

多少令人感到遗憾的是，目前国内外学界并没有对住宅社会学理论这个概念进行界定并给出定义，缺少必要的参照给本书的研究造成一定的困难。因此，参考社会学理论的定义就是一个可行选择。接下来先看看社会学理论的定义。默顿认为社会学理论是指逻辑上相关联并能推导出实验一致性的一组命题。[①] 国内学者杨善华认为，社会学理论是由表征社会现象的概念、范畴和描述现象之间的关系的命题所组成的社会学知识体系。[②] 瑞泽尔从功能角度，指出社会学理论是一组互相关联的观念，能对社会世界的知识加以系统化、能解释社会世界，并且能预测社会世界的未来。[③] 在对理论的定义与理解和对社会学理论的界定的基础上，我们将住宅社会学理论定义为对作为社会事实的住宅现象与居住活动进行描述、解释和阐释的内在相关的概念和命题构成的陈述。基于对住宅社会学理论的定义以及我们对住宅社会学理论研究目的与内容的理解，下面的研究将着力体现和遵循以下几方面考虑。

其一，内容和结构安排主要由两部分构成。住宅社会学理论是从社会学角度去研究住宅理论问题的。然而，什么是社会学角度？社会学的重要特点是百家争鸣、学派林立，没有一个统一的理论研究框架。周雪光在其代表作《组织社会学十讲》中的做法就是关注具体的理论以及它们的观点和角度。他认为，社会学领域中缺乏一个占统治地位的中心理论这种状况也有一个好处：它为在这一领域中从事研究活动的学者留下了一个非常大的想象和创造的空间，有新的研究领域和研究思路等待我们去开发。[④] 乔纳森·特纳（Jonathan Turner）认为，我们把握那些都被称为"理论"的各种活动的方式，就是展示各种视角和取向的各种理论。[⑤] 借鉴这些思路

---

① 〔美〕罗伯特·金·默顿：《论理论社会学》，第54页。
② 杨善华主编《当代西方社会学理论》，北京大学出版社，1999，前言，第3页。
③ 〔美〕乔治·瑞泽尔：《当代社会学理论及其古典根源》，第4页。
④ 周雪光：《组织社会学十讲》，社会科学文献出版社，2003，第14~15页。
⑤ 〔美〕乔纳森·特纳：《社会学理论的结构》（第6版·上），邱泽奇等译，华夏出版社，2001，第4页。

和做法，本书接下来的理论相关研究的第一部分内容是住宅社会学理论的论辩与整合。从住宅社会学理论研究情况看，有一批学者从本体论、认识论和基础理论方面，对住宅社会学理论进行批判、反思和构建，他们的研究主要围绕住宅社会学理论研究的性质、来源、范式和理论体系等问题展开，所涉及的是一种比较纯粹的元理论，研究结论往往具有基础性、指导性和原则性，是住宅社会学理论中最重要和最核心的内容。第二部分内容是具有代表性的特定领域的住宅社会学理论。按照住宅社会学理论涉及的具体领域或主要方面，我们将已有住宅社会学理论分为五个方面：居住行为的社会理论研究、居住分化的社会理论研究、住房市场的社会理论研究、住房政策的社会理论研究、居住文化的社会理论研究。需要说明的是，对住宅社会学理论的梳理和评析是本书的主要任务，虽然不论是在梳理环节还是评析环节，我们都会有取舍和处理，但就理论本身而言，我们并不追求增加新的理论知识，而是着力于对已有理论的整理与分析。因此，我们所做的工作主要围绕"存量"理论展开研究。

其二，对于住宅社会学理论的来源，学界的主流观点是认为有两个基本的来源：一个是来自住宅社会学以外，这样的理论可以被称为外源型理论；另一个是来自住宅社会学内部，这样的理论可以被称为内生型理论。其中，外源型理论的梳理和研究往往更加困难。进一步看，外源型理论研究可以分成两种情况。一种情况是对已经被学者们认为与住宅研究有关的社会学理论或者被运用到住宅研究中的社会学理论，即现有理论展开研究；另一种情况是对目前尚未被认识到或者被运用到住宅研究中但与住宅研究有关的社会学理论（如下面谈到的布迪厄的理论），即潜在理论展开研究。不论是哪一种情况，都意味着需要对相关的理论进行必要的筛选和取舍。只不过前一种情况下，由于筛选是在既有的住宅社会学理论及其运用的范围中展开的，所以选取的范围相对来说比较小一些。而后一种情况下，我们面对的是与住宅研究并不存在明确关联的理论，因而需要加以检视和选择的范围会很大，并且还需要对理论与住宅研究之间的关联加以说明，因此这种情况带来的难度会更高。但是，正如众多学者所说的那样，住宅社会学理论建设尚处在起步和孕育阶段，因此，如果仅对既有的有关理论进行梳理和分析肯定远远不够，而后一种理论的引入是住宅社会学理论发展的重要任务。当然，由于这一项工作具有很明显的探索性，因而在本书中，我们只能做到比较有限的尝试和摸索，而更多的工作还有待于今后学者们的努力和付出。需要说明的是，在研究过程中，有时候现有理论与潜在理论会出现一定程度的并存和交叉的情况。

坦率地说，对内生型理论的研究并不非常困难，一是这类理论是关于住宅的理论，一般来说，作为住宅社会学理论的属性和"身份"比较容易确认，对这类理论的整理论述的范围比较清晰可辨；二是这些理论往往属于住宅研究的元理论层次，理论本身形成的脉络和内容相对比较明确，对其脉络与内容进行梳理应该就可以达到本书的主要目的。相比来看，对外源型理论的分析则要困难得多。由于这类理论往往来源于不同的学科，有着相异的研究立场、取向和适用范围，对其与住宅社会学理论的关系也要做必要的厘清，如何为这些不同的理论"分门别类"是一个难题。我们知道，社会学理论史的研究思路基本上分为两类：一类是按照理论流派方式展开研究，其优点是各理论流派可以得到清晰完整的梳理；另一类是按照代表性理论人物方式进行研究，优点是可以获得关于某个理论家的理论的形成、延续和转变的整体认知。但是，目前住宅社会学理论领域还没有出现足够重要的理论家，因此，按照代表性理论人物方式进行研究的条件尚不具备。尽管初步形成了若干理论流派，但流派分化程度比较低，发展水平还不够高，因而简单采用理论流派方式的效果并不理想。鉴于此，一个现实可行的选择是按照理论流派方式加"问题域"方式进行研究。一方面可以对相对成熟的重要理论做出论述，另一方面可以依据理论所聚焦的不同住宅问题领域，对相关理论进行归类和讨论。这是本书将已有住宅社会学理论（大部分为外源型理论）分为前述五个方面的基本考虑。而在这两个方式的组合中，我们更侧重于采用"问题域"方式，一个原因是，至少到目前为止住宅领域的社会理论研究主要还是引入相关学科理论分析住宅问题，这无疑是一种"拿来主义"的做法，因此，理论与理论分析对象（住宅现象与住宅问题）就存在难以分割的交织和嵌合关系，如果过度地将理论从分析对象与分析过程中剥离，则可能导致理论与问题都难以说清。另一个原因是，从西方社会理论发展趋势看，大致从 20 世纪 80 年代开始，社会理论研究走向新的综合阶段，许多不同理论和理论流派不再一味地自说自话或者相互攻讦，而是更加频繁和深入地开展理论的交流对话，互相取长补短，推动理论不断趋于完善成熟，但也在很大程度上模糊了不同理论和理论流派之间的边界，沿用原有的"某某理论"的标签来标识某种理论和理论流派越发困难（当然这不意味着完全不可能和不必要）。所以，我们将组合运用多种阐述方式，其中，在采用"问题域"方式的阐述过程中，我们围绕具体的某类"问题域"，对相关理论或理论流派进行论述与比较。[①]

当然必须承认的是，任何一种理论梳理方式都是有其局限性或者说是"代价"的，例如，理论流派方式的最大"代价"是不得不将理论家的理论分散到理论延展的脉络之中，理论家的理论贡献往往难以得到完整呈现，理论人物方式的主要"代价"则是以人物为主线而可能模糊了理论所属的理论流派的整体脉络。"问题域"方式是以问题为中心来整理相关理论，有助于厘清理论与问题之间以及围绕问题的理论之间的关系，其局限性在于理论本身的完整程度可能或多或少受到影响，如同一个理论可能会因为被用来解析不同问题而出现在不同的"问题域"。当然，我们认为这种方式的优点应该是主要的，局限之处是次要的，所以这种方式是可行的，更何况如前所述，这种方式可能是目前住宅社会学理论研究的最现实的方式，尽管放眼未来的研究，它也只是一个"权宜"的选择。

其三，参考风笑天的划分方式[②]，我们将住宅社会学理论划分为三个层次：宏观理论，以全部住宅社会现象或各种居住行为为对象；中观理论，以某一方面住宅社会现象或某一类型居住行为为对象；微观理论，作为针对具体的住宅社会现象或居住行为的一组陈述若干概念之间关系并在

---

① 蔡禾主编的《城市社会学：理论与视野》（中山大学出版社，2003）以理论流派方式为主要方式，结合"问题域"方式进行梳理。作者论述了古典人类生态学、文化生态学、城市性理论、城市符号互动论、新韦伯主义、世界体系理论等主要的城市社会学理论，但也围绕社区权力、城市空间等问题域阐述了有关的代表性理论。在论述过程中，作者将理论与分析的对象和内容结合起来，在理论的应用过程中展现和评析理论。尽管与仅就理论本身展开研究的大多数理论研究方式相比，这种方式所论述的理论可能显得不够纯粹和系统，却赋予理论更多的生动性与解释力。当然，选择这种方式在很大程度上是城市社会学突出的应用特征决定的。考虑到住宅社会学与城市社会学的理论亲缘关系以及理论特点的相似性，本书部分地参考并借鉴了该著作的上述做法。
② 风笑天：《社会研究方法》（第四版），第21~22页。

逻辑上相互联系的命题，解释一个变量对另一个变量的影响。宏观理论、中观理论和微观理论属于明显不同的三个层次，共同构成一个相对完整的理论体系。在研究中对三个层次的理论内容均会涉及和论述，虽然我们不会按照三个层次对每一处理论内容做出明确的划分和标识，但仍然可以从文中看到不同层次理论在概括力与解释力方面的差异。虽说不同层次理论对经验研究都可能起到不同的作用，但也要看到它们同样有各自的局限之处。例如，宏观理论的普遍性和概括力比较强，适用范围很广，但可能对于具体问题的解释力较弱。微观理论的优缺点可能与宏观理论正好相反。中观理论又称"中层理论"，其备受现当代学者的关注和推崇，在中层理论思想的指引下，西方社会学家首先想到的是怎么能找到更可靠的具有实证性的机制和变量来解释社会现象，而不是去分析那些机制和变量在具体情景中的重要性以及它们与宏观结构之间的关系。结果就是似是而非，只见树木不见森林、只长知识不长智慧的学问在西方社会学中大行其道。①值得一提的是，相对于容易辨识也更容易得到认可的宏观和中观理论，微观理论由于比较简单和零散而不"像"理论，但这类理论也是理论体系的重要组成部分，在本书中也应有其地位并有加以分析的必要。

其四，社会学理论范式的共存。众所周知，社会学理论主要有三种基本范式：实证主义范式、人文主义范式和批判主义范式。理论范式代表学者不同的理论立场和目标，在实证主义范式与人文主义范式、批判主义范式与实证主义范式之间存在明显的差异甚至尖锐的对立，也形成了非常不同的研究取向和迥异的理论风格。作为社会学的一个分支学科，住宅社会学的理论也必然受到社会学基本理论范式的影响，综览住宅社会学主要理论，的确可以发现比较明显的不同范式的特点。但是，我们认为就住宅研究而言，上述三个范式之间的抵牾和歧见应该被看作对住宅不同属性和不同方面所做的理论研究的重心及路径的差异。即使学者们还未能找到将三个范式加以融合的综合性理论，但至少应该看到它们是可以共存的。这首先是因为住宅本身具有物理意义上的实体属性，同时也具有政治经济和社会文化属性。就住宅的实体属性而言，实证主义理论往往有着比较强的解

---

① 赵鼎新：《什么是社会学》，第76页。

释潜力，人文主义理论和批判主义理论在理解与解析住宅的社会文化和政治经济属性时各擅胜场。著名学者刘少杰对不同社会学理论传统和范式的理解无疑是准确的，他认为，西方社会学的不同理论传统"都是对社会现实的不同理解。实证社会学认为自己的理论是对社会现象的科学认识，其实科学认识也是一种理解，只不过把理解的焦点集中在社会现实的客观性方面，而展开的理解方式也就表现为主观对客观的反映；人本主义社会学认为自己的学说是对社会意义与价值的追求，其实这还是一种理解，是焦点集中在对社会现实主观方面的理解，于是展开的理解方式也就表现为主观对主观的体会与感悟；批判的社会学认为自己的理论既不是对客观事实的反映，也不是对主观情感的体验，而是对虚假现象的批判，然而批判仍然是一种理解，是对既存现实的否定性理解，是按照理想标尺要求现实改变现状的重建性理解"①。因此，就住宅社会学理论来说，虽然不同理论之间多有分歧甚至对立，但我们认为应该将其视为对住宅研究某类问题的不同理论研究取向或是对住宅问题的不同侧面和不同角度的理论解析的结果，不同的理论不应被武断地判定优劣，真正具有建设性的态度可能是跳出不同理论范式之间的诸多"无谓"的论争，将这些理论放入住宅社会学理论的总体框架中，将不同理论看作不断动态发展的、具有互补潜力的知识资源，由此，住宅社会学理论才可能真正走向成熟。

---

① 刘少杰：《现代西方社会学理论》，中国人民大学出版社，2021，第 12 页。

第四章 住宅社会学理论的论辩与整合

一 住宅社会学理论发展状况

毋庸置疑，在学术研究中理论起着至关重要的作用，而理论化程度也是一门学科成熟度的指标。尽管长期以来，住宅理论和住宅社会理论研究取得了一定的进展，形成了较多的理论成果，但是客观地说，学者们的理论研究往往是自发的，基于构建住宅社会理论及其体系的"自觉"的研究比较少见，住宅理论和住宅社会理论一直未被当作一个研究对象而加以"问题化"。20世纪90年代初以来，这种情况发生了重要变化，表现在有越来越多住宅研究领域的学者开始对住宅理论和住宅社会理论展开专门的考察和研究。他们发现，住宅社会学理论的发展总体上很难令人满意，很多学者对住宅研究中的理论"匮乏"问题表达了不同程度的不满和担忧。其中最重要的批评来自著名住宅社会学家吉姆·凯梅尼。

1992年，凯梅尼的代表作《住宅与社会理论》出版。在这部著作中他发现，一方面，住宅研究范围十分狭窄并主要集中在实证研究上，未能充分利用与其领域相关的社会理论。典型的例子莫过于住宅研究对社会学学科进展的漠视。20世纪50年代到70年代早期，社会学经历了爆炸式的发展，促进了该学科理论和概念工作的蓬勃发展。但这些发展很少反映在住宅研究中。比如，20世纪50年代，帕森斯结构功能主义的广泛影响并没有体现在住宅研究中。20世纪60年代，符号互动理论出现，马克思主义地位重新凸显，住宅研究者也没有对这些理论做出反应。即使是对于住宅研究者十分关注的国家权力理论和社会变迁理论，他们同样既没有兴趣借鉴社会学家和政治学家的有关观点，也没有兴趣在他们自己的实地研究中对其进行批判性检验。另一方面，住宅研究仅仅注重描述或重新描述住宅现象，而不关心为这些现象提供新的解释和新的理解。尽管对理论问题的兴趣在不断增长，但是仍然存在的一个关键问题是非常短视和偏狭地将研究焦点集中于分析住房政策和住房市场，对更加广泛的议题视而不见。该领域的学者们也几乎不关心理论这样的"抽象"问题，造成住宅的理论研究十分粗浅，所进行的许多研究要么是非理论的，要么没有明确所采用的框架。① 斯特格尔（Steggell）等人分析了 1974～2003 年《住房与社会》杂志发表的住宅研究中使用理论的情况。他们发现，虽然几乎 80% 的文章在引言和文献综述部分提到了理论，但只有不到一半的文章在设计研究或解释和讨论结果时实际使用了理论，也很少有文章将直接检验理论或提出理论作为研究目的，新的理论很少被提出，而且随着时间推移，理论使用增加的趋势并不明显。② 还有研究发现，在《住房与社会》、《环境与行为》和《家庭与消费者科学研究杂志》上发表的住宅研究文章中，有 73% 提到了理论基础，然而同样很少有文章将直接检验理论或提出理论作为研究目的。③ 柯尔（Kohl）认为，目前住宅研究领域还没有发展出自己的任何主要理论，更不用说广泛输出到相近研究领域的理论了。④ 对于这种埋头于经验和政策问题之中而忽视理论研究的后果，凯梅尼认为这会造成住宅研究变成聚焦于枯燥无味和有限的经验的一门专业（specialism），住宅被从社会结构中抽象出来，无法融入更广泛的、它本身也属于其中的社会过程之中。⑤

　　为什么长期以来住宅理论发展状况不尽如人意？到底有哪些影响因素在起作用？有很多学者在探问并提出各种解释。柯尔曾在一篇专门探讨为什么住宅研究缺乏社会理论的文章中比较详细地分析了多方面的影响因

---

① J. Kemeny, *Housing and Social Theory* (London and New York: Routledge, 1992), p. 12.

② C. D. Steggell, T. Yamamoto, K. Bryant et al., "The Use of Theory in Housing Research," *Housing and Society* 33, No. 1(2006): 5–20.

③ C. D. Steggell, S. K. Binder, L. A. Davidson et al., "Exploring Theories of Human Behavior in Housing Research," *Housing and Society* 30, No. 1(2003): 3–32.

④ S. Kohl, "Why Housing Studies Still Lacks Social Theory and What to Do About It," *Housing, Theory and Society* 35, No. 2(2018): 231–234.

⑤ J. Kemeny, *Housing and Social Theory* (London and New York: Routledge, 1992), p. 13.

素。其一，住宅本身的原因。基于宏观推理形成宏观理论非常依赖良好的一般性普遍指标，而住宅通常被当作一种地方和区域现象，因此根据对住宅的统计描述做出宏观推理并建立普遍理论便存在很大困难。其二，住宅问题周期化的影响。可以观察到的一个现象是大约每隔10年（西方社会）就会出现一些重要的住宅问题，例如许多学者研究了最近的一个热点住宅问题——"租房一代"，但是一旦住宅热点问题发生变化，围绕原来问题的研究往往不一定会留下多少理论印记。其三，学科组织方面的原因。虽然住宅是一个涉及许多学科的话题，但一个年轻的研究者很难在他或她的母学科中将从事这个话题的研究作为职业选择。[①] 柯尔并没有进一步说明为什么会这样，我们认为显见的原因就是住宅研究在各学科中的边缘和相对弱势的地位，让任何考虑进入其中的学者都需要更多的勇气和付出。其四，住宅理论化"生不逢时"。过去住宅理论研究之路"人迹罕至"的一个重要原因可能在于，凯梅尼倡导的住宅研究理论化开始于社会科学一般的宏大理论开始衰落的时候。社会学领域中的这种衰落始于20世纪80年代，从那以后，碎片化了的社会学各个子领域往往只专注于使用自己的专业理论，住宅研究只是一个专业子领域，因此在住宅领域也必然难以形成普遍性的宏大理论。此外，柯尔发现，在大多数国家都没有住宅研究部门，而只有少数专门的研究学会，这使得推动住宅理论发展的条件不够有利。[②]

斯特格尔等人主要从学者角度分析原因。一方面，他们认为这主要与人们将住宅研究定位在应用学科范畴中有关。应用学科的研究者可能不像理论导向的学科的研究者那样习惯于使用抽象概念。在住宅领域，许多研究者会更关注住房政策这样的具体问题，如设计通用的政策方案或评估经济性住房政策。这种对特定问题的关注可能会使研究者看不到"大局"，从而导致其忽视理论的存在和需求。[③] 雅各布斯（Jacobs）和曼齐（Manzi）

① S. Kohl, "Why Housing Studies Still Lacks Social Theory and What to Do About It," *Housing, Theory and Society* 35, No. 2(2018): 231-234.

② S. Kohl, "Why Housing Studies Still Lacks Social Theory and What to Do About It," *Housing, Theory and Society* 35, No. 2(2018): 231-234.

③ C. D. Steggell, T. Yamamoto, K. Bryant et al., "The Use of Theory in Housing Research," *Housing and Society* 33, No. 1(2006): 5-20.

也认为，热衷于住房政策研究的学者们倾向运用实证主义认识论，他们的目标是收集物质证据以发现并描述客观事实，以期引起决策者的注意并使他们采取相应行动，这些学者很少对其使用的概念类型进行检视，自然谈不上构建清晰的理论。[①] 那么，为什么学者们更关注住房政策这样一些具体问题呢？克拉彭（Clapham）以英国的情况为例做出的解释是，因为英国的大部分住宅研究都是受政府部门委托进行的，这些部门负责评估特定政府政策的影响。因此，许多关于住宅的研究都以具体的实际和政策问题为导向，并采取了一种非理论的、经验主义的方法。[②] 另一方面，斯特格尔等人认为住宅理论的发展状况与学者的理论选择偏好有关。韦伯（Weber）发现，在她分析的1965~1991年涉及理论的住宅研究论文中，有64%基于莫里斯（Morris）和温特（Winter）的住宅调整理论，排在第二名和第三名的是邻里变化理论和吸纳-扩散理论，占比远远落在后面。[③] 斯特格尔等人曾对在1989~1999年发表的115篇住宅研究文献进行综述，发现其中涉及理论的有84篇，占73%。在这84篇文献中，有近23%（19篇）提到了莫里斯和温特的住宅调整理论，遥遥领先于排在第二位的人与环境同余理论（6%，5篇）。他们认为，研究人员对研究领域内特定理论观点过于忠诚和偏好，排斥相互竞争的理论，可能会限制该领域的知识增长和理论发展。此外，斯特格尔等人还委婉地提出住宅领域的研究者们在理论研究与应用方面的意识和能力仍存在明显的不足。[④] 奥克斯利（Oxley）和罗纳德（Ronald）也认为理论上的进步在很大程度上与学者有关，面对住宅社会现实以及其他学科的重要理论进展，住宅研究领域的学者们却显得非常保守。[⑤] 用凯梅尼的话来说，面对如此繁荣的社会科学，住宅研究仍

① K. Jacobs and T. Manzi, "Evaluating the Social Constructionist Paradigm in Housing Research," *Housing, Theory and Society* 17, No. 1(2000) : 35-42.

② D. Clapham, "Housing Pathways: A Post Modern Analytical Framework," *Housing, Theory and Society* 19, No. 2(2002) : 57-68.

③ M. J. Weber, "Through the Years … AAHE, Housing Problems and Change: A Research Perspective," *Housing and Society* 19, No. 2 (1992): 5-10.

④ C. D. Steggell, T. Yamamoto, K. Bryant et al., "The Use of Theory in Housing Research," *Housing and Society* 33, No. 1(2006) : 5-20.

⑤ M. Oxley and R. Ronald, "Re-theorising Housing: Putting Rationality and Action in Context," *Housing, Theory and Society* 19(2002) : 145-147.

然是一潭"知识的死水"①。

二　住宅社会学理论的论辩

近 30 年来尤其是进入 21 世纪后的 20 余年来，住宅研究领域不断增强的理论化意识和快速增加的理论成果，在很大程度上可以视为受到凯梅尼等人所提出的反思与批判的触动和影响的结果。学者们从各自的立场和不同的角度出发，积极抒发见解并不断探索解决之道。其中，有一批长期关注和投身于住宅理论建设的学者做出了重要贡献，这些学者中，除了堪称标志性人物的凯梅尼之外，鲁纳瓦拉、萨默维尔（Somerville）、克拉彭、金、艾伦（Allen）、阿尔伯斯（Aalbers）、斯特格尔等都算得上是具有代表性的学者。他们不仅纷纷提出自己对住宅理论建设的独特理解和看法，还很注重对不同思想和观点的比较、批判与整合，当然也尝试在批判和借鉴基础上构建更具包容性和解释力的住宅社会学理论。

概括地说，当代住宅社会学理论研究领域的一个显著特点是围绕住宅理论建设形成了学术论争及对理论的整合。从趋势上看，这种论争和整合状况很可能持续很长时间，其中不同观点之间的分歧和对立有可能进一步深化和加剧。应该将这种情况理解为住宅理论发展必然经历的阶段和过程，而且更多的学者参与、更多的观点表达和更多的思想生成，才是住宅理论发展的重要驱动力和应有的学术气象，我们完全可以确定只有对多样的甚至多元的思想观点进行统合和融通，才有可能推动住宅理论体系逐渐迈向完善和成熟，才能使住宅研究不再是一潭"知识的死水"，而是充满活力。因此，这里对当代住宅社会学理论研究领域的主要观点进行梳理和归结，这个工作本身也构成住宅社会学理论建设的一个重要部分。

起始于 20 世纪 90 年代的对住宅社会学理论的广泛关注和深入讨论中，关于理论研究在住宅社会学中的地位和作用的认识是高度一致的，学者们都认为理论在住宅研究中起着至关重要的作用，理论的发展是这门学科走向成熟的重要指标。实际上，前面提到的学者们对住宅研究中理论匮乏状

---

① J. Kemeny, *Housing and Social Theory* (London and New York: Routledge, 1992), p. 13.

况的不满和反思也可以反映出学者对住宅理论的重视程度。基于对住宅社会学理论重要性的共识，近 30 年，在住宅研究领域中，许多优秀学者投身于理论的批判与建设。然而，与那些理论趋于成熟的学科相比，这个时期"住宅研究领域还没有发展出自己的任何主要理论"，这就意味着学者们不得不从理论研究根本问题的追问与求解开始做起。由于缺少前期的理论基础和框架的支持，同时也缺少构建住宅社会学理论的方法和路径的参照，学者们的理论研究之间难免存在诸多分歧、争论甚至对立，但是这些论辩对于住宅社会学及其理论发展来说，无疑是至关重要的。总体来看，学者们的论辩主要围绕三个问题展开，可以据此将其分为住宅社会学理论的层次之辩、住宅社会学理论的路径之辩以及住宅社会学理论的范式之辩。

（一）住宅社会学理论的层次之辩

这里的论辩主要是围绕住宅社会学理论的宏观和中观（层）两个层次展开的，学者们针对住宅社会学到底更适合和更可能构建哪一个层次的理论提出各自的观点和理由。其中论争的焦点是住宅社会学的宏观理论[①]是否有必要以及是否可行。围绕这个焦点问题，学者们形成了两种不同的观点。一种观点在总体上支持构建宏观理论。凯梅尼认为应该将相关学科的宏观理论引入住宅研究，这种宏观理论尽管是外源型理论，但可以被看作住宅的一般理论。对克拉彭来说，宏大的住宅理论是可取的，尽管目前可能无法实现，但"只要我们掌握了更多的知识并进一步对知识理论化，我们就可以得到我们想要的任何一类住宅理论"[②]，因此在克拉彭看来未来宏大住宅理论的构建完全具有实现的可能性。

另一种观点则反对构建宏观理论。鲁纳瓦拉讨论了理论和住宅之间的不同关系，他的结论是住宅的一般理论是不可能的或者是不明智的，但是应该在构建关于住宅的理论方面加强努力，并使其可以回馈我们所借用理

---

① 有学者也称之为宏大理论（grand theory）或一般理论、综合理论（general theory）等，这里不做严格区分，可以互换使用。

② D. Clapham, "Housing Theory, Housing Research and Housing Policy," *Housing, Theory and Society* 35, No. 2(2018) : 163-177.

论的不同来源学科。① 阿尔伯斯明确反对构建宏观理论，他对一种理论可以解释一切的想法十分怀疑。他的主要论据是，社会理论就是对社会世界的还原，没有任何还原能够解释或有助于理解一切事物。此外，由于住宅是一个多学科领域，构建一个统一的宏大住宅理论既不可能也不可取。② 萨默维尔认为，宏观的住宅理论假定住宅的各个方面与更广泛社会的各个方面之间存在普遍的紧密关系，中层的住宅理论试图揭示历史与地理上特定的住宅过程和住宅体系，这两者之间存在重要的差异。无论如何，住宅理论是高度多样化的，而构建住宅的一般理论是不可能和不必要的，无论它是"涵盖所有与住房相关的主题"的理论，还是关于"住房系统特点与社会的特征之间的不变关系"的理论。③ 这些反对建立住宅宏观理论的学者的理论旨趣在于发展住宅领域的中层理论，他们认为对于住宅研究来说中层理论才是必要的也是可行的。鲁纳瓦拉对此说得十分明白，他认为替代方案肯定不在对变量之间的普遍关系进行理论化和根本不进行理论化之间，而是应该丰富因果机制的全部内容，这些因果机制不像一般理论那么普遍，但比经验描述更普遍。因果机制的理论化是普遍理论化和经验历史描述之间的中间道路。④

可以看出，支持构建宏观理论的学者很少，我们认为这种情况反映了住宅领域宏观理论发展不足的现实，也说明构建宏观理论的确存在困难，诚如一些学者指出的，根本困难在于住宅研究的跨学科性和多样性，可以说至少在目前构建住宅领域的宏观理论的可行性并不大。但似乎并不能因此就认为这种努力既不必要也不可行，同样，似乎也不能认为中层理论就一定是合理的。一方面，作为宏观理论反对者的鲁纳瓦拉认为从相关学科引入理论是住宅理论研究的一条正道，那么，引入相关学科的宏观理论不

① H. Ruonavaara, "Theory of Housing, from Housing, About Housing," *Housing, Theory and Society* 35, No. 2(2018) : 178-192.

② M. B. Aalbers, "What Kind of Theory for What Kind of Housing Research?" *Housing, Theory and Society* 35, No. 2(2018) : 193-198.

③ P. Somerville, "A Sceptic Looks Again at' Housing Theory' , "*Housing, Theory and Society* 35, No. 2 (2018) : 242-245.

④ H. Ruonavaara, "Theory of Housing, from Housing, About Housing," *Housing, Theory and Society* 35, No. 2(2018) : 178-192.

正是构建住宅领域宏观理论的可行方式吗？从这个角度看，另一位反对者萨默维尔也承认，尽管住宅的一般理论是不可能和不必要的，但更一般的社会理论是可能的并且确实已经存在。例如，马克思主义、韦伯主义和布迪厄的理论实际上都是一般理论，而且住宅也是这些一般理论的对象。这些一般理论可以更有效地应用于住宅研究，或者学者们可以将住宅置于其中加以讨论。[①] 从反对者的观点看，他们的论点集中在构建宏观理论的可行性方面，但必要性与可行性明显是两回事，可行性主要受制于现有的环境条件与主体能力，会不断发生变化，因此克拉彭才特意强调构建宏观理论虽然当前不可行，但未来是非常有可能的。另一方面，应该看到，一些学者的观点隐含着将宏观理论与中层理论二元化对立的倾向，似乎宏观理论不可行，那么中层理论就一定可行。这种倾向不仅是错误的，甚至是危险的。前面已经谈到，西方特别是美国学界大行其道的中层理论研究可能"只见树木不见森林，只长知识不长智慧"。所以，在看到中层理论的优点的同时，也应该对其局限性保持警惕。

（二）住宅社会学理论的路径之辩

与上述的层次之辩涉及的构建何种层次理论相比，这里的理论构建路径问题显得更加重要也更为复杂，由其引发的论辩也更加激烈，这是因为这个问题不但关系到如何构建住宅社会学理论的问题，更重要的是关系到构建何种性质的住宅社会学理论这个根本问题。

鲁纳瓦拉曾在梳理已有研究的基础上，进一步提出建立和发展住宅社会学理论的四类路径或立场：一是住宅的理论（V_1）（theory of housing），这是一种包含所有与住宅研究相关的主题的综合性理论；二是与住宅相关的理论（theory about housing），其将相关的学科和研究领域中的理论资源应用于住宅研究；三是来自住宅的理论（theory from housing），其将住宅作为一种特殊活动和体验，是通过对住宅经验的现象学反映而产生的理论；四是住宅的理论（V_2）（theory of housing），这是关于住宅体系特征与社会

---

① P. Somerville, "A Sceptic Looks Again at' Housing Theory' ," *Housing, Theory and Society* 35, No. 2 (2018)：242–245.

特征之间不变关系的理论，是关于住宅研究的中层理论。[①] 鲁纳瓦拉采用可取的（desirable）和可能的（possible）两个概念来表示某种理论及其建立路径的必要性与可行性。在这个框架提出以后，包括鲁纳瓦拉在内的许多学者主要围绕这个分类框架各抒己见并展开论辩。

第一，住宅的理论（V₁）（theory of housing）。从名称能够看出它属于内生型理论，也是包括了宏观理论在内的综合理论，因此与前述对宏观理论的态度较为类似，大部分学者对其基本持怀疑的态度。根本原因是他们认为住宅本身不是一个研究主题，而是许多研究主题，如住宅政策（住房政策）、住宅供应、住宅组织、住宅选择、住宅流动性、住宅权属、住宅的用途和意义、住宅公平与不平等的共同点，所以住宅不能作为一个理论对象，而要将所有这些研究主题整合进单一的理论框架的希望不大。[②]

第二，与住宅相关的理论（theory about housing）。这是一种典型的外生型理论。持有"构建与住宅相关的理论既是可取的也是可行的"这种观点的学者比较多，包括凯梅尼[③]、鲁纳瓦拉、柯尔等重要学者，这种观点一度成为构建住宅理论的主流的认识，以至于彼得·金将其称为"既定的观点"（established view）。在构建理论的方式和路径上，这类学者秉持"拿来主义"原则（当然也主张通过发展与住宅相关的理论以反馈那些输出理论的学科）。艾伦和格尼（Gurney）更是直接指出了理论引入后的分析对象范围，他们认为住房政策是住宅研究的实质性重点，所以他们提出住宅理论家的作用是将现有理论应用于住房政策。[④] 为什么这种理论建构的"拿来主义"方式既可取也可行？凯梅尼给出的"实用主义"解释是既然与住宅研究相关的各个社会科学学科的理论日益繁荣，住宅的理论研究

---

① H. Ruonavaara, "Theory of Housing, from Housing, About Housing," *Housing, Theory and Society* 35, No. 2(2018): 178-192.

② H. Ruonavaara, "Theory of Housing, from Housing, About Housing," *Housing, Theory and Society* 35, No. 2(2018): 178-192.

③ 彼得·金认为凯梅尼的那部代表作《住宅与社会理论》的书名中最重要的词是"与"，从中可以看出凯梅尼建构住宅理论的取向就是把社会理论与住宅联系起来再把理论引入住宅研究。

④ C. Allen and C. Gurney, "Beyond 'Housing and Social Theory'," *European Network for Housing Research Newsletter* 97, No. 3(1997): 3-5.

就不应该"重新发明轮子"，即提出那些之前在其他地方已经发现的所谓"新"理论。因此，住宅社会学需要遵循跨学科主义，也就是必须牢固地扎根于各个学科，然后才能发展出充分的跨学科互动分析。要鼓励研究者回到他们各自的母学科，在那里寻找适恰的理论并将其运用到住宅研究中，下一步则是对来自不同学科的理论和概念加以整合。[①] 凯梅尼本人主要在社会学的视野下进行理论研究，倡导将社会建构主义理论和话语分析引入住宅研究中，由他提出的房屋所有权与福利、租赁住房制度和住房政策社会建构等理论，反映了新时期住宅社会学理论研究的最新进展。柯尔为采取"拿来主义"方式提出的理由是这与上一次金融危机源自住房危机有关，从那以后，来自更广泛的社会科学的学者改变了以前对住宅的漠不关心，转而开始进行与住宅密切相关的研究。例如，一些学者运用马克思主义政治经济学理论对资本主义社会住宅问题进行的研究，有着被引入住宅理论研究领域的巨大潜力。[②] 就是说，这些理论研究成果应该被看作发展住宅社会学理论可以利用的"富矿"，进而构成住宅社会学理论的重要部分。

第三，来自住宅的理论（theory from housing）。在有些学者看来，以凯梅尼的主张为代表的引入外来理论的做法，就是一种理论的借用（borrow），然后再将经过改造的"新"理论回馈给"借方"，而所改造增添的内容就是"利息"。这种方式虽说可行，但很难说可取。这些学者中，金可能算是凯梅尼的观点最有力的批评者，他认为凯梅尼等人的住宅理论研究工作不是创立理论，而仅是理论在住宅问题中的应用。虽然这种"拿来主义"的确让住宅研究获得了一些有用的理论工具，但也受到来自不同学科的理论分散化的局限。住宅理论研究的关键是不能仅仅停留在理论使用（use）上，而是要创建（make）理论。

金认为创建理论的起点是要明确地区别作为主流研究对象的住房政策

[①] J. Kemeny, *Housing and Social Theory* (London and New York: Routledge, 1992) , p. 17.

[②] S. Kohl, "Why Housing Studies Still Lacks Social Theory and What to Do About It," *Housing, Theory and Society* 35, No. 2(2018) : 231-234.

和居所（dwelling）。① 住房政策研究是将住宅视为综合性和标准化的可以加以概括的一种实体，关注的是住宅存量的生产、消费、管理和维护，其目的是建立严格的和正式的分析结构，因此比较侧重实证研究尤其是定量分析。居所研究关注的则是在住宅这个相对封闭的场所中所产生的居住于其中的个人的特殊体验，在这种体验中，人们使用住宅来达到自己的目的并以住宅对他们有意义的方式实现自己的利益。住房政策研究关注的是住宅外部发生的事情，而居所却是我们视为家的地方，居所研究关注的是发生在住宅里面的事情。金提出以私人居所（private dwelling）替代实体化的住宅作为理论建构的核心概念，这就需要从居所的底部和内部着手构建理论，并采用现象学的方式对个人的居住生活体验进行书写。② 在对这个理论化路径的态度上，克拉彭堪称是金的知己，他也持类似的观点：在住宅研究中使用理论是有问题的，因为住宅的独特性质意味着从其他领域得出的一般理论的应用并不总是有用的。然而，仍有机会设计一种住宅理论，这种理论可以部分地从适合住宅背景的现有概念中汲取，也可以用从住宅本身的具体性质中产生的概念来构建。③ 很明显，此处的来自住宅的理论属于一种内生型理论。在目前"与住宅相关的理论"这一理论化方式占据主流的背景下，倡导将住宅作为一个独特的理论研究对象以构建具有住宅社会学特色的内生型理论，不只是一种理论化路径，更是一种对住宅社会学理论研究的自信和颇具价值的学术探索。

第四，住宅的理论（V_2）（Theory of housing）。根据鲁纳瓦拉的说法，这种理论也属于内生型理论，而且可以算作"来自住宅的理论"，至少与之十分相似。区别是前述的"来自住宅的理论"强调基于对居住者在住宅中的居住感知、体验和活动的现象学考察而形成的理论，这里的理论追求的是构建住宅系统特征与住宅系统所嵌入的社会系统的特征之间的因果关

① 与 housing 类似，dwelling 既是名词，也是 dwell 的现在分词。作为名词，dwelling 有居所、住处、住宅之意，而作为现在分词则有行为与过程意义上的居住、存在等含义，金就是从这双重意义上来使用这一概念的。

② P. King, "Using Theory or Making Theory: Can There Be Theories of Housing?" *Housing, Theory and Society* 26, No. 1(2009): 41-52.

③ D. Clapham, "Housing Theory, Housing Research and Housing Policy," *Housing, Theory and Society* 35, No. 2 (2018): 163-177.

系机制。一个典型例子来自凯梅尼。凯梅尼在他的著作《住房所有权的神话》中提出，居者有其屋的国家一般福利制度不健全，而以非营利性出租房屋为主的国家（成本租赁社会），公共福利制度通常很发达。这个观点后来被称为凯梅尼命题（Kemeny Thesis）。这个命题是对住宅系统的某种特征（住宅所有权）和福利国家的某个方面（福利制度）之间因果关系的概括和理论化。作为否认"住宅的理论"的存在可能性而支持"与住宅相关的理论"取向的学者，凯梅尼自己却提出了一个具有普遍性的"住宅的理论"，难怪鲁纳瓦拉认为这颇具有"讽刺意味"了。①

萨默维尔认为这样的理论是错误的（至少是值得怀疑的），因为住宅是嵌入"更广泛的社会关系网络"中的，以至于关于住宅系统特征与社会特征之间一般关系的想法显得"几乎毫无意义"。住宅系统的特征及其在文化和社会背景下的意义具有历史和文化的特殊性，因此无法对其进行全面概括。② 在对这一批评的回应中，凯梅尼承认他的命题有些粗糙，但认为萨默维尔对历史和文化特殊性的强调有一定夸大成分。③ 的确，过于强调历史文化的具体性和特殊性，实质上取消了构建任何理论的可能性，这种理论研究中的虚无主义倾向，即使有其合理之处，对理论研究的消解作用也非常明显。这里涉及经验与理论的关系，这方面的论述颇丰，此处不再赘述，可以确定的是，大多数学者们认为经验和理论之间不是"零和"关系，而是互动和互构的关系。④ 对萨默维尔提出的关于"嵌入性"的理由，金指出这个理由不能成立。因为社会科学家感兴趣的大多数主题都是嵌入社会背景中的，因此如果嵌入是无法将某些研究对象理论化的原因，

---

① 实际上，凯梅尼本人并不认为他提出了一个具有普遍性的"住宅的理论"，这是鲁纳瓦拉的说法，当然这个说法确实符合鲁纳瓦拉对他提出的住宅的理论（V_2）（theory of housing）的理解。

② P. Somerville, "A Sceptic Looks at ' Housing Theory' ," *Housing, Theory and Society* 22, No. 2 (2005): 87-89.

③ J. Kemeny, "Response to Comments," *Housing, Theory and Society* 22, No. 2(2005): 90-93.

④ 经验与理论之间的互动关系表现为对经验的观察与抽象可以形成理论，而理论又可以返回到经验中被验证或指导经验活动。经验与理论之间的互构关系是指从经验中通过抽象总结可以得出理论，而理论可以成为我们挑选和分类经验的知识框架和认识基础。

那么除了"社会"理论之外，没有其他理论是真正可行的。[①] 萨默维尔的错误是显而易见的，比如社会阶层无疑是嵌入社会结构体系之中的，但社会阶层理论研究成果极为丰富。

让人略感不解的是鲁纳瓦拉对住宅的理论（V_2）（theory of housing）的模糊态度。一方面，他认为对机制方面的理论化是普遍理论化和经验历史描述之间的中间道路，对住宅研究来说这种理论化有很大的希望；但另一方面，他明确提出与住宅相关和来自住宅的理论化才是前进之道。[②] 在我们看来，既然所有的理论化路径和所有的理论都难免有片面性，那么以理论和理论化路径的片面性对其进行否定的做法也很可能是片面的。更何况，作为一种中层理论的住宅的理论（V_2）（theory of housing）的优点也很突出，这种理论更接近由住宅社会学者创建而非引入的、更好兼顾理论与经验的平衡理论。与住宅的理论（V_1）（theory of housing）相比，它更具有经验的基础，与当代学者所关注的"地方性知识"也相关联；与金所主张的来自住宅的理论（theory from housing）比较，它有着更明显的普遍性特征，因而显得更像一种"科学"理论，毕竟金也承认他的住宅研究只是一种研究方式（approach），不是方法（method）也不是理论；相较于与住宅相关的理论（theory about housing），它注重在住宅研究中创建具有住宅特色的专业理论而不是一味地奉守"拿来主义"。因此，我们认为应该将其列入住宅理论研究的前进之道中。

（三）住宅社会学理论的范式之辩

近些年来，针对住宅社会学理论范式的论辩不断增多，这可能表明住宅社会学理论研究进入了一个新的时期，因为理论范式的选择很可能表明理论研究者在开展理论研究工作时逐渐形成了自我反思与检视的意识和态度，这说明学者们的理论意识和研究能力已得到很大的增强，在这个意义上，理论范式之辩对于住宅社会学理论发展无疑可以起到重要推动作用。

[①]　P. King, "Using Theory or Making Theory: Can There Be Theories of Housing?" *Housing, Theory and Society* 26, No. 1(2009) : 41-52.

[②]　H. Ruonavaara, "Theory of Housing, from Housing, About Housing, "*Housing, Theory and Society* 35, No. 2(2018) : 178-192.

近年来的住宅社会学理论范式论辩主要围绕实证主义理论范式与人文主义理论范式展开。

一是支持实证主义理论范式。实证主义理论范式的基本主张是采用自然科学的某些概念、理论与方法研究客观的外在于研究者的社会现象或社会事实，着重于考察和解释（explain）社会现象或社会事实间的因果关系，试图建立具有代表性和普遍性的理论知识及其体系。从既有的住宅社会学理论范式和风格看，虽然很难说实证主义理论范式处于主导地位，但这种范式的确比较普遍。可能正是由于这种理论范式是很多学者都接受甚至默认的理论研究取向，学者们在运用和构建实证主义理论时，通常并不明确地表明自己的实证主义理论立场。不论是从其他学科引入的与住宅有关的理论，还是构建出的住宅领域的中层理论，都往往集中在那些解释各个变量关系的机制性理论上，这种情况与更宏观的学术环境有直接关系，因为以机制解释为中心的社会学研究是当前世界社会学分析的主流①，再进一步细究会发现，以机制解释为中心的实证主义理论更加符合追求代表性与普遍意义的科学原则，而不断"科学化"无疑是所有现代学科发展的基本原则。在科学主义盛行的现代，住宅社会学当然并不会例外。例如，克拉彭对理论的定义就包含了这种诉求，他认为理论是"有助于解释、预测或干预的关于现实世界的概念集合"，理论的作用首先是解释事情发生的原因和方式。

二是支持人文主义理论范式。人文主义理论范式是作为实证主义理论范式的对立面发展起来的。这种范式认为社会现象不是绝对外在和客观的，有其迥异于自然现象的独特性质和规律，因此不应该将自然科学的概念、理论与方法搬用到社会研究中，而应采用理解（understand）的方式，对社会行动及其意义进行诠释性的阐释（interpret）。这种范式强调行动者作为行动意义的赋予者与诠释者的重要性，具有明显的主观性和个体性，因此难以发展出具有普遍性的统一理论。在当代现象学、后结构主义理论、后现代理论的影响下，住宅理论研究中出现越来越多对实证主义理论范式加以反思与批判的声音，甚至出现一股叛逆"实证主义"的潮流。例

---

① 赵鼎新：《什么是社会学》，第23页。

如，阿尔伯斯认为，实证主义的工作体现为将研究视为线性的和可计算的
社会科学模型，并由此带来关于世界的更多认识，典型的实证主义假设不
相信存在有限的知识。但是其他科学哲学却否定了不断接近和知悉社会世
界一切的可能性。因此，阿尔伯斯说，我们认为我们知道的越多，我们知
道我们知道的越少。[①] 艾伦认为，试图对住宅（或任何其他现象）进行解
释，就是把自己置身于现象之外。社会研究人员也是社会的成员，并且都
与住宅有密切的关系、拥有相应的经验，我们不能假装站在调查对象之
外。我们可以而且应该做的不是解释而是对存在进行理解。理论反思的功
能也不是提供解释的工具，而是形成理解，以使我们能够培养和充实经
验。[②] 对于人文主义理论范式，金的认识和态度可能是最清晰也最坚决的。
他认为，对住宅的不同理解和辨识导致了理论上的分野。当前占主流的住
房政策理论研究以住宅的供应问题为主线，关心的是住宅的数字总量和确
定标准。然而事实上，住宅还可以从居住角度来理解，金提出一个核心概
念——居处（accommodation），意指当我们与他人持续地生活在一起时，
我们能够不断发现自己的那种状态。这是关于居住的意义和感觉的，是私
密的和家庭式的，在这个空间中，人需要和居住的环境、共居的他人进而
和自己不断地相互适应，因此这个空间就是充满爱的、以他人为中心的存
在，是一种情感空间，只能"采用现象学的方式对个人的居住生活体验进
行书写"[③]。

　　三是主张融合实证主义与人文主义理论范式。大多数学者对两种理论
范式抱有温和的态度，即使是作为人文主义理论的重要支持者和探索者的
金也说他的理论并非唯一可取的理论，在他的理论中仍然给住房政策理论
留下了存在的空间，只不过其处于次要的地位。阿尔伯斯曾批评鲁纳瓦拉
受到实证主义的影响，缺少对韦伯意义上的理解的关注，鲁纳瓦拉在回应
时明确说："在我看来，解释和理解是交织在一起的。理论的重新描述和

---

① M. B. Aalbers, "What Kind of Theory for What Kind of Housing Research?" *Housing, Theory and Society* 35, No. 2(2018): 193-198.

② C. Allen, "The Deprivation of Theory: What Do We Really Need to 'Know' About Housing?" *Housing, Theory and Society* 35, No. 2(2018): 199-204.

③ P. King, "Using Theory or Making Theory: Can There Be Theories of Housing?" *Housing, Theory and Society* 26, No. 1(2009): 41-52.

解释是构建理论的两个方面，但一个完整的理论也应该有理解性的内容，而且重新描述、解释和理解并不总是彼此相距甚远。按照我对韦伯的解读，对社会行动的解释是主要目标，理解行动者在其中投入的意义是这种解释的必要部分，因此解释就包含（assume）理解。"鲁纳瓦拉还在回应艾伦的批评时进一步表明自己融合的立场。艾伦认为试图解释是错误的，因为解释将研究人员置于人们的生活经验之外。对此，鲁纳瓦拉反问道：对人们的体验（理解）的解释不需要类似的距离吗？研究者的理解显然与被研究者的理解不一样，研究者理解的功能是帮助被研究者更好地理解他们自己的经历，而不是他们本来会做的事情。所以研究者对人们的体验的解释也与人们的生活经验相距甚远，因此解释和理解之间并没有那么大的区别。此外，为什么不能允许社会科学家从事询问"为什么"的基本人类活动？如果我们被允许这样做，我们的答案是否比普通人可能给出的答案更重要？[①] 从这些回应中可以看出，鲁纳瓦拉不仅试图在两种理论范式之间求得平衡，还在追求一种融合的状态，因此他才会说解释包含了理解，两者是交织在一起的。放眼社会学理论发展历程，实证主义理论与人文主义理论两种范式之争由来已久，但今天学者们的态度已渐趋明朗：两者之间相互的批判，不能也不应以使一方瓦解和替代另一方为目的，而只能不断地实现相互的整合和补充。我们认为，这种态度在住宅社会学理论范式的论争和整合中也同样适用。

　　对于围绕住宅社会学理论不同观点的论辩，这里不可能给出简单的评价和结论，这种论辩还在进行之中并且很可能会一直持续下去。关于这种理论的论辩本身就是住宅社会学理论发展的活力源泉，也是住宅社会学生命力的重要象征，这对推动住宅社会学理论乃至住宅社会学的健康发展大有裨益，我们可以从下文中由这些论辩所推动产生的理论构建成果中看到它带来的益处。因此，从这个角度说，我们愿意看到这样的论辩更多一些、更激烈一些。

---

① H. Ruonavaara, "Author's Reply, "*Housing, Theory and Society* 35, No. 2(2018) : 255-259.

三　住宅社会学理论的构建与整合

自 20 世纪 60 年代以来，住宅研究相对隐晦地存在于某些社会学分支领域中，也分散于一系列的学科之中。这不单是造成住宅社会学理论困境的重要原因，还是导致当代住宅社会学理论论辩的基本背景。在论辩过程中，学者们对其研究领域内特定理论观点保持忠诚，排斥相互竞争的理论，这种状况无疑会极大地阻碍住宅社会学理论的发展进程。虽然采用特定的理论视角有助于我们解释和预测行为，但它也决定了哪些行为和谁的行为值得研究，哪些和谁的行为应该被排除在研究之外。[①] 为此，有学者在对住宅研究和住宅社会学理论进行总结和反思的基础上，提出住宅社会学理论整合的思路，或者是提出更具整合性的理论视角与框架。当然也有学者致力于将来自住宅社会学以外乃至社会学以外的理论内容引入住宅社会学理论研究中，为其注入多样化的理论资源。从近年来的研究动态看，最重要的理论进展来自四个不同的方面：商品与权利理论、非人之物理论、情境化理性行动理论和马克思主义政治经济学理论。其中，商品与权利理论是基于对住宅属性反思而建构的理论，重点关注非人类行动者的非人之物理论是对包含住房与居住者关系在内的人-物关系的重新认识，而情境化理性行动理论主要是对住宅社会学理论内部分歧的一种理论整合，马克思主义政治经济学理论则是在现当代西方住房领域危机化背景下寻求向经典理论的回归。接下来，我们对这些理论动态进行说明和讨论。

（一）商品与权利理论

这方面研究的代表人物是帕提洛，他对住房研究（与"住宅研究"含义相同）过度分散到各个学科之中以及社会学在住房研究中的消极状况表达了不满："我认为应当鼓励更多的社会学家和社会学杂志对住房进行研

[①]　C. D. Steggell, T. Yamamoto, K. Bryant et al., "The Use of Theory in Housing Research," *Housing and Society* 33, No. 1(2006) : 5-20.

究，但其他领域对这个问题的关注度可能更高……社会学家更侧重于住宅中的家庭关系、购买和出售房屋的市场、不同社会群体在购房选择上的差异以及地区和国家的政策体系所规范的（或缺失的）住房供应责任。社会学家更愿意将住房作为情境或放在情境中加以研究，而非将其作为商品或权利来研究。"① 于是，他致力于从社会学角度探讨住房的商品和权利属性并将其作为一个新的理论研究方向与整合框架，以带动一种更为集中而不是分散的住宅社会学研究。那么，帕提洛试图构建的住宅社会学研究的集中点是什么呢？是具有实体属性和特征的住房。这是因为住房的实体属性虽不是住房的唯一属性，却是其根本属性，住房的使用功能也绝非其唯一功能，却是其基本功能。忽视这种根本属性与基本功能，意味着丢掉了住房研究的最重要的逻辑出发点，这必然导致住宅社会学研究的式微。揆诸住宅社会学研究发展历程，可以发现早期研究往往聚焦于住房的实体属性和使用功能，但从 20 世纪四五十年代开始，社会学的关注点从（物质性）住房研究转移到社区和社会互动的研究。20 世纪 60 年代以后，社会学对用来居住的房屋的重视程度开始下降，这是后来住房研究不够景气的重要根源。帕提洛的主张是从住房的实体属性与使用功能出发，以住房为基本研究单位，而不是以邻里、政治或经济为研究对象，进而延伸出住房的商品与权利两种属性，并深入地研究商品与权利之间的张力关系。接下来，帕提洛详细分析了与住房的商品维度和权利维度关系密切的诸多社会议题，充分展示了这两种维度对现实议题的解释水平与对有关理论进行整合的可能。

　　一方面，住房的商品维度。住房是一种商品，这似乎无须多言。然而实际情况并非如此。实际上，土地和房屋的市场化是现代资本主义的一个新特征，这种阶段性特征表明它既不是必然的也不是必需的。城市历史学家刘易斯·芒福德（Lewis Mumford）写道："从 19 世纪初开始，城市不再是一个社会公共机构，而是成为一个使企业为所欲为地增加周转资金进而提升土地资产的私人商业冒险场所。"② 按照布洛维的观点，从 20 世纪 70

---

① M. Pattillo, "Housing: Commodity Versus Right," *Annual Review of Sociology* 39, No. 1 (2013): 509–531.

② L. Mumford, *The City in History: Its Origins, Its Transformations, and Its Prospects* (San Diego: Harcourt, 1961), p. 507.

年代开始，以土地商品化为鲜明特征的第三波市场化浪潮从地方扩展到国家进而席卷全球。[1] 在这个过程中，住房也成为商品化和市场化乃至金融化的重要对象。特别是近年来，住房已经由简单的商品转变为一种复杂的金融技术的一部分，在金融体系中扮演重要角色，例如，世界经济在 2008 年受美国次贷危机影响几乎全面瘫痪。有学者考察了抵押贷款证券化的来龙去脉，并揭示了联邦政府为了应对社会危机而制定和颁布抵押担保证券支持政策的事实。[2] 因此，住房的商品特征具有宏观历史根源以及宏观经济和微观经济中的表现形式。此外，自 20 世纪 60 年代以来，住房支出已成为美国普通家庭预算中最大的单项支出，尤其对于租房者来说，在大部分情况下住房成本增长得比收入更快。[3] 与住房经济学家假定住房市场是一种纯粹市场不同，社会学家强调市场乃是社会和政治产物这一事实。例如，房价并不完全是供需关系均衡的结果，将附近的学校质量、商业产品和街区设施（如公园和自然景观、邻居的形象以及犯罪率）资本化会对房价产生明显影响。有关税收、分区、废止种族隔离、治安、劳动力和基础设施等方面的政治因素与法律决策，也影响着房价和租金水平。在这个前提下，社会学家尤为关注（或应该关注）以下三个问题：如何从非经济视角理解住房市场融资？财产价值的不平等是如何影响财富分层的？那些承受不起现有房价的人怎么办？

第一，住房金融市场。虽然住房可以作为一种在市场上交换的商品，但这种特性无法脱离信仰、结构、政治或政策的框架。当联邦政府开展为私人抵押贷款提供保险和直接提供住房贷款的业务时，它需要一个程序化的评估系统，以衡量各种投资的相对风险。这个评估过程需要的是既能确定价值又能评估风险的技术，而这些技术却浸染着时代的种族偏见的色彩，其中最重要的社区评级系统与种族偏见、民族偏见和反城市偏见问题相互交织。贫困和富裕的分化、大都市的分裂、基础设施和市容的严重不平等、学校的不

---

[1]　M. Burawoy, "The Future of Sociology, "*Sociological Bulletin* 56, No. 3(2007) : 339-354.

[2]　S. Quinn, Government Policy, Housing, and the Origins of Securitization, 1780-1968(Ph. D. diss., University of California, 2010) .

[3]　J. M. Quigley and S. Raphael, "Is Housing Unaffordable? Why Isn't It More Affordable?"*Journal of Economic Perspectives* 18 (2004) : 191-214.

公平等都与住房作为商品的消费、生产和分配性质有关，这都表明作为商品的房屋交易并不是在价值取向中立的经济市场中发生的。

第二，住房财富分层。对住房商品价值的研究必然涉及对财富的研究。2012年底，美国的住房自有率为65%，但种族之间的差异很大。这部分应归因于歧视性贷款行为以及提供给白人的房屋所有权政策。房屋是大多数家庭财产中价值最高的一项，财产价值的不同带来了家庭与家庭之间的不平等，尤其是种族间的不平等。有一些研究关注不同种族社区的总体房产价值，这些研究一致发现一些房产价值较低的社区拥有高比例的非白人住户，以黑人和西班牙裔为主体的社区住房增值更为缓慢。房屋所有权和住房财富对于优势和劣势的代际转移也很重要。有研究表明，当父母帮助支付大学费用时，这种行为会释放年轻人的潜能，使他们开始自己的资产积累，使他们能在附近有着更好学校的优势社区买下住房，这也反过来为他们的下一代增加优势。这种代际传递效应往往与一个经济体系中住房的商品地位直接相关。

第三，住房弱势群体。很多时候，住房问题并非由缺乏供应导致的。到2012年底，美国有大约1800万套闲置房屋。然而，一系列复杂的住房和劳动力市场政策及其相应措施导致了市场缺乏能让人们尤其是低收入人群负担得起的住房，极端的不可负担性可能导致人们被驱逐或无家可归。沉重的住房负担、止赎、驱逐和无家可归是住房商品化带来的结果。尽管住房是保证人类生存的基本商品，它的市场价格却超过许多人工资的承受范围。在美国，没有任何一个州的人可以以一份最低薪水的全职工资负担起"公平出租市场"里的一套两居室公寓。通过展示在威斯康星州密尔沃基市的驱逐是如何结构化的，德斯蒙德推进了他的研究。在密尔沃基市，驱逐行为严重地影响着非裔美国人，在某种程度上也影响着西班牙裔美国人。[①]

---

① 著名学者项飙在《扫地出门：美国城市的贫穷与暴利》的导读部分中写道：在"人人是业主"作为主流意识形态的美国社会，占有者的利益远远压过居住者的利益。美国大量的房客被扫地出门，原因不是房子不够。驱逐数量的增加与房源的相对宽松是同时出现的。一旦必需品成为利润的源泉，对利润的追逐就难免沦为"要命"的肉搏。参见〔美〕马修·德斯蒙德《扫地出门：美国城市的贫穷与暴利》，胡䜣淳、郑焕升译，广西师范大学出版社，2018，导读，第viii页。

　　另一方面，住房的权利维度。这个领域的概念和思想植根于马克思主义传统，并涵盖了超越住房问题而为保障城市权利提供充分理由的批判性城市理论，以及更紧密地与政治和政策相挂钩的政治经济学理论。研究批判性城市理论和政治经济学理论的理论家断定，住房商品化的不争事实才是人们难以承受住房商品价格的核心问题，而非一部分人的收入不足。因此，实现住房权必须将住房置于市场体系之外（实现住房的去商品化）或依赖其他朝着这个方向发展的战略。[1]

　　布伦纳（Brenner）等人在《城市为人，而非为利润》中提出城市是当代资本主义关系的中心场所。因此，无家可归者、封闭社区、市中心办公楼建设和公寓转型等，通过诸如金融化和全球化（在法律、劳动、信息等领域）的过程与资本主义关系的强化相关联。这种资本主义关系的扩散造成了城市中严重的不平等现象，在城市中，一些群体享有特权并无限制地获得城市资源，通过串通国家掌权者和资本家，以价格、法律、暴力和其他形式的压制将另一些群体完全排除在外。[2] 弗利尔（Flierl）和马尔库塞运用马克思和恩格斯的理论所进行的研究发现，在保持资本主义生产制度和所有权制度的社会，想做到让一座城市（或一套住房）为人而不为利润是不可能的。[3] 哈特曼基于对面临严重住房问题的人所承受的危害及其对社会造成的后果的分析，以及当人们的基本需求得不到满足时所产生的对民主的威胁，从呼吁制度公平的角度提出应赋予人们住房权。[4] 德雷尔

---

[1] 在社会学研究中，权利是一个重要概念和议题。在古典自由主义、斯宾塞的社会学以及交换理论的基础上，权利概念在四个方向上得到了发展，分别是理性选择理论、社会福利理论、权利来源理论和社会冲突理论。在这四个方向中，学者们或基于权利概念来建构社会理论的基本框架，或分析具体的社会问题和形成具体的社会福利政策，或对权利从何而来进行社会学探究，或经由权利概念来建构分析现代社会冲突的新框架。参见刘拥华《西方社会学理论研究的新拓展》，《中国社会科学报》2020年3月10日，第3版。

[2] N. Brenner, P. Marcuse and M. Mayer, eds., *Cities for People, Not for Profit: Critical Urban Theory and the Right to the City* (New York: Routledge, 2012).

[3] B. Flierl and P. Marcuse, "Socialist Cities, for People or for Power?"in N. Brenner, P. Marcuse and M. Mayer, eds., *Cities for People, Not for Profit: Critical Urban Theory and the Right to the City* (New York: Routledge, 2012), pp. 231-249.

[4] C. Hartman, "The Case for a Right to Housing,"in Rachel G. Bratt, Michael E. Stone and Chester Hartman, eds., *A Right to Housing: Foundation for a New Social Agenda* (Philadelphia, PA: Temple University Press, 2006), pp. 177-192.

（Dreier）发现，租户在文化、社会和法律等方面都处于不利地位。他们的文化劣势源于美国强调个人财产所有权是自我价值和经济美德的标志。这种关于所有权的意识形态支配着地方层次上的社会关系[1]，例如，在社区会议中，房主经常对租房者做出直接贬低的评价。在法律上，这种污名可能转化为歧视性规定，比如实行降低房东的而不是租赁者的成本的税收政策。[2] 租赁法还导致了一种现象，即"房东几乎可以以任何理由驱逐租户，不仅是由于租户没有支付租金，还因为他们可以利用法院的权力来支持自己的决定"[3]，但在法律上，租赁法使得租户很少有权迫使房东做任何事情。[4]

通过以上对商品与权利两个维度的相关研究的简要陈述，可以看出帕提洛对住宅社会学理论的整合工作是在两个维度上展开的。第一，单维度的整合。一个是商品维度，作为一种商品的住房是被消费的：通过放置家具、使用、装饰、摆放、磨损、更新、升级、废弃和将住房作为一件被展示的物体，住房引发了一系列的文化、象征和经济社会问题。就是说，围绕物质性住房及其消费，一系列的经济活动、社会互动、文化意义得以形成或展开，相应的各种理论在这条线索上被勾连起来。另一个是权利维度，将住房作为一种权利的观点其来有自，特别是在社会政策理论、社会批判主义以及政治经济学视野中得到了持续的关注。经由权利脉络，相关理论能够得到更加清晰的梳理和比较，尤其是 2008 年的经济危机将住房问题上升到国家乃至国际讨论和抗议的层面后，住房权利问题成为住宅理论研究的一个重要前沿领域。第二，双重维度的整合，构造住宅社会学理论研究的商品-权利二元分析框架，可以形成一柄住宅社会学理论研究的分析之钳。铆接两个分析维度构成分析之钳的依据在于商品与权利之间的巨大张力，即商品化一定会带来权利的日益分化与不平等，而作为回应和反

---

① P. Dreier, "The Status of Tenants in the United States," *Social Problems* 30 (1982): 179-198.

② E. L. Glaeser, "Rethinking the Federal Bias Toward Homeownership," *Cityscape* 13(2011): 5-37.

③ P. Dreier, "The Status of Tenants in the United States," *Social Problems* 30 (1982): 186.

④ R. Burridge and D. Ormandy, "Health and Safety at Home: Private and Public Responsibility for Unsatisfactory Housing Conditions," *Journal of Law and Society* 34 (2007): 544-566.

抗，对权利的争夺和重新分配则是必然选择。① 例如，无家可归者的大量存在以及针对他们的住房供应情况，集中体现了住房作为一种商品和住房作为一项权利之间的紧张关系。在住房总体过剩的背景下，无家可归者的长期存在足以表明市场对私人住房的特权和利润的坚定支持，这很可能导致基于追求权利的社会产生不安和沮丧。由此看来，运用双重维度的分析框架不仅可能在分析当代住房社会现实时获得更具解释力的学术认知，还可能将围绕住房商品维度所构建的实证主义理论、人文主义理论与围绕住房权利维度构建的批判性理论更紧密、更有力地结合在一起。

（二）非人之物理论

近些年来，西方人文社科领域中出现一股后人文主义和新物质主义思潮，苏珊·史密斯（Susan Smith）称之为"后社会转向"。其形成的基本背景是学界对启蒙运动遗产日益加深的怀疑与不满，著名学者拉图尔（Latour）在其代表作《我们从未成为现代人》中指出，现代性促进了一种不对称的科学实践，在这种实践中，从未有人将科学家和政治家放到一起进行研究。在这种现代的世界观中，文化与自然、人类世界与动物王国、有意识的生物与无生命的物体之间有着清晰的界限。② 随着批判的深入，很多学者不再一味地接受将人类理性和科学理性视为人类进步和发展动力的主流观念。他们开始致力于将物从社会帝国主义的"主体的暴政"中解放出来，认为这样做才能让我们对人类有更深刻的理解。随着近30余年特别是近10余年的较快发展，非人之物理论研究已经取得了很大进展。因此，拉图尔相信，"也许是时候让社会科学家和自然科学家忘记他们之间

---

① 布洛维对此有过十分精彩的分析，他结合卡尔·波兰尼的《大转型》中的相关论述指出，19世纪英国劳动力的商品化带来对劳工权利的侵夺，而各类协会、工会、福利社和乌托邦试验以及工人运动，则是夺回权利的社会自我重构；斯大林主义（集体主义和计划性）、社会主义和罗斯福新政等是对20世纪上半叶的货币商品化的不同应对方式，这些方式都包含恢复某些劳工权利和扩大社会权利，包括最低工资、养老金、教育和福利等；开始于20世纪70年代中期的土地市场化引发了大量围绕着对土地使用权利的保护进行的斗争，如违章建筑区和棚屋居住区的居民对抗那些试图将他们清除出城市的当地政府、城市里中产阶级居民反对高价开发商的进驻等。

② B. Latour, *We Have Never Been Modern*(Cambridge, MA: Harvard University Press, 1993), p. 13.

的区别，开始共同关注那些数十年来在实践中其混合性质已经得以统一的'物'"①。

非人之物理论的核心主张是超越以往只聚焦人类的社会分析，将非人之物（non-human），包括动植物、技术、物品等有生命和无生命的非人之物作为研究对象，重新阐释人、物、科技和自然环境的关系。在此进路下，产生了不同于以往的对于物的研究，如对金钱、艺术品的重新理解。对物的考察主要基于以下理解：自然与社会并非截然对立的二元实体，而是连续性的、共同生产的，因而没有纯粹的、不被人类文化染指的自然，也没有不交织着自然的社会；人类处于包括自然、非人类生物、无生命物质在内的复杂环境中，正是通过与周遭的物的互动去感知、体验、想象着世界并生成文化的；人和物都嵌入社会世界中，物构成了人类社会关系、文化和结构的一种"中介"（mediants）。对物的分析就是要将非人之物纳入社会分析的范畴，关注人类、非人之物与自然环境之间的交互作用，尤其是去揭示人类与物质世界之间不显见的关联，重新发现物与社会的关系：把物带回到社会分析的中心，把"社会性"重新赋予物质。与传统的物的研究范式不同，既以物质性的视角揭示物的社会性，又不仅限于此，还暗含对于"社会-自然"二元对立的超越，以及对物的能动性的强调。在具体研究当中，其基本取向是不仅探讨物"是什么"，而且探索物"做了什么"，即强调物本身具有的能动性，把物作为能动之物和活力之物。②

接下来的问题是如何将物从"主体的暴政"以及人与物的纠缠（entanglement of persons and things）之中解放出来。这里涉及非人之物理论的一个核心概念"能动性"。按照拉图尔的说法，物的能动性并不是指其具有和人类一样的心智、认知与行动。非人之物是在以下意义上作为能动的行动者的。第一，非人之物不仅仅是被人类主体认知和控制的对象，它可以"制造不同"（make differences）；第二，将非人之物视为"行动者"，就是强调它们不只是一种中间物（intermediary），更是转介者或转译者（mediator），

---

① M. Gabriel and K. Jacobs, "The Post-social Turn: Challenges for Housing Research," *Housing Studies* 23, No. 4(2008): 527–540.

② 张劼颖：《垃圾作为活力之物——物质性视角下的废弃物研究》，《社会学研究》2021年第2期。

其行动是一种"转化"。中间物就是黑盒子，根据社会和文化的特定规则，有输入就会产生特定相应的输出。而转译者的身份意味着，对于既定的输入，行动者的输出是不确定的、不能够被完全预测的。能动之物往往也是"麻烦制造者"，抗拒就是一种行动。① 对于拉图尔而言，能动性不是人类意图的实现。它是混合的关系网络的一种属性，当它们所涉及的元素相互影响时就会出现。一个经典且被广泛引用的例子是拉图尔对美国枪支辩论的讨论。负有责任的能动者既不是枪支本身（正如反枪支运动者所说的），也不是使用枪支的人（正如枪支游说团体所说的那样——"枪不会杀人，人会杀人"）。拉图尔认为是枪支使用者和枪支共同形成的混合组合或"集体"——"持枪人"（person-with-gun）负有责任。由此，拉图尔提出了一个新的分析实体——人类和非人类在相互转化中的混合组合（hybrid assemblage）。

马丁·霍尔布拉德（Martin Holbraad）曾经将非人之物的研究划分为人文主义和后人文主义两个阶段，其区别在于对人与物之间本体上分化的不同立场。人文主义基于人与物之间本体上分化的立场来寻求解放物的方法，而后人文主义是通过超越这种分化立场来实现这一目标的。在霍尔布拉德看来，拉图尔希望解放物，但他并不改变物与人之间的本体论区别（只是在人与物分化的鸿沟中重新分配，让物占比更大），因此他所能做的就是想办法把物和人更紧密地联系起来，也就是通过"和人类关联"的联想来解放物，甚至通过建立和保持人与物之间的纠缠来解放物。换句话说，拉图尔将实体中对称的人"或"物的纯化关系转向了人"和"物的混合关系，但这种混合却导致了更为麻烦的纠缠关系，让物的独特性无从寻获。因此，拉图尔的态度是修正主义的，其方法依然是一种人文主义的方法。在此，霍尔布拉德打了个比方：人文主义的解放方式是让一些作为人类的本质的光照耀在物的身上，而后人文主义的解放来自让物可以为自己发光。②

---

① 张劼颖：《垃圾作为活力之物——物质性视角下的废弃物研究》，《社会学研究》2021年第2期。

② M. Holbraad, *Can the Thing Speak?* (Open Anthropology Cooperative Press, 2011), https://openanthcoop.net/wp-content/uploads/2011/01/Holbraad-Can-the-Thing-Speak2.pdf.

那么，如何做到让物自己"说话"或者"发光"呢？霍尔布拉德提出了"经由物来思考"的方式（Thinking Through Things，TTT）。要注意的是，这种方式是在人类学语境和民族志原则下被讨论的。简单地说，这种方式包括"清空"与"填充"两个步骤。第一步"清空"是指去除赋予物的、在物中的各种分析性内涵，将物视为启发式的（只是作为将其识别为研究对象的标签），这是因为这些内涵可能是束缚了物的偏见。可以看出，这种方式明显是现象学式的，所谓"清空"就是现象学的"搁置"，只不过在现象学那里，这些内涵是被放入括号之中的，而在霍尔布拉德这里，则是更彻底的清除，是将物还给物，或者说是让物"物着"。第二步"填充"是在第一步的基础上，再"经由物来思考"。这意味着考察并把握物的特性，然后再思考物的特性与人之间在行动过程中的遇合，在遇合的过程中，物"做"（do）和"说"出自己。举例来说，霍尔布拉德曾对非洲裔古巴人的占卜术做过考察，占卜者用手指在占卜板表面的粉末上做"记号"，这个过程被看作神祇与占卜者之间的通灵行为。为什么这种粉末被认为拥有一种可以通灵的力量？以霍尔布拉德的解释来看，这和粉末作为一种纯粹的非结构化粒子的多样性的材料特性有关，这种特性对占卜者手指的压力做出反应，从而呈现出相应的绘制过程和图案，进而完成神祇与占卜者之间的通灵过程。从这个例子可以发现，霍尔布拉德致力于将物（粉末）放在与人（占卜者）对等的位置上来加以思考，为物赋予本体论上平等的地位和作用。但正如霍尔布拉德自己所承认的，这种方式也并未完全摆脱人和物之间的纠缠。

鉴于住房具有典型的物质特性，可以被看作"物"，已经有一些学者尝试将非人之物理论应用于住房研究中。海瑟·洛维尔（Heather Lovell）关于低能耗住房的研究证明了后社会理论在分析住房市场运作方面的效用。洛维尔认为，房地产市场最好被视为一个社会技术系统，其中社会和技术是相互关联的。与经典经济理论相比，她的分析关注产品及其特定特征对市场运作的影响。在此，洛维尔认为，对低能耗住房的需求不足与产品本身的特性有关。首先，消费者的购买决定不仅与住房产品的质量有关，而且会受到附近地区的社会和物质特征的影响；其次，除非个人有机会与不同类型的住房（以及包含在住房中的新技术）有互动体验，消费者对新产品的偏好不太可能完全转化为需求。① 洛维尔的研究表明，社会技术系统作为一种物，对于理解为什么对低能耗住房的需求相对低迷至关重要。

　　希钦斯（Hitchings）在他对私人花园（或者更确切地说是植物和人一起生活的方式）的研究中，从许多不同的角度思考家庭空间的材料和问题。他发现，虽然他从园丁那里收集到的资料强调了个人在花园生产中的主体地位，并否认植物个体的存在，但当他开始从各种植物的角度考虑花园的建设时，后院内出现了不同的故事。希钦斯在这里观察到"这些植物的存在和它们的需求直接造就了一个致力于照顾它们的人"。因此，园丁在实施他们的总体花园设计时招募植物，而在其他时候，植物却将这些园丁招募为照顾者和监护人。正如他所指出的："花园和园丁的地位并不固定。他们不断地在登记者和被登记者、表演者和舞台工作人员之间转换。植物进进出出。园丁在设计师和种植者之间摇摆不定。"②

　　此外，也有学者从物的角度对残疾人住房、家庭装修、宠物等进行研究。这些研究初步表明非人之物理论在住房理论研究领域的效用和潜力。随着非人之物理论本身的演进和深化，对于作为物的住房的研究来说，有可能找到一个理论构建的重要方向。

（三）情境化理性行动理论

　　社会学现实主义和社会建构主义先后对住宅社会学理论形成过比较大的影响。但是，社会建构主义的主观主义和社会学现实主义的客观主义却在很大程度上成为理论建构和整合的障碍。萨默维尔和本特松（Bengtsson）对这两种倾向做出了深入的批判，在批判基础上，他们提出了更加折中也更为均衡的"情境化理性行动理论"（theory of contextualised rational action）。下面先简单说明社会学现实主义与社会建构主义这两个基本概念。社会学现实主义可以理解为将社会现实视为由独立的"层次"组成的事

---

① H. Lovell, "Supply and Demand for Low Energy Housing in the UK: Insights from a Science and Technology Studies Approach," *Housing Studies* 20, No. 5(2005): 815-829.

② R. Hitchings, "People, Plants and Performance: On Actor Network Theory and the Material Pleasures of the Private Garden," *Social and Cultural Geography* 4(2003): 99-113.

物，某些层次通常被认为在某种意义上比其他层次更加基本。从这个角度来看，这一主义下的理论的主要目的是揭示表面现象背后的"更深层次"的现实。而社会建构主义，尤其是其"强"形式，主张的是不存在社会学现实主义者所说的现实，社会现实完全是由人类的话语和互动产生的。因此，这一主义下的理论的主要目的是对不同语境下的社会建设过程进行有意义的解释。①

首先，萨默维尔和本特松从本体论层面对社会建构主义和社会学现实主义进行批判。社会建构主义者倾向于否认客体（object）的存在，表现为一种"主观主义谬误"。这种形式的社会建构主义的问题在于，它倾向于从承认"参照的深刻不确定性"转向得出指涉者（如自我）是通过话语构建或构成的的结论。② 著名的社会建构主义者格尔根（Gergen）谈到了"现实的修辞"，根据这种修辞，外部世界的存在是由话语的"疏远装置"产生的，这含蓄地否认了存在于话语之外的现实的可能性。③ 他甚至试图将人类感知描绘成一种"共同构成的行为"，即"一种在文化传统中被创造为有意义的行为"。④ 正如塞耶（Sayer）所指出的那样，正是以这种方式，社会建构主义者（通过话语和文化）将世界视为由社会构成的。⑤ 因此，"社会建构"一词含糊不清，可能具有误导性。与社会建构主义者不同，社会学现实主义者确信一个超越话语的世界的确实存在，然而，因为他们认为社会等物体独立于人类主体而存在，因此其问题表现为一种"客观主义谬误"。

其次，对社会建构主义和社会学现实主义进行认识论批判。一方面，社会建构主义的问题在于，它的语言还原主义倾向，使得它进行社会行动研究时容易陷入主观主义陷阱。当然，借用塞耶划分的社会建构主义的"弱"和"强"两种类型，可以看到，弱和强社会建构主义在这一问题上明显不同。弱社会建构主义只是强调知识和制度的社会建构性质以及知识

---

① P. Somerville and B. Bengtsson, "Constructionism, Realism and Housing Theory," *Housing, Theory and Society* 19(2002): 121-136.

② K. Gergen, *An Invitation to Social Construction* (London: Sage, 1999), p. 70.

③ K. Gergen, *An Invitation to Social Construction* (London: Sage, 1999), p. 74.

④ K. Gergen, *An Invitation to Social Construction* (London: Sage, 1999), p. 102.

⑤ A. Sayer, *Realism and Social Science* (London: Sage, 2000), p. 90.

往往带有其社会起源的标志。然而，强社会建构主义声称，知识的对象和参照物都只不过是社会建构的结果。[①] 从这个意义上说，强社会建构主义才是主观主义谬误的例子，因此萨默维尔和本特松批判和反对的主要是强社会建构主义。情境化的理性行动与弱社会建构主义则非常相近，只不过弱社会建构主义主要关注的是意义在社会生活中是如何被理解的，而情境化的理性行动关注的则是行动和互动是如何基于这些意义的。另一方面，社会学现实主义的问题不在于它的现实主义，而在于它的客观主义，因为它假定意义作为一个独立的互动"领域"，存在于独立于意识的对象之中。社会建构主义和社会学现实主义反映的是认识论二元论，即认为存在两种不同类型的理论，一种是追求解释因果机制的社会理论，另一种是寻求意义解释的行动理论。这种认识论二元论无疑源自社会与行动二分的本体论二元论。

最后，对社会建构主义和社会学现实主义进行功能论批判。一般来说，社会建构主义者和社会学现实主义者都声称，可以把事物区分为表面现象（或"生活经验"）和"更深层次"的社会现实。其中，社会建构主义者用难以言说的一些概念形式，如"社会实践"（吉登斯）、"话语实践"（福柯）或"关系"（格尔根），来看待这种更深层次的现实。社会建构主义者在这里面临一个真正的问题——如何在一个似乎排除了可以理论化的实质性对象存在的观点中发展任何实质性理论。例如，一旦权力关系不被从真实的社会力量的角度来看待，而只是作为话语形式的产物，那么权力理论的发展前景可能就消失了。也正因为如此，社会建构主义有沦入相对主义甚至虚无主义泥沼的危险。对于试图对杂多的社会现象加以抽象和简化的理论化来说，这种状况显然是难以接受和不能容忍的。而社会学现实主义有两类主要的社会观：莱德尔（Layder）认为社会世界由相对自主的"领域"组成，阿尔都塞（Althusser）的社会结构理论认为社会世界由相对独立的"层级"构成。他们都认为，存在可以通过适当的社会学调查揭示的潜在结构或因果机制，但是常见的情况却是他们要么由于主张不同"领域"或"层级"是相对独立的而抹杀了社会联系，要么将这种联系

---

① A. Sayer, *Realism and Social Science* (London: Sage, 2000) , p. 90.

解释为相互依赖的"辩证"关系，结果是无法带来对社会关系的令人信服的实质性解释。

萨默维尔和本特松认为，基于将社会世界割裂为社会（结构）与个体（行动者）的本体论二元论和认识论二元论的社会建构主义与社会学现实主义应该遭到批判和反对，因为实际上并不存在两类不同的研究对象，自然不需要两类不同的理论。如果社会世界是一体的，研究对象是唯一的，那么，发展一种理论观点以整合或至少允许同时存在理解和因果解释，会更加合适。为此，萨默维尔和本特松构建了情境化理性行动理论，来理解和解释社会关系与社会变革。在对已有相关理论进行反思和融合的基础上，该理论提出以下几个基本观点。

首先，现实主义的本体论和认识论基础。在对社会建构主义和社会学现实主义进行批评反思的基础上，萨默维尔和本特松主张采用批判现实主义的视角，认为现实世界独立于我们对它的知识而存在，这种现实主义既肯定了话语之外现实的存在，又质疑了客观主义的社会学现实主义理论的有效性。当然，这一认识论主要是针对（强）社会建构主义对社会现实的虚化而提出的。在这里，萨默维尔和本特松基本上接受了批判现实主义创始人巴斯卡尔（Bhaskar）的社会结构观点并将其作为情境化理性行动理论的重要主张，巴斯卡尔曾指出：与自然结构不同，社会结构不能独立于它们所控制的活动而存在，也不能独立于主体对他们在活动中所做的事情的观念而存在，社会结构可能只是相对持续存在的，因此在时空维度上可能不是普遍的。[①] 简单地说，社会现实（包括社会结构）是一种客观存在的共享的现实。

其次，社会行动的理性观。上述本体论和认识论问题是关于社会现实的存在性质的，那么，如何理解作为能动者的个体的行动呢？在这里，情境化理性行动理论明确地提出行动者理性的假设，而在社会建构主义分析中这一假设并不存在或者至少没有被当作理所当然的假设。但是该理论所主张的理性假设与那些秉持完全理性假设的经典理论，如理性选择和博弈

[①]　Bhaskar, *The possibility of Naturalism* (Brighton: Harvester Press, 1979), cited in J. Lawson, "Thin Rationality, Weak Social Constructionism and Critical Realism: The Way Forward in Housing Theory?"*Housing, Theory and Society* 19(2002) : 142–144.

论，存在十分明显的区别。后者往往假设行动者始终在理性地行动，并且行动常常朝向简单的一维目标，这种观点在很大程度上脱离实际，在解释现实过程中往往也显得很荒谬。因此，萨默维尔和本特松提出了一个基于埃尔斯特（Elster）提出的"弱理性"的观点，该观点认为个体行动者在追求其目标时具有一定的而不是完全的逻辑一致性，而且这些目标（包括行动者的偏好以及他们所坚持的社会规范）不是由研究人员先验地设定的。理论研究需要对经验调查保持开放态度，其中社会的和制度化的情境至关重要。

再次，理论构建的中层观。情境化理性行动理论基于"弱理性"，对不同行动者的偏好是开放的，换言之，各种行动偏好都可能被加以考虑，这导致该理论必须时时面对行动者活生生的经验，因此从经验观察中做出推断总是必要的。可以说，正是它的开放性使得它很难甚至不可能形成一般理论（general theory）。从情境角度看也是如此，由于行动者的理性和自主决策是被政治、社会和文化等诸种情境部分地限定的，因此理论建构不得不考虑不同情境的影响。"如果 a 则总是 b"类型的关于一般社会规律的理论观点，由于忽略了不同情境及其作用的差异，在这个理论中自然无法成立。尽管构建具有普遍性的一般理论难以做到，但是建立中层理论却是可能和可行的，一方面是因为行动者具有理性（尽管是"弱理性"），其行动在某种程度上带有一致性和连续性的特点，另一方面则是因为某些情境具有相似性，结果就是理性行动中呈现出"如果 a 有时 b"这种类型的社会机制，埃尔斯特把这种机制定义为"经常发生且易于识别的因果模式"①。萨默维尔和本特松认为，对基于这种社会机制的中层理论的追求应是理论构建的主要任务。

最后，基于规范的批判性。到此我们可以看出，基于"弱理性"的一般假设的情境化理性行动理论，力图在社会-行动者、结构-能动、现实-建构之间寻求兼顾和平衡，这实际上确立了一种衡量与判断的规范和标准，在社会层面的主观主义和客观主义、个体层面的理性主义和非理性主

---

① J. Elster, "A Plea for Mechanisms," in Peter Hedström and R. Swedberg, eds., *Social Mechanisms: An Analytical Approach to Social Theory*(Cambridge: University Press, 1998) , p. 45.

义之间，任何偏向某一端的取向的理论都应该被审视并得到必要的规范性批判。萨默维尔和本特松认为，大部分的住房研究没有足够认真地对待现实的行动者和现实的情境，也没有认真考虑行动者的自主性或行动者和情境之间的互动。

进一步地，萨默维尔和本特松将情境化理性行动理论的基本主张概括为以下几个方面：（1）认真对待行动者的自我决策（self-determination），而不是将其简化为单纯受社会结构或话语影响的存在，或将其限定在某一个互动"领域"之中；（2）假设行动者在"弱理性"的基础上行动，他们行动的背景对他们做出的决定和选择有至关重要的影响；（3）语境的开放性意味着必须以一定程度的怀疑或谨慎的态度对待社会行动的一般理论，也可以说，构建基于社会机制的中层理论似乎是一个更现实的抱负；（4）认真对待行动者，并假设人们通常出于某种原因做事，往往会带来对政策和研究的有效批评；（5）语境的开放性使得将情境化的理性行动与其他理论路线相结合往往颇有成效；（6）认真对待现实中的行动者及其所在情境的意图，往往导致历史学和人类学方法比统计和定量方法更有用。

当然，对于情境化理性行动理论，萨默维尔和本特松的态度十分客观和开放。虽然在某种程度上，他们是基于对社会建构主义和社会学现实主义的批评而建立了新的理论，但他们特别强调并没有因此而否定属于社会建构主义和社会学现实主义的所有作品，他们主要批评的是对这些广泛应用的理论范式的某些社会学解释：那些声称共享现实根本不存在或社会现实由多个（部分）独立层组成的解释。即使对于他们所批评的理论或者社会学解释，他们也承认提出情境化理性行动理论不是提供对其的首选替代方案，毕竟这一理论被提出不久，还显得比较模糊。

对于如何评价萨默维尔和本特松构建的情境化理性行动理论，或许朱莉·劳森（Julie Lawson）的观点最具有代表性和说服力。劳森认为进入 21 世纪后，虽然围绕住房研究举办了一些重要会议，发表了诸多研究成果，住房研究总体上取得了一定的进展，但是令人不满和不安的是住房研究"比以往任何时候都更加分裂"，合作的、整合的理论研究成果依然不多。其根源在于，我们在住房研究传统中坚持的本体论和认识论立场是分化和相互孤立的。在解释、理解和描述过程中，存在两类相互对立的研究者：理解主义者和实证主义者。对他们发起挑战非常必要但也十分困难。在这样的背景下，萨默维尔和本特松为我们提供了"批判性的见解和创造性的整合"。他们不仅对强社会建构主义和社会学现实主义这两种占主导地位的思维模式进行了质疑，最富有成效的是，他们还提供了一个建设性的和审慎的中间路线选择——将"弱理性"概念与弱社会建构主义和批判现实主义相结合。在给出积极评价之余，劳森也委婉地指出了该理论的一些不足之处。例如，什么是情境？它是如何影响分化和变化的？哪些制度和条件维系着行动者的行为并影响其变化？这些问题并没有被解释清楚，而最明显的不足是萨默维尔和本特松立论的重要概念"弱理性"似乎也没有得到充分阐释。①

与劳森的评价相比较，曼齐做出的批评显得更为尖锐。曼齐认为，萨默维尔和本特松的研究雄心勃勃，为住房研究贡献了可能广泛应用的理论，对当代住房理论研究是一个有益的补充。但是其中的问题也非常明显。该研究对社会学现实主义所持有的二元论假设的讨论和批评是有效的，但是关于社会建构主义的讨论却很不成功，存在典型的"稻草人"谬误。曼齐的意思是萨默维尔和本特松为了论证观点，有意地歪曲了批评对象的一些主要论点。具体地说，萨默维尔和本特松首先在强和弱社会建构主义之间做出区分，然后专门对前者进行批评。毫无疑问，的确有些人选择否认客观世界的本体论立场，但是曼齐发现，持有这种立场的学者在住房研究学界并不"活跃"。更重要的是，社会建构主义者在认识论层面上，只是声称我们对客观世界的认识是不确定的、有问题的和由话语建构的，这说明否认客观世界的本体论并非社会建构主义的基本立场。因此，区分强、弱社会建构主义很可能是错误的。曼齐进一步评论说，在提供一个关于住房的宏观理论方面，萨默维尔和本特松肯定是失败的，原因在于住房的范围太广也太分散，无法进行总体解释，试图将大量与住房相关的材料

---

① J. Lawson, "Thin Rationality, Weak Social Constructionism and Critical Realism: The Way Forward in Housing Theory?" *Housing, Theory and Society* 19(2002) : 142−144.

抽象成一个包罗万象的理论模式是存在问题的。① 公允地说，曼齐的评价也有偏颇之处。一方面，曼齐所说的"稻草人"谬误是存在的，然而也要看到虽然萨默维尔和本特松弄错了批评对象，但他们采用批判现实主义的视角，对"现实世界独立于我们对它的知识而存在"这一观点的论证是成立的。另一方面，曼齐认为两人无法提供一个关于住房的宏观理论，在这一点上，曼齐自己似乎也犯了"稻草人"谬误，萨默维尔和本特松明确宣称其理论目的在于寻求构建一个中层理论而非一般理论，建构中层理论在理解、解释和预测模式与关系方面更为现实可行，因此曼齐的批评其实是打到了空处。

奥克斯利和罗纳德认为情境化理性行动理论有助于通过保持结构和情境元素以及个体能动性之间的新平衡来研究住房现象，这是对住房研究和住房理论方面的一次综合性的理论反思。如果考虑到当时住房理论研究"昏昏欲睡"的状态，以及其在调查和解释过程中提出和应用新视角时"反应迟缓"的状况，那么，萨默维尔和本特松的研究可称是雄心勃勃，也的确颇具启发意义。由于发展弱社会建构主义和非客观化现实主义的想法无疑是很困难的，因此奥克斯利和罗纳德称其为"一次大胆的行动"（a bold move），认为萨默维尔和本特松对当前的住房研究和研究人员都发起了挑战，这同时也表明对现实和抽象两个层次进行衔接的必要性，并促使我们对社会调查的本质进行质疑。萨默维尔和本特松的研究处于认识论和理论辩论的前沿，这也表明住房理论研究有着很大的潜力和创新性。奥克斯利和罗纳德在做出肯定的同时也提出了一些需要继续深入研究的方面。例如，他们认为，萨默维尔和本特松其实没有真正消除结构和能动之间的深刻分歧。而"理性"——无论是"弱理性"还是其他形式的理性——的概念应如何界定也是需要阐明的问题，但即使是"弱理性"这个核心概念，在该理论中也并未得到清晰的界定。最后他们也不忘给出一个总是显得正确的建议："如果我们要在与住房和住房研究相关的理论中取得有益

---

① T. Manzi, "Constructionism, Realism and Housing Theory," *Housing, Theory and Society* 19(2002) : 144–145.

进展，那么来自不同学科背景的人之间必须更好地交流术语和想法。"①

事实上，萨默维尔和本特松对情境化理性行动理论所持的态度是开放性的，不同的批评也都是学者们各抒己见。在我们看来，应将该理论以及各种批评的意见一起放入住宅社会学理论发展的"情境"之中，才能显现其特有的意义。它们不仅反映了住宅社会学理论的重要进展，更让我们从中看到一个住宅社会学理论研究领域的学术共同体似乎正在隐然形成，对于住宅社会学理论发展而言，这一点的价值和影响也许远远超出理论内容本身。

（四）马克思主义政治经济学理论

前面我们不仅指出了应该把恩格斯的研究作为西方住宅社会学研究包括其理论研究的源头之一，而且还简要地说明了马克思主义理论特别是马克思主义政治经济学在住房研究中的主要成就，如列斐伏尔、卡斯特尔与哈维等人的贡献。在这些内容中，我们已经初步表明了马克思主义政治经济学在住房研究与住宅社会学理论构建方面的重要价值。但是，对这种价值的认识在不同历史时期却并不相同。简单地说，对马克思主义政治经济学乃至批判理论在住房研究的价值关注往往与住房问题和住房危机的严重程度密切相关。

在恩格斯的时代，西方国家面临严重的住房危机，面对这种状况，法国小资产阶级社会主义思想家蒲鲁东（Proudhon）以及蒲鲁东主义者阿·米尔伯格和埃米尔·萨克斯等人针对如何解决住房危机提出了各种方案。恩格斯住房思想的形成与他对这些解决方案的批判密不可分。随着资本主义社会的住房供应制度的调整和改进，住房供不应求矛盾弱化，住房危机在一定程度上得以缓解。在这个过程中，对住房的实证主义研究占据主导地位，相应地，住房领域的批判研究相对处于弱势。尽管列斐伏尔、卡斯特尔与哈维等人从马克思主义政治经济学角度对西方住房问题展开了深刻的分析和批判，进而对马克思主义的空间研究做出了深入的推进和有效的

---

① M. Oxley and R. Ronald, "Re-theorising Housing: Putting Rationality and Action in Context," *Housing, Theory and Society* 19(2002): 145–147.

补充，特别是列斐伏尔的社会空间辩证理论、卡斯特尔的消费社会理论和哈维的资本循环及空间正义理论等，已成为新马克思主义的重要组成部分；但是，这些研究和理论成果虽来自对资本主义社会住房现实的考察和分析，但似乎更多地与这些学者们的学术旨趣有关。20 世纪 80 年代后，随着新自由主义思潮在西方国家盛行，新一轮商品化和金融化浪潮兴起，住房的生产与消费深深地卷入这个浪潮之中，并逐渐成为新一轮危机的焦点和触发点。在这样的背景下，越来越多的西方学者"重新"认识到住房批判研究的必要性和迫切性，其中有很多学者再次看到或重申马克思主义批判理论特别是政治经济学在当代住房批判研究中无法替代的重要价值。

进一步看，除了当代西方住房危机对住房研究提出的现实挑战，迫使学者们到马克思主义理论那里寻求批判理论资源，还有一个原因是很多学者看到了既有研究不同程度持有的保守立场，以及在资本主义住房政策背后隐匿的逐利目的和意识形态的虚伪性。哈洛（Harloe）在其著作《人民之家?》中即发现，国家对社会住房的承诺与住房需求的客观水平无关，而是与社会和经济的更广泛发展以及特定形式的住房需求的存在有关。这些更广泛的发展包括利用政府支出来刺激经济、以福特主义作为政治和经济特征的综合体的兴起以及官僚化政府机构的发展；这些特定形式的住房需求的满足在更广泛的背景下具有战略意义，而国家并不以大众住房需求的满足为目标。[①]

正是基于现实和学术层面的双重反思，近些年来西方住房研究领域中运用马克思主义政治经济学开展研究的文献越来越多。前面提到的帕提洛就认为，将住房视为一种权利展开研究的这个领域是植根于马克思主义传统的，并且涵盖了批判性城市理论和更紧密地与政治和政策相挂钩的政治经济学理论。萨森（Sassen）从马克思主义角度研究抵押贷款证券化，认为这些工具的运用将资本主义关系的运作空间扩大到剥削传统工人之外，将"小资产阶级和民族资产阶级"也纳入运作空间，它将"完全漠视所牵涉到的房屋拥有者，以未来巨额融资服务投资者的利益"作为当前的目

---

① M. Harloe, *The People's Home? Social Rented Housing in Europe and America* (Cambridge: Blackwell, 1995), p. 498.

标。根据发展中国家和新兴市场国家住房抵押贷款债务的数据，萨森发出警告，称一个全新的用来调度次级抵押贷款的全球空间很可能导致从全球的中等收入人群中获取利润成为可能。[①] 弗利尔和马尔库塞曾对社会主义制度下东柏林的城市规划和住房供应状况进行考察，并运用了马克思和恩格斯的理论展开分析，得出结论认为，在保持资本主义生产制度和所有权制度的社会，只要缺少或不完全拥有必要的经济和政治条件，即使这种思想、社会目标和道德原则可能是正确的，想做到让一座城市（或一套住房）为人而不为利润也是不可能的。[②] 特别值得一提的是，麦登和马尔库塞所著的《保卫住房：危机的政治》是近年来这方面研究的重要著作之一。在该著作中两位作者运用恩格斯的住房思想和列斐伏尔的城市权利理论，在政治经济学视野下分析当代美国的居住危机。他们认为住房问题是嵌入阶级社会结构之中的，研究住房问题意味着揭示社会力量与居住过程之间的关系，意味着追问住房为谁而建、为何而建，是谁在控制着住房，住房对谁赋权又对谁施以压迫，这也意味着对新自由主义的住房功能进行质疑。住房危机是资本主义体系运行的必然结果，因此当下的住房体系是不可持续的也是无法保护的。而住房的居住功能以及作为家的认同才是需要保护的，这就需要从居住政治角度形成保护的行动意识。[③]

　　在西方社会新的住房危机背景下，对住房的批判研究再次得到高度关注，重新聚拢了一批住房研究学者，沿用马克思主义理论开展相关学术工作。这些研究再次彰显了马克思主义政治经济学和恩格斯住房思想的永久生命力，当我们考察西方住房危机的历史和现状时，能够更深切地体会到，从解释与解决住房危机的两重目的来看，马克思土义理论将持续地展现出强大活力。

---

① S. Sassen, "Expanding the Terrain for Global Capital: When Local Housing Becomes an Electronic Instrument," in Manuel B. Aalbers, ed., *Subprime Cities: The Political Economy of Mortgage Markets*(New York: John Wiley & Sons, Ltd., 2012), pp. 74–96.

② B. Flierl and P. Marcuse, "Socialist Cities, for People or for Power?"in N. Brenner, P. Marcuse and M. Mayer, eds., *Cities for People, Not for Profit: Critical Urban Theory and the Right to the City* (New York: Routledge, 2012), pp. 231–249.

③ D. Madden and P. Marcuse, *In Defense of Housing: The Politics of Crisis*(London: Verso Books, 2016), pp. 2–5.

（五）住宅社会学理论未来的整合议题与方向

从既有的理论构建和整合情况看，目前的研究仍处于起步阶段，下一步需要找到更多的有价值的整合点，更有力地推进住宅社会学理论的整合与创新。我们认为，今后的整合议题与方向主要包括但不限于以下三个方面。

一是不同学科理论的整合。针对长期以来住房研究分散在诸多不同学科的状况，以及住房理论的分裂局面，住宅社会学理论需要对来自不同学科的相关理论进行梳理和归结，在此基础上，可以对具有理论生长空间的有关理论进行组合式创新。学者应根据与理论之间的"距离"选择不同的整合方式。对于"距离"较远的理论，如大部分学科的理论，它们看起来与住房研究的关系并不明显，或者说存在着暗含的关系，这就需要细心发现与有效衔接。这方面可以参考的例子是卡尼曼（Kahneman）将行为心理学的理论引入经济学分析，对研究在不确定情形下的决策制定问题做出开创性贡献。对于"距离"较近的理论，整合的难度比较小但可能同样极有意义。例如，建筑社会学、建筑人类学等 20 世纪末兴起的新兴学科中，有许多理论都有很高的引入价值。我们将在后面关于居住文化的分析中对其中部分理论进行讨论。特别值得一提的是，近些年来，学界尤其是西方学界的一些学者尝试将不同学科理论综合起来而不是采用单一理论视角来展开研究。例如，珍妮·古斯塔夫森（Jennie Gustafsson）采用空间、财务和意识形态的组合理论框架，分析瑞典的公共住房在城市的历史中和当代的角色与作用的转变及其发生机制。① 这类具有跨学科特点的理论研究对作为一种总体社会事实的住房来说，往往有着更高的解释水平。

二是不同理论范式的整合。尽管鲁纳瓦拉等人提出融合实证主义与人文主义理论范式，但已有的理论研究仍极少有成功的尝试，"各自为政"仍是普遍的情况。本书后面对居住分化的理论研究便反映了这种情况，即大多数研究仍然集中于实证主义理论的发展上，虽然近年来着力构建人文

---

① J. Gustafsson, "Spatial, Financial and Ideological Trajectories of Public Housing in Malmö, Sweden," *Housing, Theory and Society* 38, No. 1(2021) : 95-114.

主义理论的研究不断增多，但两种理论范式之间的藩篱仍未被打破。而我们知道，住房具有多种属性和多重面向，因此住房研究是典型的跨学科研究领域。但这种多样性与跨学科特点，恰恰应当是整合不同理论的原因而不能成为不同理论分立甚至畸强畸弱的理由。尤其是在今天的学界，越来越多的学者开始对过度地发展实证主义理论展开反思和批判，韦伯的"价值中立"研究原则发生动摇，有些学者提出应该带着"感情"做社会学研究。人类学家项飙提出了一种"常识社会学/人类学"，倡导将常识作为对话对象，关注人的体验。因为研究对象来源于现实，研究结果也必将要回到现实中，所以必须把实证研究与价值关怀结合起来，这样的研究或许才是真正的"客观"研究。[①] 在推进住宅社会学理论整合过程中，这类观点值得思考和借鉴。

三是理论与经验的整合。在社会科学研究方法研究中，理论与经验的关系已得到解释，例如华莱士提出的"科学环"认为，理论与经验之间是不断相互作用的关系：从观察入手，通过对经验的概括和归纳推理，形成一定的理论；从已有理论入手，通过演绎推理获得假设，再经过经验观察进行验证。具体到住房研究中，情况并不简单。很多学者在认识上存在分歧，鲁纳瓦拉认为经验产生的思想与认识可以成为理论的资源，但也有些学者持不同看法。例如，金将从对住房经验的现象学反思中产生的认识称为对住房的思考（thinking），而不是住房的理论化（theorising）。艾伦也认为理解经验不能提供解释性的观点。理论与经验的脱节主要发生在构建人文主义理论特别是社会建构主义或社会现象学等理论方面，在这些领域的学者眼中，体验不是可以数据化和定量化的经验资料，而是来自生活世界中行动者的感知与理解，他们认为这是难以理论化的，果如此，住房研究中人文主义理论恐怕将难以得到发展。我们认为，将理论与经验对立起来进而取消理论化可能性的认识和做法，无疑是错误且有害的，因为这实际上是将任何研究都降低到或者限制在描述的层次上，这不仅否定了理论化的可能，更在很大程度上贬抑了研究的意义和知识的价值。而问题的关键

---

① 王利兵：《带着"情感"做社会学研究》，"澎湃思想市场"微信公众号，2022 年 6 月 17 日，https：//mp. weixin. qq. com/s/ac5AShI1Y4fd0uTIPN5Y4Q。

是经验与体验不仅不是对立的，而且其实统一在生活的过程之中。从概念本身看，在英文中二者通常都用单词"experience"表述，将"experience"看作可以量化和实证研究的对象，还是看作主体进行感知和意义赋予的特殊过程，无非是学者们不同的理解和选择的反映，而不是研究对象本身。因此，对于住宅社会学理论特别是人文主义理论研究来说，首先需要重新认识经验和理论的本真意涵，然后才可能真正看清二者之间的关系，进而才有可能在经验与理论的互动和循环中，不断检验和发展理论。

第五章　居住行为的社会理论研究[*]

在绪论部分，我们已经指出住宅社会学的研究对象包括居住行为和居住活动，这个领域的研究关注的是在作为居住者的人与住宅及社会环境的关系中发生的各种行为与活动。一般来说，这些行为与活动是受到住宅与社会环境影响而做出的反应及其结果，反过来也会对住宅与社会环境造成一定的影响。从广义上看，居住行为包括了与住宅和居住有关的所有行为和活动。对于本书而言，这种界定显然不具有研究可行性。从现有的国内外相关理论研究比较集中的领域看，我们这里所说的居住行为主要是指居住选择行为，主要包括与居住流动性相关的迁居行为和与居住稳定性相关的留居行为等。

与住宅社会学研究的其他领域比较，居住行为研究有着比较鲜明的特点。一是突出的跨学科研究特点，参与这方面研究的包括社会学、心理学、经济学、建筑学、地理学、法学、犯罪学等学科，由于参与研究的学科众多，故而形成的学术成果也较为丰富。其中，社会学参与研究取得的成果尽管不一定比后面所谈的居住分化研究更多，但也不遑多让。二是以实证研究为主要的立场取向，因而其中的理论研究也多围绕实证主义展开，追求的是对居住行为中不同变量的关系尤其是因果关系的描述与解释，因此这个领域的理论研究显得更具有"科学"风格。当然这不是说仅有实证主义取向的研究，而是说实证主义风格最为突出。三是在理论层次上也体现出实证主义理论的基本风格，大部分属于中层理论研究，很少有宏观层次的大理论研究。由于理论研究成果较多，有一些理论研究比较零

---

[*]　鉴于社会学理论的多义性和住宅社会学的跨学科特性，同时考虑到住宅社会学理论的内在张力及成长性，本章及之后的内容将从包含住宅社会学理论在内但更为宽泛的住宅社会理论角度来展开分析。

散，加上明显的跨学科性导致一些理论研究学科划分困难，因此梳理分析起来有较大的难度，同时，考虑到篇幅问题，本书必须做出合理的取舍安排。我们将在诸多理论中选择比较规范和成型的社会理论，特别是那些影响较大的代表性理论，加以介绍和分析。

一 西方居住行为理论研究

总括起来看，西方居住行为理论研究大致围绕三大类主题展开：第一类是与居住流动性相关的迁居行为，包括主动的住宅调整行为和被动的迁居行为两种情况；第二类是与居住稳定性相关的留居行为；第三类是居住空间与越轨行为的关系。

（一）迁居行为的理论研究

1. 主动迁居行为的理论研究

西方学界在主动迁居行为方面的理论研究起步比较早，研究成果比较多，下面择要加以介绍和分析。

其一，家庭生命周期理论。20 世纪 40 年代以前，学界一直使用适应和失调两个概念研究家庭与住宅的关系。后来，瑞默尔进一步推进了这方面的研究，提出了整个家庭生命周期必须适应不同属性和不同位置的住宅结构的观点。[①] 在瑞默尔观点的基础上，罗西（Rossi）的住宅流动性研究也依赖家庭生命周期概念来给出他的解释，他认为住宅需求直接来自家庭的构成："住宅需求主要由家庭的构成情况决定。住宅需求在经历成长和衰退的家庭生命周期时会发生变化……（在生命周期的）早期，随着空间需求的快速增长，家庭对其住宅位置所提供的社会和物质环境更加敏感。"[②] 简单地说，罗西的观点就是家庭生命周期变化会引起家庭结构的变化，这会形成相应的住宅需求，而迁居就是满足居住需求的功能性选择。后来的很多研究都借鉴罗西的观点，将不断变化的家庭结构视为住宅需求

[①] S. Riemer, "Family Housing as a Sociological Problem, "*The Midwest Sociologist* 11, No. 1(1948)：6.

[②] P. Rossi, *Why Families Move* (Glencoe: Free Press, 1955) , p. 178.

变化的直接原因。例如，西蒙斯（Simmons）发现一个人一生之中平均搬家次数约为 8~9 次，而其中约有 5 次与家庭生命周期的变化直接相关。[①]阿布－卢哥豪德（Abu-Lughod）和 M. M. 弗莱（M. M. Foley）认为，户主年龄、婚姻状况、家庭规模、子女出生、家庭经济收入、职业变化及社会地位变动等家庭生命周期因素对居住迁移起着重要作用。[②]罗西本人后来进一步研究了居住抱怨（housing complaints）与居住迁移的关系，他发现居住迁移是对随着家庭生命周期变化而出现的居住压力或居住不满所做出的行为反应。

其二，住宅调整理论。在西方学界关于住宅调整问题的理论研究中，莫里斯和温特于 1975 年提出的住宅调整理论应该是最具有代表性也是影响最大的理论。韦伯发现，她所分析的 1965~1991 年涉及理论的住宅研究文献中，有 64% 是基于莫里斯和温特的住宅调整理论的，远远多于排在第二名和第三名的理论。[③]斯特格尔等人曾对在 1989~1999 年发表的 115 篇住宅研究文献进行综述，发现其中涉及理论的 84 篇文献中，有近 23%（19篇）提到了莫里斯和温特的住宅调整理论，也遥遥领先于排在第二名的理论。[④]这可能反映了在莫里斯和温特之后的相关理论研究进展不尽如人意的状况，但也说明他们提出的这一理论有着很高的解释水平和极强的理论生命力。

莫里斯和温特很好地借鉴了相关研究观点，他们将住宅需求视为文化规范的观点，就很可能受到罗西的家庭对社会和物质环境的敏感性这一观点的直接启发。其他学者提出的与迁居行为相关的理想、愿望、期望和家庭规范等概念，对两人所使用的家庭规范、文化规范、家庭偏好等概念也有影响。莫里斯和温特考察了西方家庭住宅调整的历程和现实，同时在参

① J. W. Simmons, "Changing Residence in the City: A Review of Intra-urban Mobility, "*Geographical Review* 58(1968): 622-651.

② J. Abu-Lughod and M. M. Foley, "The Consumer Votes by Moving, " in W. L. C. Wheaton, G. Milgram and E. M. Margy, eds., *Urban Housing* (New York: Free Press, 1966), pp. 171-175.

③ M. J. Weber, "Through the Years … AAHE, Housing Problems and Change: A Research Perspective," *Housing and Society* 19, No. 2 (1992): 5-10.

④ C. D. Steggell, T. Yamamoto, K. Bryant et al., "The Use of Theory in Housing Research, "*Housing and Society* 33, No. 1(2006): 5-20.

考借用相关学术思想的基础上，提出他们的住宅调整理论。[①] 简单地说，这个理论认为，家庭会利用文化评估标准与家庭评估标准来对其住宅进行评价。当他们的住宅无法达到标准时，就容易引发不满，这将会形成一种缩小与标准之间差距的倾向。居住迁移、居住调适和家庭调适都是用来缩小这种差距的调适方式，当对行为的约束可以被克服的时候，这些就会发生（见图 5-1）。

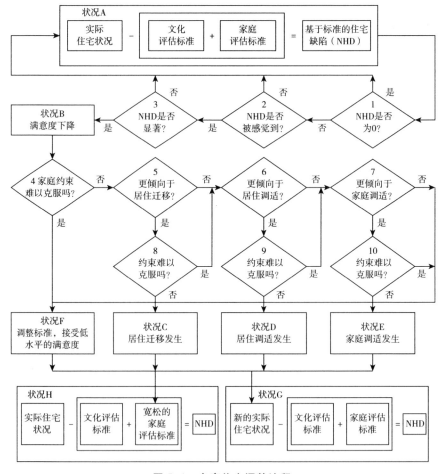

图 5-1　家庭住宅调整流程

资料来源：E. W. Morris and M. Winter，"A Theory of Family Housing Adjustment,"*Journal of Marriage and Family* 37, No. 1 (1975)：79–88。

① E. W. Morris and M. Winter, "A Theory of Family Housing Adjustment,"*Journal of Marriage and Family* 37, No. 1(1975)：79–88.

具体地说，一个基本现实也是该理论分析的基本前提是，家庭会努力满足自身的居住需求，这些需求会发生变化，满足需求的家庭行为往往以住宅调整过程为主要表现形式。接下来，莫里斯和温特围绕这个住宅调整过程展开理论分析。首先，在日常生活中，家庭会时不时地对住宅进行评价，以评判它是否与某些标准相一致。家庭一般会采用家庭评估标准与文化评估标准来判断他们的住宅状况。但是，家庭评估标准与文化评估标准总是只能有一部分相互符合。由此，家庭似乎总是忙于利用两个标准的加权平均值来对居住环境的质量与数量方面进行动态评价。当然，不同家庭在与文化评估标准有关的他们自己的评估标准的侧重点上也会有所不同。

其次，如果住宅不能满足来自标准的需求，就会出现所谓的住宅缺陷（deficit），这种缺陷反映的是从文化角度界定的住宅需求与家庭住宅所提供的住宅服务之间的差距。如果这种差距被意识到，并且它包含了某种对家庭格外重要的情况，就会出现居住满意度的下降。当家庭经历一种明显的"基于标准的住宅缺陷"时，其就会感受到来自家庭内部和外部的弥补这种住宅缺陷的压力。

再次，当住宅缺陷及其带来的压力发展到足够程度时，家庭就会对各种选择项进行权衡。影响权衡结果的因素包括文化与家庭标准、现有居住条件，还有在现实中往往存在着的来自家庭内部和外部的多种限制：（1）在面临决策时家庭达成一致意见的能力方面，家庭内部的优势与不足；（2）经济因素、社会因素、像种族歧视这样的政治因素以及住宅市场状况；（3）住宅吸引人之处。文化与家庭标准、现有居住条件和各种限制组合在一起，共同促进了家庭偏好的形成。在需要马上做决定的时候，这些偏好就成为即时可用的心理框架，可以对文化与家庭标准与各种限制加以比较评价和折中协调。

最后，在评估、平衡和妥协的基础上，家庭会制定更加合理的住宅目标，进而选择更加理性的行为反应作为消除住宅缺陷的手段。这些行为包括居住迁移、居住调适与家庭调适。居住迁移是一种不超出同一个劳动力市场和住宅市场的短距离的移动，其动机是住宅导向的，因此居住迁移就是在住宅调整过程中的一种行为反应。居住调适指的是住户为了让现有住宅符合他们的需要而开展的各类活动，包括加建、改造、改变房间功能。

家庭调适包括一个家庭所采取的改变其构成以适应当前和今后预期住宅的行动。主要有两类行动：一是与生儿育女有关的行动，二是家庭中成员的加入和离开的行动。为避免可能带来的拥挤，一个家庭可能会推迟生儿育女，或者购买一个更大的房子，以为即将到来的孩子预留一个房间。无疑，一所超大的住宅更可能刺激生儿育女。一般而言，家庭可能不会去考虑第二类家庭调适行为。为了养育子女而增加额外的卧室可能会被视为一种无私的举动，而不会被当作试图让住户人数去和住宅大小相匹配。劝说家里的老人搬往养老院或者建议18岁的儿子参军，不可能被看作获得额外卧室的合适方式。尽管如此，这样的行为却存在成为住宅调整行为的潜在可能，特别是在模糊意识到拥挤或者多余空间带来的压力时，家庭可能会做出这样的不经意的调适行为。

其三，社区影响理论。有学者认为，家庭生命周期理论、住宅调整理论在微观层面上解释了搬家的决定通常是家庭的偏好和需求未得到满足的结果，但是经验和研究均表明，社区对居住满意度和迁居决策确实也很重要，当科尔曼（Coleman）询问人们是喜欢不太理想的社区中的好房子还是良好的社区中不太理想的房子时，绝大多数人选择了后一种。[1] 很多学者都意识到了邻里和社区层面的重要影响，并从多个方面解释了邻里和社区对迁居的作用。科恩斯（Kearns）和帕克斯（Parkes）认为社区条件对居住满意度有重要影响，与对邻里环境满意的人相比，不满意的人更有可能搬家。社区的外观、服务质量和数量以及安全性对居住满意度有很大影响，这可以解释为什么贫困地区的不满情绪似乎最大。[2] 珀门迪尔（Permentier）等人的研究表明被居民感知到的社区声誉是迁居意图的重要预测指标[3]，一般来说，居民生活的社区声誉越糟糕，居民的迁居意愿越强烈。还有学者认为社区种族构成的变化也可能引发迁居行为，白人家庭

[1] R. P. Coleman, Attitudes Toward Neighborhoods: How Americans Choose to Live(working paper, Cambridge, MA: Joint Center for Urban Studies of MIT and Harvard University).

[2] A. Kearns and A. Parkes, "Living in and Leaving Poor Neighbourhood Conditions in England," *Housing Studies* 18, No. 6(2003): 827–851.

[3] M. Permentier, M. Ham and G. Bolt, "Neighbourhood Reputation and the Intention to Leave the Neighbourhood," *Environment and Planning A: Economy and Space* 41, No. 9(2009): 2162–2180.

迁居意愿与少数族裔比例之间存在正相关关系，如后面会说明的"白人群飞"现象。① 英格里德·艾伦（Ingrid Ellen）发现一个对应的现象"白人回避"，即白人不愿意进入有一定比例黑人居民的社区。② 也有学者发现其他种族特别是黑人的居住选择并不完全是被动的，有些黑人会越过内城更富裕的白人社区，"跳到"附近的郊区居住，原因是他们因种族偏见而不愿在中心城区的白人社区定居，并且邻近的郊区社区拥有更好的学校和更少的犯罪事件。③ 此外，还有学者发现迁居意向与其邻里的社会经济地位变化之间存在相关性，邻里地位的下降会增加离开的意愿。④ 这些理论研究将分析视野从家庭扩展到了邻里社区层次，与家庭层面的理论研究结合起来，可以更有效地解释家庭的迁居作用机制。

2. 被动迁居行为的理论研究

一个典型的被动迁居行为，也是近年来学界研究热点之一就是租户驱逐。其中，马修·德斯蒙德的著作《扫地出门：美国城市的贫穷与暴利》堪称代表⑤，以下我们主要针对这部著作进行分析。

如果从研究方法、理论化方式和行文风格看，这部著作与前面及后面分析的其他理论研究有明显区别，在理论文献中这部作品的确显得另类，因为该著作没有像大多数学术作品那样给出明确的理论假设和框架，再通过调查资料与概念的交织不断推进分析，所以看起来似乎不像"规范"的理论研究。但是作者德斯蒙德无疑是一位态度严谨、水平高超的学者，这表现在他的整个研究过程和整部作品之中。德斯蒙德采用民族志的研究方式，在美国的密尔沃基市开展了一年多的实地考察，随后对密尔沃基市租户进行了大规模的问卷调查，收集当地驱逐法庭记录并进行分析，对驱逐

① D. Card, A. Mas and J. Rothstein, "Tipping and the Dynamics of Segregation, "*Quarterly Journal of Economics* 123, No. 1(2008): 177−218.

② I. Ellen, *Sharing America's Neighborhoods: The Prospects for Stable Racial Integration*(Cambridge: Harvard University Press, 2000), p. 233.

③ J. M. Rich, "Municipal Boundaries in a Discriminatory Housing Market: An Example of Racial Leapfrogging, "*Urban Studies* 21, No. 1(1984): 31−40.

④ P. Feijten and M. Ham, "Neighbourhood Change: Reason to Leave?" *Urban Studies* 46, No. 10 (2009): 2103−2122.

⑤ 〔美〕马修·德斯蒙德：《扫地出门：美国城市的贫穷与暴利》，胡䜣淳、郑焕生译，广西师范大学出版社，2018。

法庭的被告进行了面对面访谈，再以讲故事的形式，有序地铺陈论述他的观点和理论，尽管这些观点和理论往往散见于正文文字中甚至多见于注释之中，但内容繁而不杂，笔触犀利而又不失温润之感。

在这部著作中，德斯蒙德的主要研究对象自然是房东与租户，但从宽泛角度看，也包括了白人和黑人及其他有色人种、同性恋和异性恋、儿童和老年人、医生和警察、物业和搬家工人、牧师和信徒等。当然，由于德斯蒙德深入这些人群复杂变化的日常生活及其相互关系中，他在进行学术分析并给出理论观点的时候，应该面临着比较大的麻烦。德斯蒙德的处理方式是在正文中围绕驱逐进行不间断的叙事，而让论点渗透在叙事过程中或隐身于注释间，这种"事多论少、事先论后"的扎根理论通常采用的写作手法或研究方式，造成我们对德斯蒙德的研究进行理论梳理的时候也同样不易，因此我们将以适度简化的方式来呈现其理论要点。

正如马丁所说的，与之前的很多研究不同，德斯蒙德的驱逐研究不仅将住房作为一个建筑环境、空间中的一个位置，或一个我们学习和实施文化实践的住所，而且将其视为一系列社会关系的体现。[①] 因此，德斯蒙德是将社会关系理论作为一个隐含的但也是主要的研究视角和脉络，来厘清和整合他对驱逐行为的分析的。正是基于社会关系理论，德斯蒙德提出了以下论点。

首先，驱逐不仅是贫穷的表现，还是贫穷加剧的原因。这是因为，一个家庭被驱逐后，要为搬家和仓储付钱，支付诉讼费并承担债务，他们为了搬家而牺牲了工作时间，同时也"失去了寄到错误地址的大笔福利支票"，除了会遭遇财产损失、失业等困难，有很多租户被法院判令强行驱逐从而有了不良记录，这导致他们被迫选择更差的居住环境，甚至会使家人流落到庇护所、废弃房屋和街头，这些地方往往是贫穷、犯罪、毒品集中之地，这还可能会引发抑郁症和疾病。这是一个"没有最糟，只有更糟"的过程，是贫困程度不断加深的过程，更可怕的是由于日益贫困，租户更有可能再次被驱逐。这部著作中的主人公阿琳和她的两个儿子在遭到驱逐的威胁下，两年内搬家便超过 10 次。

---

① I. W. Martin, "New Sociology of Housing," *Comtemporary Sociology* 46, No. 4(2017)：393-397.

　　其次，作为一种暴力的驱逐是带来暴利的有效方式。对无法继续支付房租的租户的驱逐和迫迁，是维持房东租金收益的重要手段。而驱逐的前提是对房屋的合法占有。正是基于对房屋的合法占有，驱逐才成为房东的一项权利，这允许房东把租房者当成牟利的对象，越弱势的人，就越是包租公（婆）"拔毛"的目标。① 房东与房客的命运紧密相连，利益却相互对立。② 威斯康星州法律规定，房东有权向在驱逐令到期后仍然滞留的房客索讨双倍的日租金，其意图在于当遭到驱逐的租户赖着不走，妨碍房东重新出租时，弥补房东损失的房租收入。③ 从驱逐中获利的还有物业经理和搬家工人，他们通过将人们赶出家门来赚钱。因此，驱逐是将穷人和富人联系在一起的相互依赖和斗争的过程。

　　在该著作的最后一部分"终曲：家与希望"中，德斯蒙德不再一味地叙事，而是集中火力展开他的批判分析。他将驱逐行为归因于经济剥削，他发现剥削是一个从关于贫穷的辩论中被抹去的用语，是直指贫穷不光是低收入所致的证据。贫穷不仅源于人们的低收入，更是商业市场巧取豪夺的产物。贫穷是收入与花销、投入与产出一体两面共同造成的结果。一个容易被忽视的事实是穷人的钱好赚，烂社区是门好生意，像住房这样的生活必需品是剥削最好下手的地方。原因是那些有利可图者会极力支持和维护市场机制，但实质上住房市场中的剥削的背后就是政府。政府的租房补贴是代垫给房东的，政府会派执法人员强制执行驱逐，并会将驱逐记录在案。只要剥削存在于这个世上一天，只要我们不双管齐下地处理贫穷问题，住房驱逐问题肯定不会有明显的好转和改变。④

　　最后，德斯蒙德还分析了一些具体方面并得出相应的理论观点。第一，在过去的 20 年（截至该著作出版的 2016 年）里，社会学家一直致力于衡量社区对个人生活机会的影响，该著作中的一项发现是社区环境对个人的影响通常比我们原先预想得更弱、更短暂或更多变。一个原因可能是，我们与居住地的关系是由住房关系调节的，并依赖于住房关系，而住

---

① 〔美〕马修·德斯蒙德：《扫地出门：美国城市的贫穷与暴利》，第 395 页。
② 〔美〕马修·德斯蒙德：《扫地出门：美国城市的贫穷与暴利》，第 398 页。
③ 〔美〕马修·德斯蒙德：《扫地出门：美国城市的贫穷与暴利》，第 338 页。
④ 〔美〕马修·德斯蒙德：《扫地出门：美国城市的贫穷与暴利》，第 396~397 页。

房关系本身是可变的，往往对我们的居住状况产生本质影响。与处在特定的社区相比，处于特定的住房关系中可能使我们受到更具根本性的影响，至少在许多美国人的生活中，抵押贷款人或房东比邻居更加重要。[①] 第二，驱逐会影响到迫迁家庭离开的社区。比如，德斯蒙德发现相较于自发性迁移，迫迁导致社区贫穷程度和犯罪率出现了超过 1/3 的增幅。他认为这是因为社区意识的建立和各种资源的投入，都会因为居民的高流动性而受阻。驱逐会让社区的"一体感"断裂。只要驱逐存在，明明鸡犬相闻的邻居就只会是陌生人，邻里间合力打击犯罪和促进公民参与的潜力也就无从发挥。[②] 第三，德斯蒙德还发现，一个家庭的孩子越多，驱逐发生的频率就越高。对于社区而言这个结论也成立，社区中儿童的占比每增加 1 个百分点，社区的驱逐率就会增加 7 个百分点左右。家庭被迫迁入危险社区的有辱人格的住房，会对这个家庭的儿童造成伤害。[③] 此外，德斯蒙德还分析了不同的种族、性别所遭到的驱逐的差异以及驱逐对租户的就业、身心、社会网络等方面的显著影响。

　　该著作的非叙事部分中充满批判的话语和论断，德斯蒙德的批判也触及了美国的社会结构性方面，例如，马丁认为德斯蒙德所分析的社会关系就是一种阶级关系。我们认为，这个说法有点言过其实，德斯蒙德提到的各种群体之间存在的并不是严格意义上的阶级关系和阶级冲突，而是有房者与无房者之间的冲突关系。实际上，德斯蒙德的批判是很不彻底的。德斯蒙德只将批判的对象局限在逐利的房东、物业以及为他们通过驱逐获利保驾护航的住房政策和执法机构上，尽管我们不能肯定德斯蒙德是否认识到了资本主义制度层面上的深层矛盾，但至少在他的作品里我们没有看到他在这方面的讨论。因此，他的批判不仅是一种有限的和流于表面的批评，而且还暴露了他的保守和改良的立场，他积极地向政府建言献策。他认为，在房东靠租金赚钱的自由和房客有能力承担房租并让家人住得安全的自由之间，有一个办法可以让两种自由达到均衡，就是大幅地扩大租房券计划的规模。他说，我们需要这样的以及其他的政策方案，来彰显美国

① I. W. Martin, "New Sociology of Housing,"*Comtemporary Sociology* 46, No. 4(2017) : 393-397.

② 〔美〕马修·德斯蒙德：《扫地出门：美国城市的贫穷与暴利》，第 388 页。

③ 〔美〕马修·德斯蒙德：《扫地出门：美国城市的贫穷与暴利》，第 380 页。

的主流价值：安全、公平、机会平等，让美国成为一个居住正义覆盖每一个人的国度。[①]

从本质上说，德斯蒙德在这部长篇著作中意图表达的无非还是美国梦中的住房梦的当代价值，只不过在德斯蒙德那里有两个版本的住房梦：作为高级版本的人人做业主和作为低级版本的人人有房住。既然不是每一个（美国）人都能实现第一种梦想，那么对于要有房住的租户，尽可能降低他们的房租负担是必要的也是可以实现的。项飙在该著作的导读中提到，德斯蒙德曾告诉项飙，他要将这本书写成"一个道德批判"。这种道德批判的基础是相信家居（home）是生活意义的载体，而住房，不论是自有住房还是可负担的而且稳定的租赁住房，又是家居的载体。殊不知，在美国，这种追求拥有住房所有权占主流的住房梦和"家天堂"观念，恰恰是造成住房危机的意识和现实的根源之一，在这一点上，项飙认为，"对占有的渴望和面临的驱逐风险是成正比的"[②]，这个认识无疑要清醒和正确得多。由此看来，德斯蒙德的理论观点只能为驱逐行为提供部分的解释，而不可能真正带来有效的解决方案。

（二）留居行为的理论研究

与家庭生命周期理论、住宅调整理论和驱逐行为理论等主要分析个人或家庭迁居的影响机制不同，留居行为的理论研究主要探讨的是人们选择在原住地留居而不迁居的影响机制。需要注意的是，一个家庭选择迁居还是留居，很多影响因素和作用机制是相同或相近的，只不过由于影响和作用的方向与程度的差别，家庭迁居决策出现了差异。例如前述的邻里环境满意度，当其过低时可能引起迁居行为，而当其很高时则可能促成留居行为。因此，这两个部分中的一些理论应该被看作可以解释迁居与留居这两种对应的居住行为的通用理论。

其一，邻里效应理论研究。在一篇经常被引用的文章中，加尔斯特（Galster）和基伦（Killen）认为，社区有可能影响居民的机会特别是生活

---

① 〔美〕马修·德斯蒙德：《扫地出门：美国城市的贫穷与暴利》，第 398~403 页。
② 项飙：《家：占有与驱逐》，载〔美〕马修·德斯蒙德《扫地出门：美国城市的贫穷与暴利》，导读，第ⅶ页。

机会，例如，社区提供的服务水平会影响居民的决策、偏好和感知到的机会。① 在居住分化的背景下，不同社区会形成不同的"机会结构"，一些社区对居民产生积极影响，而另一些社区则限制居民的生活机会。曼斯基（Manski）进一步将邻里效应分为内源性、外源性和相关性三种类型。内源性邻里效应是指个体与邻里中的他人相互影响，其中社交网络的形成通常被作为这种效应的结果之一，当然社交网络能否对个人行为起作用，还取决于网络纽带的强度以及社会网络可向资源转化的程度。外源性邻里效应指个体的行为受到邻居的外源性特征（年龄、性别、种族等）的影响，"白人群飞"现象即属此类。相关性邻里效应指人们受到社区的位置、社会服务的可及性和质量以及社区的声誉等的影响。② 上述三类邻里效应都可能对留居行为产生影响，而它们促进留居的一个重要潜在机制，是连接邻里的社交网络和社会资本可以使人们在日常生活中"过得去"甚至处于"领先"地位。③ 这种积极的邻里效应有助于家庭选择在现在的社区留居。但也有学者对邻里效应提出不同看法。例如，德斯蒙德质疑这种邻里效应，他发现把认识的有权有钱者等同于一种可以"拥有"的东西、一种可以变现的资源，很可能是学者们的成见或想象，事实上很多穷人并不缺向上流动的人脉，其中包括很多邻里中的社会网络，但是这些人脉网络究竟能不能派上用场，还要视穷人自己的本事而定。④ 虽然德斯蒙德多少误解了该理论的意思，毕竟曼斯基指出了社交网络能否对个人行为起作用取决于网络纽带强度以及社会网络的资源可转化性，但他的质疑确实提示我们应看到并特别注意从理论到现实的路径仍有许多曲折不明之处。

其二，邻里依恋理论研究。邻里依恋是一种地方依恋，所谓地方依恋

---

① G. C. Galster and S. P. Killen, "The Geography of Metropolitan Opportunity: A Reconnaissance and Conceptual Framework, "*Housing Policy Debate* 6, No. 1(1995) : 7-43.

② C. F. Manski, "Identification of Endogenous Social Effects: The Reflection Problem, "*Review of Economic Studies* 60, No. 3(1993) : 531-542.

③ F. M. Pinkster, "Localised Social Networks, Socialisation and Social Mobility in a Low-income Neighbourhood in the Netherlands, "*Urban Studies* 44, No. 13(2007) : 2587-2603.

④ 〔美〕马修·德斯蒙德：《扫地出门：美国城市的贫穷与暴利》，第366页。

是指在行为、情感和认知关系中与社会和物理环境形成的情感纽带①，而邻里依恋是人们与居住社区的社会与物理环境之间形成的情感纽带。一些研究表明邻里依恋与邻里满意度之间存在正相关关系，并且依恋邻里的人不太可能（想要）离开。② 通常情况下，社区的社会和物理环境越好，则邻里依恋越强。因此，可想而知的是，贫困社区的糟糕状况很可能影响居民依恋的性质和强度，集中的贫困、犯罪，感知到的无序和社会异质性往往阻碍居民与其所在地环境形成情感纽带。然而，弗雷德（Fried）发现处于这样的贫困而令人痛苦的社区的人们反而可能会表现出强烈的依恋，这可能与他们没有任何迁居的可能性有关。③ 这说明影响居住满意度的因素很多并且在个人和群体之间存在差异，邻里依恋与居住流动性之间的关系远非那么直接简单。

赫希曼（Hirschman）提出的著名的退出、发声和忠诚框架与邻里依恋密切相关。其中，"退出"与居住在受困地区者的迁居有关，意即迁离原住社区；"发声"主要指居民或居民的联合体为改变局势而做出的努力。选择退出还是选择发声，取决于居民随着时间的推移而形成的忠诚度，往往是忠诚度越高，越倾向于不退出而选择留居并发声。尽管从逻辑上讲，一个人要么搬走，要么不搬走，但在"确定"选择搬家或留下之前的考虑过程非常复杂。这取决于当时特定的环境、感知到的问题和处理或避免邻里问题的机会以及一个人的个人资源。④ 同样，与住房状况做斗争的居民的行动可能比简单地搬出或发声抱怨要复杂得多。这也表明了邻里依恋概念中的内在张力，即功能性依恋和情感性依恋之间的张力。功能性依恋主要指因所居住的社区和邻里能满足居民的各种生活方面的实际需要而形成

① M. Giuliani, "Theory of Attachment and Place Attachment, "in M. Bonnes, T. Lee and M. Bonaiuto, eds., *Psychological Theories for Environmental Issues* (Aldershot: Ashgate, 2003), pp. 137–170.

② W. A. V. Clark and V. Ledwith, "Mobility, Housing Stress and Neighbourhood Contexts: Evidence from Los Angeles, "*Environment and Planning A: Economy and Space* 38, No. 6(2006): 1077–1093.

③ M. Fried, "Continuities and Discontinuities of Place, "*Journal of Environmental Psychology* 20, No. 3(2000): 193–205.

④ A. O. Hirschman, *Exit, Voice, and Loyalty: Responses to Decline in Firms, Organizations and States* (Cambridge: Harvard University Press, 1970), p. 58.

的依恋，由于满足实际需要的功能可以被其他社区和邻里所替代，所以功能性依恋并不牢固。而情感性依恋是一个更为复杂的概念，它可能包含许多不同的情感纽带：与一个消失的地方、与共同生活在这个地方的好友或者是与将来邻里复兴的希望之间的情感联系。① 与功能性依恋比较，情感性依恋与作为依恋对象的社区和邻里之间的关系更加密切，往往是针对某个特定的社区和邻里所产生的情感反应，它往往不可替代也显得更加可靠，在一个居住地生活（很长一段时间）而形成的情感性依恋可能足以防止居民的退出。

研究表明，在贫困的社区，居民的邻里依恋水平往往较低。利文斯顿（Livingston）等人深入研究了英格兰北部四个贫困社区的邻里依恋的性质。他们发现，贫困社区的人们确实形成了邻里依恋，但这种依恋通常是情感性的，而不是功能性的。这些社区属于被剥夺型社区，因此不太可能提供认同和自尊这样的好处，但是这一事实并没有成为对邻里依恋感的障碍。② 这个发现和前面提到的弗雷德的观点是吻合的，贫困社区中的居民由于"无处可去"反而更可能形成邻里依恋。此外，邻里依恋部分取决于个人的历史和个性以及他们在迁居到新地方时应对挑战的能力。要注意的是，邻里依恋并不一定能阻碍迁居，即使是那些高度依恋的人也表示如果可以的话，他们会搬家。③ 克拉克（Clark）和莱德维斯（Ledwith）的研究也发现，满意度以及邻里是否被视为"紧密联系着的"是未来迁居行动可能性的合理预测因素，但是这个因素虽然真实存在，却只起到次要作用，并没有对迁居或留居的规划产生可衡量的影响，实际上迁居或留居的规划和决策与住房消费、所有权和收入关系更加密切。④ 这可能表明邻里依恋只是选择留

---

① M. Fried, "Continuities and Discontinuities of Place," *Journal of Environmental Psychology* 20, No. 3(2000) : 193–205.

② M. Livingston, N. Baily and A. Kearns, "Neighbourhood Attachment in Deprived Areas: Evidence from the North of England," *Journal of Housing and the Built Environment* 25, No. 4(2010) : 409–427.

③ R. Kleinhans, M. V. Land and W. Doff, "Dealing with Living in Poor Neighbourhoods," *Journal of Housing and the Built Environment* 25, No. 4(2010) : 381–389.

④ W. A. V. Clark and V. Ledwith, "Mobility, Housing Stress and Neighbourhood Contexts: Evidence from Los Angeles," *Environment and Planning A: Economy and Space* 38, No. 6(2006) : 1077–1093.

居的重要条件但不是必然保证，特别是对于那些因为缺乏迁居能力而只能"困"在现在的社区和邻里之中的居民来说，一旦他们有了迁居的需求和能力，在迁居决策过程中，邻里依恋的作用可能只是次要的。

（三）居住空间与越轨行为关系的理论研究

随着西方特别是美国发生在居住区及其附近区域的犯罪行为日益严重，学者们开始关注居住空间和犯罪行为之间的关系问题，尤其关注犯罪率比较高的公共住房社区。这个领域较早的理论研究来自著名学者奥斯卡·纽曼（Oscar Newman），他在其代表作《防卫空间》中提出防卫空间理论，以解释居住区的物理环境对犯罪行为的影响。尽管纽曼是一名建筑学和规划学学者，但他提出的防卫空间理论却重点讨论了居住空间、居住行为与犯罪之间的关联问题，因而也可以被看作住宅社会学领域的一项重要理论研究。

普鲁伊特·伊戈（Pruitt Igoe）是纽曼重点考察的一个公共住房社区，这是一个针对低收入和依赖社会救济家庭的公共住房项目。一开始，那些住户们都很满意。但是，由于缺乏监控系统，任何人都可以自由地出入公寓楼，社区及其住户们很容易成为犯罪和流氓破坏行为的目标。当邮筒、休息室、楼梯间以及电梯间被肆意破坏，犯罪分子在走廊里时常出没时，空置率开始上升，而且形成一种恶性循环，直到 1976 年该项目的 33 栋楼全部被拆除。[①] 纽曼认为，居住环境在犯罪发生率的变化中扮演着重要的角色。他还发现，与高层住房项目相比，中低层住房小区犯罪率是比较低的。[②]

基于实地考察的经验发现，他把防卫空间界定为归还给居民让他们自己富有创造性地使用的个人居室以外的公共或半公共空间。他按顺序提出防卫空间理论的四个关联的概念：领域、监控、意象和环境。就纽曼所考察的普鲁伊特·伊戈的情况看，按照相反顺序来理解他的理论可能更合适。简要来说，该理论认为犯罪等越轨行为高发的居住区（以美国的公共

---

① 〔加〕诺伯特·肖瑞尔：《住宅 6000 年：人类住宅演化史》，董献利、王海舟、孙红雨译，中国人民大学出版社，2012，第 428 页。

② 〔加〕诺伯特·肖瑞尔：《住宅 6000 年：人类住宅演化史》，第 427~428 页。

住房社区为典型）的建筑形象在周边环境中被差异化和凸显化，这导致这类居住区很可能成为犯罪行为的选定目标，随着犯罪行为的滋生，这类居住区逐渐地被污名化并形成特定的负面意象，而犯罪行为滋生的重要原因是居民领域意识的弱化及其造成的居民对领域自我监控的消失。

接下来，我们略做展开说明。首先是意象和环境。纽曼认为，高层公共住房社区通常由与周围社区明显不同的规模庞大的高层建筑群组成，其建筑材料和设施、外立面设计也与众不同，加上其居民的社会群体特征，使这样的居住区可能成为犯罪"容易命中的目标"（easy hits），并且这种形象助长了对这类项目及其居民的污名化。[1] 特别应注意的是，纽曼强调更具破坏性的是居民们对自己的居住区的形象认知，他们会认为自己居住的公益性住房项目暴露了他们的身份，让他们无法像私人公寓的业主那样生活，于是他们可能会做出过度的反应，像因犯对待监房一样，对住房和社区的维护漠不关心。更有甚者，这些居民还可能参与破坏居住区的楼道灯等各种公共设施。居住区里往往垃圾遍地，气味难闻，鼠虫肆虐，这样的居住环境一再地提醒居民，他们是低人一等的，而他们已经接受了在改变这些状况方面无能为力的现实。[2] 从中我们已经看到，往往是居民率先破坏了居住区的环境，糟糕的内部环境和与周边更大范围环境相比显得另类的居住区形象，一起造成公共住房社区成为犯罪的重要目标。而其中这种居住区的污名化标签不仅来自社会，还来自居民自身。

其次是领域和监控。纽曼提出的领域概念是指通过物理性的元素或标记加以定义的私人或半私人空间。纽曼认为应该引导和鼓励居民对这些空间区域采取专有的态度，将这些区域看作他们自己的空间，给予更多关心并对其中发生的活动施加更有力的控制，承担比在完全公共空间中更多的责任，而任何外来者都需要澄清他们的身份，从而阻止犯罪行为。纽曼认为，可以通过物理布局设计来增强居民的领域意识并增加居民的自然监控机会。而居民在其居住环境中随意和定期地观察与监视公共空间的能力，

---

[1] O. Newman, *Defensible Space: Crime Prevention Through Urban Design* (New York: Macmillan Publishing Company, 1972) , pp. 102-103.

[2] O. Newman, *Defensible Space: Crime Prevention Through Urban Design* (New York: Macmillan Publishing Company, 1972) , pp. 107-108.

是减少这些空间中的犯罪行为以及减少居民在使用这些公共空间时对犯罪的恐惧的重要因素。可以发现，这个观点类似于简·雅各布斯（Jane Jacobs）提出的"街道眼"，她认为建筑应朝向街道，以便提供对街道的自然监控。① 纽曼认为增加监控机会的物理设计包括：改进内部公共区域（如走廊和电梯）的布置，让居民可以对这些区域进行观察；调整社区公园和游乐场等外部公共区域的位置，让它们处于居民的视野之中；提供充足的照明，让夜间监视成为可能；等等。纽曼还特别强调符号化屏障的重要性，这些屏障包括不同的灯光亮度、植物、人行步道的材质等，他认为这些屏障有助于居民识别那些相对安全区域的边界，帮助居民形成一种围合感与对社区的归属感。② 纽曼认为，也许在居民中有某些"自我实现"的特点，他们如果感到此地安全，就会频繁使用它，从而进一步增强其安全性。然而，确保有监视机会并使居民能够观察到犯罪活动并不能保证居民会对他们观察到的事件做出反应甚至见义勇为，其中还需要一些条件。一方面，只有当居民可以观察私人或半私人空间并且对其中发生的事情有某种责任感时，他们才有可能进行干预。另一方面，做出行动的决定也会受以下条件的影响：观察者所产生的对其个人及财产的权利感和习惯于保护权利的程度；观察者对发生在其受影响范围以内的行为的理解程度；观察者能否确认被观察者的行为在此领域中是异常的；观察者能否认定有人受到侵害或财产遭到破坏；观察者感到自己能有效地改变事件发生过程的程度。③

有人批评防卫空间理论，认为它是一种物理决定论。这样的批评有一定的道理，但更应该看到该理论的核心其实是社会控制思想，更准确地说是一种非正式的社会控制。有学者认为这属于社会自治范畴，这种说法虽

---

① 雅各布斯在其名作《美国大城市的死与生》中提出，城市公共区域（例如人行道和街道）的安宁不是主要由警察来维持的，尽管这是警察的责任。它主要是由一个互相关联的、非正式的网络来维持的。必须有一些眼睛盯着街道，这些眼睛是街道的天然居住者。参见〔加〕简·雅各布斯《美国大城市的死与生》，金衡山译，译林出版社，2005，第32~35页。

② O. Newman, *Defensible Space: Crime Prevention Through Urban Design* (New York: Macmillan Publishing Company, 1972), pp. 78-79.

③ O. Newman, *Defensible Space: Crime Prevention Through Urban Design* (New York: Macmillan Publishing Company, 1972), pp. 63.

然不能算错，但失之宽泛，因为社会自治有着比社会控制更多更复杂的内涵。纽曼将物质的居住环境与社会自我控制以及实质上与社会自治相关的观点有机地融合起来，指出特定社区犯罪行为形成的空间和社会机制，这对住宅社会学而言无疑有着很高的理论价值。

在纽曼之后，有学者进一步研究发现公共住房项目的规模对犯罪率有影响，集中公共住房导致项目所在街区的犯罪率更高。[1] 多年来，一直有学者关注这个方面的研究。例如，格里菲斯（Griffiths）和蒂塔（Tita）运用社会网络理论分析了公共住房社区的犯罪行为。她们发现，数十年的公共住房政策的意外后果之一是将穷人集中在经济处于极端劣势的社区内，与其他类型的弱势社区相比，公共住房社区居民的失业率比较高，加上种族隔离的存在，种种不利条件减少了他们与同事和居住在社区之外的其他人建立联系的机会，极大地限制了他们的社会范围，同时这种社会孤立也将他们与周边地区的居民和社会机构隔离开来，这导致公共住房社区的暴力案件发生率要高得多。但是，与更大社区的社会隔离既可能使公共住房社区内居民之间的暴力问题升级，又会遏制暴力犯罪蔓延到其他的社区。[2]

二 国内居住行为理论研究

近30年来国内关于居住行为的研究进展较快，成果也比较多，但是客观地说，大部分研究都侧重于对居住行为的表现和特点进行描述，而借用社会学理论或其他学科理论作为研究框架展开分析的研究比较鲜见，通过研究来构建新理论的成果更是几乎没有。这可能是国内住宅社会学学界理论化意识不强的一种表现，造成的结果是这个领域的既有研究在议题上显得较为分散，研究取向上以现状描述与经验总结为旨归，学术意味和理论建树均较为欠缺。在为数不多的理论研究中，关于农民工居住行为和居住

---

① D. W. Roncek, R. Bell and J. M. A. Francik, "Housing Projects and Crime: Testing a Proximity Hypothesis, "*Social Problems* 29, No. 2(1981) : 151-166.

② E. Griffiths and G. Tita, "Homicide in and Around Public Housing: Is Public Housing a Hotbed, a Magnet, or a Generator of Violence for the Surrounding Community?" *Social Problems* 56, No. 3 (2009) : 474-493.

维权行为的理论研究具有一定代表性。

（一）农民工居住行为的理论研究

随着我国改革开放后大量农村剩余劳动力向城市流动成为农民工，他们的迁移状况成为学界高度关注的议题。与极为丰富的农民工迁移研究相比，针对他们的居住研究相对较少。刘保奎发现农民工居住行为选择是一个复杂、综合的过程，受到经济、社会、文化、心理、空间等多种因素的影响，基于对北京外来农民工住房权属、租金、区位、住房条件选择进行定量研究的结论，刘保奎从主观偏好和客观约束角度切入，将农民工居住行为选择的内在逻辑概括为有限能动与社会制约，即农民工的居住选择是发挥个人能动性的结果，同时也是社会制约的结果，并且这种个人能动性由于受到更为显著的社会制约而显得非常有限，是有限的能动。

一方面，从社会制约角度看，首先，农民工租房与否主要取决于雇主是否提供住宿，而在劳动力充分供给的背景下，农民工基本上没有与雇主进行谈判的能力，因此只能被动地接受，所以在租房与否的选择上，农民工面临的是来自雇主的刚性约束。其次，受到租金预算的弹性约束，一般来说，农民工会将房租预算及其他生活成本压缩到最低，于是他们选择居住行为和居住空间的余地较小。最后，受到就业地点的柔性约束，通常情况下，农民工倾向于选择靠近就业地点的住房，以尽可能地节省通勤带来的经济和时间成本。另一方面，从能动性角度看，农民工在社会制约下，也会发挥有限的能动性，适度地考虑自己的居住偏好。受到相同社会制约的不同农民工可能选择差别较大的住房，这种差别往往受到不同农民工的性别、年龄、性格等因素的影响。与社会制约因素相比，这种居住偏好是次要的，这种能动性也只能是在社会制约下的有限能动。

刘保奎认为，一般地看，人们在面对有约束的选择时，通常会先考虑那些约束更强的维度，如果能通过，则可以继续该选择过程，进一步考虑约束强度次之的维度，一旦无法通过强约束，则会跳出这一选择过程，重新开始选择。这反映到农民工居住选择的逻辑上，表现为尽管农民工不同维度的居住选择几乎是同一时间发生的行为，但仍然存在逻辑先后顺序，即首先权衡约束最强的维度并做出决策，其次再考虑约束程度次之的维度，并且约束越弱，决策的次序越靠后，最后发生的是主观能动的选择。具体地看，农民工一般会先考虑住房权属，再考虑租金和租房的地点，最后才会考虑自己的住房条件偏好。① 总体上看，国内这方面研究的理论化程度仍然不高，这也是造成相关研究的学术积累不足的重要原因。

（二）居住维权行为的理论研究

20 世纪 90 年代中期以来，随着我国城市化进程加快推进以及城镇住房制度改革的不断深化，在城镇居民住房水平和居住质量日益提高的同时，住房问题也迅速增多并且越来越复杂。在此背景下，有些学者开始关注住房问题和居住矛盾引发的居住维权行为。与前面分析的居住行为不同的是，学者研究的居住维权主要是一种集体行为。国内著名学者郭于华等人曾在这方面做过比较深入的探讨。

郭于华等人基于实践社会学的基本立场，强调将社会事实看作一种动态的实践过程，把居住视为中国社会转型的重要内容，并将其上升到"居住的政治"高度，以解析其中国家、市场和社会的复杂互动关系及其内在的机制和逻辑。② 现实中，作为主流住房类型的商品房的核心要素是产权，作为产权所有人的业主感到其产权受损时，就可能会选择维权行为，这类维权行为属于"权利取向的抗争"。

学者们借用公共领域理论以及阿伦特的相关思想，为居住维权行为的产生提供了一个基本认识框架。一方面，他们认为，无论是改革前还是改革后，中国社会背景下人们的日常生活始终弥漫着国家权力的渗透、构造和控制，从而使得人们的日常居住生活变成了一种国家事务，并成为国家治理的重要内容。此时，居住就因此获具政治的含义，即形成"居住的政治"。③ 另一方面，居住的物质性满足，也使得人们对精神生活的品质提出了更多、更高的要求。这种从个人物质生活向公共精神生活的转变，正是建立在居民成为住房主人这一基础之上的，也就是说，当住房成为一种私

---

① 刘保奎：《选择·流动·聚居：农民工居住行为与空间效应》，中国建筑工业出版社，2015，第 110~113 页。
② 郭于华、沈原、陈鹏主编《居住的政治》，广西师范大学出版社，2014，第 2 页。
③ 郭于华、沈原、陈鹏主编《居住的政治》，第 14~15 页。

有财产时，实际上也就打开了通往公共生活之门。正如阿伦特所言："占有财产意味着握有一个人自身生活的必需品，因而潜在地成为一个自由人……私有财富成为进入公共生活的前提条件。"一个人在拥有了自己的财产之后，才可能形成独立的人格、自由的表达意识，才可能积极关心自身的利益并参与公共讨论。[1] 由此，在国家与居民（业主）之间便形成了一种张力关系，当业主感到必须通过维权的方式来表达和保护自己的利益时，这种张力就会转变为维权行为甚至冲突。

接着，学者们引入"政治机会结构"概念，说明在中国特定的制度背景与社会环境中，居住维权的"机会结构"和行动空间都难以出现，维权行动大多会以失败告终。但这样的维权行为依然具有如下的重要意义：很好地体现和发扬了行动者的能动性，其能动性体现在不断地触碰、试探结构的边界，在狭窄的缝隙中扩大空间；同时，行动者的权利意识逐渐被唤醒，作为行动者的主体性也在抗争实践中生成和形塑。[2] 进一步地，依照图海纳的行动社会学理论的指引，学者们继续从业主（行动者）的视角分析其如何获得更大的政治机会空间。他们认为，对于维权的业主来说，可能需要具备三个条件，而这三个条件恰恰可以构成研究此类问题的具体分析框架。其一，公民的勇气，这是由瑞典社会学家斯威德伯格提出的概念，意指为了信念而勇于行动，即使冒着为其信念支付高昂代价的风险，这是对"行动者的主体性"的具体指称，它包含了慎思、行动、制裁和扩散等几个步骤。其二，生活的智慧。其来自主体的生命体验，与不同生命传记背景相关。它有助于行动者在居住维权过程中，在种种结构的限制中将维权行为"实作"出来，这样才有可能达到维权的目的。其三，主体的行动策略。具体包括程序空间的洞察、分寸尺度的拿捏和制度设置的利用。[3] 应该说，该研究比较成功地将国内外相关理论与国内居住维权行为现实结合了起来，并进一步推进了相关理论思想的发展，也提出了一些新的观点，为居住行为理论研究提供了一个较好的范例。

---

[1] 郭于华、沈原、陈鹏主编《居住的政治》，第 17 页。
[2] 郭于华、沈原、陈鹏主编《居住的政治》，第 26 页。
[3] 郭于华、沈原、陈鹏主编《居住的政治》，第 281~299 页。

第六章 居住分化的社会理论研究

从学术研究的持续时间、参与广泛程度、研究成果丰富程度等方面衡量，居住分化很可能是住宅研究最具代表性的一个研究领域。西方学界最早的居住分化研究之一是恩格斯对英国城市的住宅研究，其后100多年来相关研究赓续不绝。国内研究主要开始于20世纪90年代，进入21世纪后，相关研究蔚为大观并成为住宅研究的一脉主流。在这个领域中，住宅社会理论研究取得的进展更加集中和显著，在不同理论之间的对话更加频繁与深入的同时，不同的理论取向与理论发现之间的分歧与对立也更趋明显。

一　恩格斯关于居住分化的政治经济学研究

众所周知，在恩格斯的论著中与住宅研究最密切相关的有两部，一部是主要讨论住宅问题解决方案的《论住宅问题》，而另一部《英国工人阶级状况》[①] 则着重描述和分析英国的居住分化及其形成原因。在《英国工人阶级状况》这部堪称社会学特别是住宅社会学的经典文献的著作中，青年恩格斯自述他"在二十一个月内从亲身的观察和亲身的交往中直接研究了英国的无产阶级，研究了他们的要求、他们的痛苦和快乐，同时又以必要的可靠的材料补充了自己的观察"[②]，"根据亲身观察和可靠材料"[③]，恩格斯对当时英国伦敦、曼彻斯特等一些大城市的工人阶级居住状况进行了十分全面深入又极为详细生动的考察描述，并且展现了工人阶级住宅与资产阶级住宅的鲜明对比——"每一个大城市都有一个或几个挤满了工人阶

---

① 《马克思恩格斯全集》（第2卷），人民出版社，1957，第269~587页。
② 《马克思恩格斯全集》（第2卷），第278页。
③ 《马克思恩格斯全集》（第2卷），第269页。

级的贫民窟。的确，穷人常常是住在紧靠着富人府邸的狭窄的小胡同里。可是通常总给他们划定一块完全孤立的地区，他们必须在比较幸福的阶级所看不到的这个地方尽力挣扎着活下去。英国一切城市中的这些贫民窟大体上都是一样的；这是城市中最糟糕的地区的最糟糕的房屋，最常见的是一排排的两层或一层的砖房，几乎总是排列得乱七八糟，有许多还有住人的地下室。这些房屋每所仅有三四个房间和一个厨房，叫作小宅子，在全英国（除了伦敦的某些地区），这是普通的工人住宅。"① 总的情况就是，"工人住宅到处都规划得不好，建筑得不好，保养得不好，通风也不好，潮湿而对健康有害。住户住得拥挤不堪，在大多数场合下是一间屋子至少住一整家人。至于屋子里有多少家具，那就随贫穷的程度不同而有所不同，最穷的连最必需的家具都没有"②。

有理由相信，当生活比较优渥的恩格斯进入并看到工人阶级极其糟糕的住宅和生活环境时，他可能很快就意识到运用马克思主义的政治经济学来深刻地做出分析和批判就是最理想也最现实的唯一选择。恩格斯所做的研究是由两个内在相关的部分构成的。恩格斯首先运用生产力与生产关系原理解释英国工人阶级的形成，其后运用剩余价值理论分析英国工人阶级的工资水平进而对其居住状况做出解释。

（一）英国工人阶级的形成

恩格斯从生产工具变革的角度入手开始分析。按照马克思主义政治经济学的观点，在作为构成生产力的一个基本因素的生产资料中，起主导作用的是生产工具，而社会生产的发展往往是从生产工具的变革开始的。这一点在工业革命的历史进程中体现得极为典型。

恩格斯说，在使用机器以前，纺纱织布都是在工人家里进行的。妻子和女儿纺纱，作为一家之主的父亲把纱织成布；如果他自己不加工，就把纱卖掉。这些织工家庭大部分住在靠近城市的农村里，他们把纱和布交给跑四方的包买商，从他们那里取得工资，靠自己挣的钱也能生活得不错，

① 《马克思恩格斯全集》（第2卷），第306页。
② 《马克思恩格斯全集》（第2卷），第357页。

大部分织工甚至还能够积蓄一点钱，并且租一小块地在空闲的时候耕种。使英国工人的状况发生根本变化的第一个发明是珍妮纺纱机（1764年）。普通的手摇纺车只有一个锭子，而珍妮纺纱机有16~18个锭子，只要一个人摇就行，因而能够生产比过去多得多的纱。因为织工在织机旁能赚更多的钱，他们就逐渐抛弃自己的农业生产而专门织布。兼营农业的织工阶级就这样逐渐完全消失而变成了一个新兴的织工阶级，他们光靠工资生活，没有丝毫财产，甚至连虚假的财产（如一小块租来的土地）也没有，这样，他们就变成了无产者（working men）。而且这架最初的很不完善的机器的出现，不仅推动了工业无产阶级的发展，还促进了农业无产阶级的产生。在这以前，有许多小的土地占有者，即所谓自耕农。在产业工人放弃农业以后，许多土地闲置，在这些土地的基础上就产生了新的大佃农阶级，他们因为耕作得较好而且经营规模较大，所以能提高土地的收益。他们的产品可以比小自耕农卖得便宜，而小自耕农除了卖掉那块已经不能养活自己的土地去买一部珍妮纺纱机或织机，或者到大佃农那里去做短工即做一个农业无产者以外，就再没有其他任何办法了。

随着新机器的发明以及这些发明的不断改进推动产业革命，机器劳动在英国工业的各主要部门中战胜了手工劳动。结果是无产阶级的人数更加迅速地增长，工人阶级失去一切财产。所以，恩格斯才会在这部著作开篇导言的第一句话就说"英国工人阶级的历史是从18世纪后半期，从蒸汽机和棉花加工机的发明开始的"[1]，并且指出"产业革命的最重要的产物是英国无产阶级"[2]。大资本家和没有任何希望上升到更高的阶级地位的工人代替了以前的师傅和帮工，"随着从前的手工业生产的被消灭，随着小资产阶级的消失，工人也没有任何可能成为资产者了。从前，他们总有希望自己弄一个作坊，也许将来还可以雇几个帮工；可是现在，当师傅本人也被厂主排挤的时候，当开办独立的企业必须有大量资本的时候，工人阶级才第一次真正成为居民中的一个稳定的阶级，而在过去，工人的地位往往是走上资产者地位的阶梯"[3]。现在，作为工人的人除了一辈子做工人，就

---

[1] 《马克思恩格斯全集》（第2卷），第281页。
[2] 《马克思恩格斯全集》（第2卷），第296页。
[3] 《马克思恩格斯全集》（第2卷），第296~297页。

再没有别的前途了。正因为如此，在资本主义日益僵固化的社会阶层体系中，失去向上流动机会的工人阶级只会沦为所谓的"稳定的阶级"。

（二）英国工人阶级的工资与居住状况

恩格斯明确地指出不应当到小的欺压现象中去寻找工人阶级处境悲惨的原因，而应当到资本主义制度本身中去寻找，也就是要运用政治经济学的基本原理与方法，寻找资本主义制度必然导致工人阶级悲惨处境的根源。在恩格斯的论述中，主要从住房供应和住房消费两个方面展开分析。一方面，在住房供应上，在资本主义制度下，资本家出于逐利的需要，必然会以最低的成本来建造最多的住房，以最大限度地获取利润。恩格斯说道："地价随着工业的发展而上涨，而地价愈是涨得高，就愈是疯狂地在每一小块土地上乱盖起房子来，一点也不考虑居民的健康和方便，唯一的念头就是尽可能多赚钱，反正无论多坏的小屋，总会找到租不起好房子的穷人的。"[①] 另一方面，在住房消费上，工人阶级的消费能力在资本家的剥削之下，必然只能不断地被压到更低的水平上。劳动力的劳动时间包含两个部分：一部分是必要的劳动时间，用来再生产劳动力的价值；另一部分是剩余劳动时间，无偿地为资本家生产剩余价值。资本家获取超额利润有两种主要方式，一种方式是通过延长工人劳动时间来获取绝对剩余价值，另一种方式是压缩必要劳动时间，延长剩余劳动时间。直白地说，资本家想尽可能多地获取超额利润就必须尽可能地压低工人的工资水平，而工人凭借不断降低的工资水平还能够维系其生产和再生产活动，必然意味着将生活资料水平不断下降到新的最低水平，工人阶级只能在资本家提供的糟糕的住房中寻求栖身之所。总之，恩格斯发现，"工人不得不住在这种恶劣的小宅子里面，是因为他们没有钱去租较好的房子，或者是因为他们做工的工厂附近没有较好的房子，有时也因为这些小宅子是厂主的，厂主只是在工人租他的小宅子时才给工人工作"[②]，于是便出现了恩格斯所看到的工人阶级的居住状况。

---

① 《马克思恩格斯全集》（第 2 卷），第 336 页。
② 《马克思恩格斯全集》（第 2 卷），第 341 页。

恩格斯进一步解释为什么工人阶级不得不接受资本家给付的低工资，甚至当资本家不断延长工人劳动时间时，也并未引发大规模的抗争。资本家是如何做到这一切的？恩格斯认为是通过竞争，更准确地说是在机器化大工业进程中的双重竞争。一方面是通过机器排斥人，另一方面是竞争最充分地反映了流行在现代市民社会中的一切人反对一切人的战争。这个战争，这个为了活命、为了生存、为了一切而进行的，因而必要时也是你死我活的战争，不仅在社会各个阶级之间进行，而且也在这些阶级的各个成员之间进行；一个人挡着另一个人的路，因而每一个人都力图挤掉其余的人并占有他们的位置。工人彼此竞争，资产者也彼此竞争。机器织工和手工织工竞争；失业的或工资低的手工织工和其他有工作的或工资高的织工竞争，并力图把他们挤掉。工人彼此间的这种竞争对于工人来说是现代各种关系中最坏的一面，这是资产阶级对付无产阶级的最有力的武器。

《英国工人阶级状况》是恩格斯于1844年9月至1845年3月完成的作品，其时，马克思的政治经济学思想尚处在孕育阶段，青年恩格斯运用政治经济学原理对英国工人阶级居住状况的分析仍带有比较明显的探索性特征，但不可否认，恩格斯在其分析中已经自觉地运用到了生产力与生产关系理论、劳动价值论和剩余价值生产理论等政治经济学的基本理论和原理，对英国机器大工业带来的生产力发展和生产关系变化做出了深刻研究，对这一时期英国城市中工人阶级居住状况进行了生动描述和深入分析，不仅为后来的《论住宅问题》中对住宅问题解决的根本方案的研究提供了重要的经验材料和理论基础，更重要的是为住宅问题的社会理论研究提供了一个经典范本，同时开创了住宅理论研究中的批判理论范式，而其用以批判的理论武器则是马克思主义政治经济学以及阶级矛盾原理，尤其需要注意的是，恩格斯对资产阶级与工人阶级（无产阶级）的划分依据既包括了生产资料，又也包含了包括居住条件在内的最广泛的意义上的生活资料。恩格斯说，资产阶级垄断了一切生活资料，无产者所需要的一切都只能从资产阶级那里得到，资产阶级给他们生活资料，但是取回"等价物"即他们的劳动。[①] 基于此，在恩格斯对住宅问题的研究中，作为一种

---

① 《马克思恩格斯全集》（第2卷），第360页。

生活资料的住宅被放置于政治经济学以及阶级分析框架和范式之中，并处在一种独特而深刻的批判眼光和理论视野中。而对于当代资本主义社会住宅问题的批判性理论研究，特别是对于那些力图将马克思主义理论尤其是阶级分析带回住宅研究的学者们来说，恩格斯的住宅研究无疑提供了一个极为重要的经典范例，起到了重要的理论启示和思想鼓舞的作用。

二　人类生态学与空间的政治经济学理论

20 世纪初，美国社会学理论发展整体上落后于欧洲，但是芝加哥大学的帕克、伯吉斯、麦肯齐等人借鉴自然科学领域的生态学学科的概念、理论和方法对人类社会进行研究，逐渐形成颇具特色的人类生态学理论。有学者认为，"从美国社会学发展史角度来讲，人类生态学是美国第一个完全意义上的本土社会学理论"[1]。人类生态学始终关注城市空间及其分化，该理论认为空间绝不是中立的和均质的，城市空间一定是分化的，并且往往会呈现特定的分化特征与形状。正如伯吉斯所说，"城市不断分化成自然的经济、文化区域，这给城市自身带来了特定的形式与特征。分化和区隔确立了群体以及组成群体之个人在城市生活总体结构中的位置与角色"[2]。伯吉斯的同心圆理论、霍伊特的扇形理论和哈里斯（Harris）与厄尔曼（Ullman）的多核心理论，都是对城市空间分化格局进行描述与解释的"理想类型"。这三种理论着重论述了城市居住空间的分化特点及其过程，虽说所持的观点不尽相同，但都主张城市中的居住空间必然分化为不同档次的等级化住宅区，而且不同住宅区一般会在城市的不同区位中集聚并形成一个个自然区域，即共同生活的地域单元。在伯吉斯那里，不同住宅区之间表现出同心圆关系；霍伊特发现它们会形成一种放射状的扇形结构；而哈里斯与厄尔曼则认为城市中职能机构、居住区位与环境资源之间相互依赖并聚集而形成不同的居住区块。对于居住空间分化过程，伯吉斯

[1]　蔡禾主编《城市社会学：理论与视野》，第 16 页。
[2]　〔美〕欧内斯特·W. 伯吉斯：《城市的发展：一项研究计划的导言》，载〔美〕罗伯特·E. 帕克等《城市——有关城市环境中人类行为研究的建议》，杭苏红译，商务印书馆，2016，第 69 页。

认为其表现为一种共生与竞争、集中与分散、侵入与接替的基本生态过程，而造成这样的过程的因素和力量是什么呢？首先是市场竞争的作用，其遵循优胜劣汰的生物性竞争法则，允许优势群体通过其更多的经济资源垄断高质量的住房和居住空间。其次是筛选机制的作用，其按照居住地和职业，对个人和群体进行筛选、分类和重新安置，逐渐形成美国城市中的居住空间的分化和区隔的典型模式。"社区内的每一个群系或生态组织都如同一个具有筛选性的磁体，吸引与其相适应的人口，并排斥某些不协调的个人和群体，从而使城市人口在生物学和文化层面上发生分化……产生了具有不同风俗道德、观念态度和市民利益的文化区域。"①

人类生态学理论的基本假设是围绕城市空间的经济竞争形成了一种空间秩序。它假设所有或大多数人都有共同的经济利益，某种有利于一个群体的城市设计，也有利于所有其他群体。可见，该理论具有比较明显的功能主义特点和保守主义色彩。但是，如果考虑到特定时空下资源的稀缺性，考虑到由社会生产并提供的每个人所需要的产品是不可能完全充足的这个现实，就能够看到那些掌握财富的个人和机构往往在竞争中占据优势的客观事实。基于这些考虑，许多学者持有的前提假设是认为拥有不平等资源的群体之间的冲突才是不一致与非共享的利益的真实反映。一方面，在现实社会中，雇主与工薪阶层、富人与穷人、有产权者与无产权者、原住民与移民甚至男人与女人，往往是利益分化甚至对立的不同群体。另一方面，各种政策与决策对不同群体通过竞争获取利益和机会的能力的影响往往很不相同。

空间的政治经济学②即是基于上述假设的一个重要理论。空间的政治经济学研究的是政治决策和社会政策如何与不同社会阶层的经济利益相衔

---

① 〔美〕R.D.麦肯齐：《研究人类社区的生态学方法》，载〔美〕罗伯特·E.帕克等《城市——有关城市环境中人类行为研究的建议》，第91页。

② 此处所说的空间的政治经济学兴起于20世纪六七十年代，代表人物主要有亨利·列斐伏尔、大卫·哈维、汤姆·索亚等，他们继承了马克思主义政治经济学的一些基本原理和观点，但认为马克思主义理论着重于时间维度的历史分析，擅长于生产领域的劳资冲突研究，忽视了空间的政治经济研究价值。基于这样的认识，这些学者聚焦于空间维度的资本主义社会生产与生活领域的政治经济学研究，由于其清晰而独特的空间研究特征，他们的学说被称为空间的政治经济学。

接，在竞争中进行干预，从而有利于或不利于特定行为者群体的不同和经常对立的目标。① 而当代空间的政治经济学家所提出的问题与马克思提出的问题是一致的，他们都关注资本积累与阶级冲突问题。按照美国著名城市社会学家弗兰纳根（Flanagan）的观点，来自马克思主义理论的空间的政治经济学通过对人类生态学理论的批判提出了对资本主义社会城市空间发展模式的一种替代性解释。这种替代性解释将城市视为市场力量和资本积累的空间表达，也看作一个阶级利益冲突的舞台，在这个舞台上，高效便捷的市场运作需求与劳动力需求之间相互冲突。② 此外，与人类生态学理论强调经济竞争形塑空间的观点不同，空间的政治经济学格外重视政府通过规划影响城市空间的能力，进一步说，对权力因素在空间生产与空间关系变化过程中的作用给予关注。

我们将人类生态学理论与空间的政治经济学理论放在一起讨论，主要原因在于许多西方学者将这两种理论看作具有互补性的理论组合，并把它们放在一起对居住空间分化现象展开分析。在这些学者看来，空间的政治经济学理论对人类生态学理论的批判表明两者存在分歧与差异，但正如功能主义理论与社会冲突论之间的关系，这种分歧与差异来自对社会事实的不同侧面的关注与强调。同时，这些学者也看到两者之间存在的共同点：都高度重视社会研究的空间维度；主张空间不是中立的，在社会关系和空间结构的构型过程中，空间是重要的生产力量。因此，对于追求更加完整的认知效果的研究而言，恰恰有必要将两者组合成一柄"分析之钳"，以收取长补短之效。

例如，雷切尔·德怀尔（Rachel Dwyer）的研究③表明，20世纪80年代尤其是20世纪90年代以来，新住房变得更加由富人主导，在20世纪末住房越来越趋向分层和隔离，优势群体通常占据较新的住房，它们通常位于偏远的郊区，而中心城市或内环郊区的旧区则被"留给"弱势阶级和种

---

① W. G. Flanagan, *Urban Sociology: Images and Structure* (the fourth edition) (Boston: Allyn & Bacon, 2002), p. 265.

② W. G. Flanagan, *Urban Sociology: Images and Structure* (the fourth edition) (Boston: Allyn & Bacon, 2002), p. 253.

③ R. E. Dwyer, "Expanding Homes and Increasing Inequalities: U. S. Housing Development and the Residential Segregation of the Affluent," *Social Problems* 54, No. 1(2007): 23-46.

族群体。德怀尔认为，在美国大都市地区不断建造新住房是使大都市的高地位和低地位人口之间的不平等和隔离永久化的核心机制。如何针对这种居住分化现象做出理论解释呢？运用人类生态学理论得出的解释是美国大都市区的空间分层主要是通过市场竞争的运作形成的，其允许优势群体通过其更多的经济资源占有最高质量的新住房。这种住房分层与其他形式的不平等相互作用，也许最重要的是收入不平等，住房不平等即反映了收入分配的不平等，住房不平等，更准确地说是住房所有权的不平等，通过与居住地相关的机会结构（教育、政治权力、社会资本等），将社会阶层距离转化为空间距离，然后反过来再导致收入不平等的产生。因此，可以预期一种分层结构的变化，特别是重大变化会影响另一种分层结构，如 20 世纪末美国收入不平等的显著加剧。空间的政治经济学理论则认为，住房市场的收入分层不仅由市场力量推动，而且还是由有利于某些类型的发展和人口群体的社会制度与政策构建的。从这种观点来看，新住房在美国经济领域的重要性部分缘于联邦住房政策的定位是支持市场提供新住房（远远超过公共住房或翻新旧住房），即联邦制定了无数直接和间接的政策，其涉及领域包括联邦贷款保险、高速公路的建设和地方治理结构，这些政策过度补偿了富人。结果是大都市地区的发展不平衡，资源流向那些新的增长区域，使老旧地区发生萎缩，并助长了优势群体和弱势群体之间的居住隔离。正如人类生态学和空间的政治经济学理论所预期的那样，经济不平等的加剧和住房政策的变化进一步改善了富人的命运，这典型地反映在住房的生态和分层结构的变化上。

又如，罗厄（Rohe）和弗里曼（Freeman）运用政治经济学理论和人类生态学理论对美国公助住房的选址及其造成的居住分化进行研究。[①] 种族视角的政治经济学研究指出种族主义和地方精英的选择是决定美国城市空间的关键因素，就公助住房选址来说，其主要受社会中子群体的相对政治权力的影响。1937 年的《住房法》赋予地方公共住房部门而不是联邦政府确定公共住房（公共住房包含公助住房）选址的权力，地方精英有权将

---

① William M. Rohe and L. Freeman, "Assisted Housing and Residential Segregation: The Role of Race and Ethnicity in the Siting of Assisted Housing Developments," *Journal of the American Planning Association* 67, No. 3(2001) : 279-292.

公助住房选址在阻力最小的地区。由于对社区来说，公助住房开发通常被视为不受欢迎的一种额外补充，因此其往往被布置在政治地位最低的群体所居住的地区，也就是少数种族和族裔群体以及穷人比例相对较高的地区。另外，人类生态学理论表明，公助住房更有可能建在住房价值较低、自有产权的独户住房比例较低、已建有 HUD（美国住房和城市发展部）公助住房、较靠近 CBD 的地区。

尽管到 20 世纪 40 年代由帕克等人创建的人类生态学理论走向衰落，甚至有人认为该理论"已经死亡"，然而时至今日，该理论流派对城市社会包括居住空间研究仍具有很大影响。至于空间的政治经济学理论，不论是上文提到的马克思主义城市理论"三剑客"的贡献，还是当代在新住宅社会学领域的某种复归倾向，都表明其强大的理论生命力。如果说任何理论都有其片面性，那么各有其片面性也具有互补性的人类生态学理论与空间的政治经济学理论，在未来的住宅理论研究中，应该有着组合运用进而形成新的理论生长点的潜力。

三 "住房阶级"理论

雷克斯和墨尔在 1967 年出版的《种族、社区和冲突》一书中首次提出"住房阶级"理论[1]，其成为住房分化理论和住宅社会学理论的一个重要部分，按照凯梅尼的说法，该理论的提出，不仅标志着而且推动了住宅社会学理论研究的概念化与理论化状况的根本性变化。

雷克斯和墨尔通过对英国的工业城市伯明翰的经验研究发现，城市在发展进程中逐渐出现许多在空间上互相隔离的次级社区，不同阶层的居民往往居住在相应的次级社区之中，进而形成比较典型的"区位模式"。这种"区位模式"的形成主要受到两方面因素的影响。一方面，居住的地理空间出现日益明显的差异，这主要表现在城市郊区与内城区的分化上，城市郊区代表着新的居住空间和生活方式，而内城区则成为日渐破败的"夕阳地带"，同时在私人住房与政府兴建的公共住房之间以及拥有住房所有

---

[1]　J. Rex and R. Moore, *Race, Community and Conflict* (New York: Oxford University Press, 1967) .

权和租赁住房之间也存在着诸多差别。更重要的是，在社会认知层面上，不同居住区位和地段、不同住房类型、不同产权属性，逐渐被赋予了不同的社会地位与阶层身份的符号意义，而且这种符号意义是被社会成员所认同的。在这里，雷克斯和墨尔引出了其理论模型的一个重要前提假设：城市在某种程度上拥有一个相对一致的地位－价值判断体系。拥有郊外住房被视为身份和地位的象征，城市居民普遍怀有迁居郊外的愿望，这就使得郊外住房成为一种稀缺资源，而获得这一稀缺资源的途径在城市居民中的分配是不平等的，了解获得稀缺住房类型的途径以及住房在城市人口中的配置状况成为理解城市生活机会分配的关键所在。同时，不同群体对同一种资源的争夺至少构成了一种潜在的冲突。[1] 另一方面，对不同个体而言，在住房市场中，个人的市场能力存在差异，个人获得住房资源的途径往往也不相同。一般来说，个人获得稀缺的住房资源主要是通过市场竞争机制和科层制的分配机制两种途径。在伯明翰，个人能否获得稀缺的郊区住房受制于由当地政府制定的两项标准。一是个人的收入水平及收入保障。城市住房协会等有关机构根据这项标准认定个人是否有资格获得购买私有住房的信用贷款，这一规定明显有利于收入较高且稳定的中产阶层以及部分工人。二是对申请政府兴建的公共住房资格的认定。伯明翰的城市住房部门规定，只有在当地居住 5 年及以上者才有资格申请公共住房，这就将新移民有效地排除在外。至于那些满足了条件的移民，他们还要接受有关部门的等级评定以确定他们有资格获得哪类公共住房。伯明翰的白人中产阶层可以通过市场机制获得私人拥有的郊区住房，白人劳工阶级可以通过政府科层制的分配机制得到位于郊区的公共住房，其他的城市居民尤其是移民则只能在内城区的过渡地区找到栖身之处。[2]

简单地说，当居住空间分化并被赋予相应的符号价值后，人们根据价值判断和获取住房资源的能力与途径，入住相应的居住空间，并因此逐渐形成雷克斯和墨尔所划分的五类"住房阶级"：通过现金购买方式拥有属于自己的住房并住在最令人满意地区的居民；通过信用贷款方式拥有属于

① 蔡禾主编《城市社会学：理论与视野》，第 193 页。
② 蔡禾主编《城市社会学：理论与视野》，第 193~194 页。

144

自己的住房并住在最令人满意地区的居民；住在政府兴建的公共住房中的居民；通过抵押贷款等方式拥有属于自己的住房，但住在不太令人满意地区的居民；租住私人住房，住在不太令人满意地区的居民。[①]

雷克斯和墨尔被看作新韦伯主义的代表人物，其原因在于他们承袭和沿用了韦伯的理论中所包含的两个重要立场和论点，一是将城市视为社会-空间的复合体系的观点，二是以市场情境中的生活机会划分阶级的观点，同时他们十分关注作为行动者的个体对意义和价值的赋予与解释的作用。在这个意义上，他们提出的"住房阶级"理论也可以被看作一种新韦伯主义理论。这一理论的合理性主要表现在两个方面。一方面，实体空间是住房的基本属性，从实体空间属性入手研究住房及其分化包含了必要的出发点和基本的分析维度，而空间研究恰恰是马克思主义理论未加以足够关注的地方。同时，看到作为人造物的住房和居住空间具有社会属性和社会功能，并且借由实体空间来承载和表达这种社会性，在住房的空间性与社会性之间存在互构的关系，这不仅把握到了住房的社会-空间双重属性，更为社会学开展住房及其空间分析进一步推开了理论研究之门。另一方面，将韦伯的市场能力、生活机会等概念和理论引入居住分化和分层研究中，由于住房市场中的市场能力、生活机会侧重于结构取向，强调市场能力和市场中的生活机会对个人行动的作用和影响，同时又秉持韦伯主义重视个体行动价值的一贯立场，注重对个体的能动性和自主性的分析，从而将结构-能动理论作为住房及其分化研究的重要分析框架。应该说，这一理论框架对于分析作为一种基本生活资料的住房来说是相对适合和可取的。从后来的住房理论研究看，既有以结构取向为主的研究，也有以能动视角为主的研究，但这些研究往往因为其在结构和能动之间的偏向而被诟病，目前越来越多的国外学者开始意识到采用结构-能动理论视角研究住宅问题的解释力及其价值。

然而，"住房阶级"理论所受到的批评也同样不少，其中有些批评可谓切中肯綮，这些批评往往与其抱持的新韦伯主义理论立场有一定的关系。学者们的批评集中在三个方面。

---

① 蔡禾主编《城市社会学：理论与视野》，第 194 页。

第一，很多学者对雷克斯和墨尔提出的城市居民拥有一个比较一致的地位-价值判断体系这一观点进行了批评。前面提到过，该观点认为在城市中不同居住区位和地段、不同住房类型、不同的产权属性之间，往往存在优劣好坏之分。那些优质的住房资源是人们所向往的和愿意选择的，因而也一定是稀缺的。大体上，拥有产权的住房优于租赁的住房，公共住房优于自建房，郊外住房优于内城区住房，等等，那些具备市场能力的个体会倾向于向优质居住空间迁移。但是，兰伯特（Lambert）等人认为，在城市现实中从未存在过这样一个单一价值体系。库珀（Couper）和布林德利（Brindley）的实证研究发现，有1/3的公共住房申请者更愿意住在内城区而不是去郊外，有一半左右的租房户更愿意租房而不是选择购房。[①] 对此，雷克斯的回应是地位-价值判断体系是一个主导但并不唯一的价值模式，更多复杂价值模式的建立应该以其为基础。[②] 雷克斯的回应虽显大度却难掩其理论的局限之处，雷克斯和墨尔未能充分地证明这种地位-价值判断体系存在并且是一种主导模式，这导致"住房阶级"理论的基本前提假设难以成立。

第二，"住房阶级"的界定标准以及如何划分的问题引致学者们的批评。一方面，在雷克斯和墨尔那里，强调以不同个体和群体在住房资源的获取途径上的分化与不平等作为界定"住房阶级"的标准，但他们所划分出的五类"住房阶级"却主要以人们的居住状况为分类标准。雷克斯和墨尔面临的难题在于：如果以前者为标准，那么，就应该着重分析各类社会群体和个体在市场情境中获取住房资源的能力与途径的差异，而不局限于所谓的住房群体；如果以后者为标准，那么居住状况能否衡量居住群体的市场能力与择居意愿也十分值得怀疑。另一方面，由于不同个体的市场能力存在差异，因此按照市场能力与生活机会划分阶级，意味着阶级的类别将是无穷多样的，雷克斯和墨尔后来在研究中也指出，"有多少种获得和

---

① 蔡禾主编《城市社会学：理论与视野》，第196页。
② J. Rex, "The Concept of Housing Class and the Sociology of Race Relations," *Race & Class* 12, No. 3(1971): 293-301.

使用住房资源的途径就有多少种潜在的住房阶级"①,但这样的阶级分类自然没有太大的学术研究价值。这是韦伯的阶级分类理论的不足之处带来的一个后果,尽管韦伯提出的"理想类型"思想可以对这样的阶级无穷划分做出某种程度的限制,但无法彻底解决阶级类型的不确定性和随意性的难题。

第三,有学者认为雷克斯和墨尔混淆了韦伯的阶级概念。韦伯曾经区分了阶级和地位群体两个概念,他认为阶级是由个体的市场能力决定的,而地位群体则是由个体在对不同的商品和服务的消费过程中形成的生活方式决定的。按照这个区分标准,批评者认为雷克斯和墨尔提出的"住房阶级"其实是住房地位群体。例如,租住政府提供的公共住房和租住私人提供的住房的人,应该属于同一个阶级,却属于不同的地位群体,因为他们的市场能力没有太大差别,但由于居住的住房类型与状况不同而形成生活方式的差异。桑德斯(Saunders)指出,对"住房阶级"的划分必须以是否拥有住房所有权为标准,而不是像雷克斯和墨尔那样以居住在哪类住房中为标准。原因在于住房作为家庭财产的一种,可以通过市场或政策调节实现保值增值,或是通过出租带来收入。是否拥有属于自己的住房财产不但是个人已获得的生活机会多少的一个标志,而且还会大大影响个人其他生活机会的获得。②公允地说,雷克斯和墨尔提出的"住房阶级"混合或者混淆了韦伯的阶级和地位群体两个概念,在五种"住房阶级"中,第一、第二和第四种都提到通过不同的购买方式"拥有属于自己的住房",这三种都可以归入"住房阶级"范畴,因此简单地认为他们论述的"住房阶级"都属于住房地位群体失之片面。

总的来说,雷克斯和墨尔的"住房阶级"理论存在许多局限和不足,这是不可否认的,这也是20世纪70年代中期以后的很长一段时期"住房阶级"理论研究几乎再无进展的重要原因。

---

① J. Rex and R. Moore, *Race, Community and Conflict* (New York: Oxford University Press, 1967),
　p. 273.

② 蔡禾主编《城市社会学:理论与视野》,第197页。

四 种族居住分化的三元理论

多数西方国家的种族居住分化与隔离问题都非常突出，其中美国的更为复杂和严重。与其他国家相比，在作为一个移民国家的美国，各族裔之间的居住分化和隔离有着久远的历史而且问题尤其突出。20世纪四五十年代，非洲裔家庭甚至不被允许在白人社区购买房屋。1968年通过的《公平住房法》虽然从法律层面禁止住房领域的种族歧视行为，但房价和社区规划等都在进一步强化住房领域的种族隔离。政府在进行土地规划时，往往只允许在白人社区附近建独栋别墅，非洲裔社区只能建多层住宅或小面积独栋房屋。收入较低的非白人居民只能选择住在房价较低的社区。普林斯顿大学教授利亚·布斯坦（Leah Boustan）研究发现"白人群飞"现象：社区中每一个非洲裔美国人的到来，都会导致2~3个白人的离开。住房领域种族隔离带来的结果是系统性不平等，非洲裔和拉美裔往往居住在低收入社区，其教育、医疗水平远低于白人社区，就业机会远少于白人社区。[①]有学者研究发现，相同的职业、受教育程度、收入水平的大多数黑人和白人并不生活在同一个人口普查区，可以说，在解释黑人和白人之间高度的居住隔离时，种族比阶级更重要。[②] 总的来说，美国学界的居住分化理论研究不仅起步很早——在19世纪末20世纪初就有一批学者对美国城市贫民窟开展研究，而且研究成果颇为丰富。雷诺兹·法尔利（Reynolds Farley）等人研究发现，1944年缪尔达尔首次提出的经济差异、住房和贷款市场的种族歧视以及邻里偏好的三元理论假说，在很长时期内都是该领域研究的基本理论。[③]

经济差异理论认为，种族隔离是由黑人和白人之间的经济差异造成的：种族隔离的产生和持续存在是因为人们生活在他们负担得起的地方。

---

① 张梦旭：《美国住房领域的"种族隔离墙"》，人民网，2021年9月6日，http://hb. people.com.cn/n2/2021/0906/c194063-34900062.html。

② J. T. Darden, "The Significance of Race and Class in Residential Segregation," *Journal of Urban Affairs* 8 (1986).

③ R. Farley, E. L. Fielding and M. Krysan, "The Residential Preferences of Blacks and Whites: A Four-metropolis Analysis," *Housing Policy Debate* 8, No. 4(1997): 763-800.

虽然这一观点得到了强有力的理论支持，但实证研究明确拒绝了它。许多研究报告说，高收入黑人与高收入白人的隔离程度和低收入黑人与低收入白人的隔离程度差不多。如果居住模式完全基于社会或经济因素，如收入、受教育程度或职业声望，种族隔离程度将比当时观察到的低得多。两个推论支持这个断言，一是经济隔离不彻底，大多数社区的社会和经济构成相对不同；二是目前黑人和白人之间的经济差异不足以解释现实中的高居住隔离水平。

种族歧视理论认为，由于住房市场对白人和黑人给予差别待遇，种族隔离仍然存在。许多研究发现在房屋租赁、销售和融资方面均存在歧视现象。20世纪70年代后期的两项调查发现，房地产经纪人会以不同方式对待黑人和白人购房者，尽管这明显与《公平住房法》相违背。一项来自政府的研究记录了住房市场对黑人的歧视。虽然黑人在家中或公寓里受到礼貌对待并得到购房信息的情况经常被展示，但有明显的证据表明，黑人受到区别对待。例如，与白人相比，黑人可能不被欢迎再次光顾以获取房屋租购的更多信息。1993年，一项调查分析了购房融资中的种族歧视，有25%的西班牙裔和34%的黑人从联邦资助的特许机构寻求抵押贷款时被拒绝，而被拒绝的白人只有15%。另有报告发现，银行在中等收入白人社区提供贷款的频率高于中等收入黑人社区。值得一提的是，那些支持种族歧视假说的学者们认为，在黑人、白人和综合社区的家庭中，差异甚大的营销实践是居住隔离的重要来源。[1] 他们进一步指出居住隔离延续不绝的关键原因在于存在着一个制度化了的实践网络，这个网络最终在白人和黑人寻求住房时将他们引向不同的方向，其中，白人能够更容易地获得抵押贷款。[2]

邻里偏好理论的基本主张是不同种族都希望生活在他们在数量上占主导地位的社区。持有此种观点的学者认为隔离与其说是经济差异和歧视性做法的结果，不如说是黑人和白人的不同偏好的结果。因此，即使黑人和

---

[1]　M. A. Turner and R. Wienk, "The Persistence of Segregation in Urban Areas: Contributing Causes," in G. T. Kingsley and M. A. Turner, eds., *Housing Markets and Residential Mobility* (Washington: Urban Institute Press, 1993), pp. 193-218.

[2]　G. C. Galster and W. M. Keeney, "Race, Residence, Discrimination, and Economic Opportunity: Modeling the Nexus of Urban Racial Phenomena," *Urban Affairs Quarterly* 24, No. 1 (1988): 87-117.

白人的收入和资产相似，在住房营销方面没有种族歧视，黑人和白人也会生活在不同的社区，因为隔离反映了不同的偏好而不是歧视。但是关于偏好背后的假设，学者之间却存在着关键的差异。一些学者认为种族偏好源于"中立的种族中心主义"，其他学者则认为种族偏见和冲突是白人偏好的基础，黑人的偏好在很大程度上是他们对在白人社区可能面临的敌意的担忧的结果。因此，偏好既是种族歧视的原因，也是种族歧视的结果。法尔利等人通过对美国波士顿、底特律、亚特兰大、洛杉矶等大城市的实地调查研究发现，受教育程度和年龄与白人的社区偏好有关，但与黑人社区偏好的关系有限。年轻的白人比年长的白人更愿意生活在种族混合的社区，但没有证据表明年轻的黑人比年长的黑人更倾向于住房融合。事实上，最年长的黑人反而最愿意在白人社区居住。所有的黑人受访者都喜欢住在种族混居的社区，强烈喜欢混居的社区而不是全黑或全白的社区。[1]这表明黑人和白人的种族居住偏好有较大的重叠部分，这也为最终减少种族隔离提供了希望。

　　法尔利等人的经验研究结果表明邻里偏好很可能与住房和贷款市场中的种族歧视和经济差异相互作用，三种因素是居住分化动力系统中相辅相成的组成部分，这也意味着在具体的研究过程中，邻里偏好理论、经济差异理论与种族歧视理论往往需要被组合运用。此外，法尔利等人还发现政策以及法律变化对种族居住隔离具有极大的潜在影响，更严格、更有效地执行现有的反歧视法对弱化种族居住隔离至关重要。[2] 这个结论实际上指出了在上述三元理论基础上有必要引入政治经济学理论，从而将政治分析维度纳入研究视野中，以进一步完善种族居住分化研究的理论体系。

五　国家-市场-社会理论与居住分化

　　一般地说，居住分化现象的出现是国家和社会或者国家、市场与社会

① R. Farley, E. L. Fielding and M. Krysan, "The Residential Preferences of Blacks and Whites: A Four-metropolis Analysis,"*Housing Policy Debate* 8, No. 4(1997) : 763－800.

② R. Farley, E. L. Fielding and M. Krysan, "The Residential Preferences of Blacks and Whites: A Four-metropolis Analysis,"*Housing Policy Debate* 8, No. 4(1997) : 763－800.

之间互动的表现和结果，但是欧美学者在分析欧美发达国家的居住分化现象时，却并不经常使用国家与社会理论框架，原因可能在于欧美国家的居住分化更多地受到市场化的影响，国家在其中的影响相对较弱。但是中东欧地区那些处于后共产主义转型时期的国家的居住分化却有着明显不同的形成机制。其中，波兰以门禁社区出现为典型表现的居住分化现象十分突出，一些学者在解释这类现象时意识到需要将其置于国家转型过程中才能做出适恰的理论阐释。在这些学者中，多米尼卡·波兰斯卡（Dominika Polanska）的研究很具有代表性。波兰斯卡是瑞典索德托恩大学的社会学教授，2010 年前后连续发表多篇学术论文，探讨波兰的门禁社区问题。

波兰斯卡通过对波兰的格但斯克等城市的经验研究发现，波兰门禁社区的出现是多种过程和现象的混合体：社会两极分化日益严重，加上建筑物和土地的所有权不明确阻碍复兴，较富裕地区的人口中产生了对更好的住房和隐私的渴望；恐惧文化的传播；当前空间规划的不足和新建筑监管的漏洞；市政当局无力或不愿阻止门禁社区的发展；住房开发商在住房市场上占据优势条件。最重要的是，这项研究表明，格但斯克的居民正在选择与过去共产主义时期的住房明显不同的新住房形式。[①] 这就意味着，波兰这样的东欧国家与其他西方国家的居住分化现象在形成和特征方面既有共性也有差异。共性主要在于市场机制的分化作用都是十分重要甚至是主导的，而差异主要表现在这些东欧国家在 1989 年国家发生转型的过程中，国家、市场与社会之间关系发生的深刻变化以及这种变化带来的后果方面。

从国家角度看，国家转型过程的第一个基本进程就是国家对住房政策的调控和国家在住房建设中角色的转变。原先，包括波兰在内的东欧国家建立国家社会主义制度，国家（政府）建立住房合作社和国有化的住房公司，向社会提供并分配住房，公平性与兜底性是其主要特征。1989 年转型后，市场经济体制被引入，国家作为住房提供者的角色极大地弱化，以利润为导向的私人企业家和市场化公司（房地产公司）成为新的供给主体。

---

① D. V. Polanska, "The Emergence of Gated Communities in Post-communist Urban Context and the Reasons for Their Increasing Popularity," *Journal of Housing and the Built Environment* 25, No. 3 (2010): 295-312.

国家在住房政策上对私人企业家和市场化公司的态度十分宽容，并且给予其多种支持。此外，国家着力推动产权私有化，例如，以前，许多存量的住房和土地被国有化，私人拥有的住宅、建筑物和土地被国家或市政当局接管；后来市场经济体制建立，重新引入了产权制度，开始了私有化进程，这意味着许多波兰人成为其住房的所有者。

从社会角度看，第一，随着很多城市经历严重的社会经济两极分化，一批富裕群体或阶层形成并发展起来，他们拥有比较强的"市场能力"；第二，在一个每个人都可能成为潜在告发者的环境中，家庭和朋友圈代表着安全，而公共领域特别是作为公共领域主要形式的国家，则与家庭和最亲密的朋友圈子相反，往往被敌视，从而形成了公共与私人之间的分离和对立。转型发生后，政府机构效率低下，缺乏对公共物品的清晰认识，如对没收财产的归还和补偿问题的解决非常缓慢，并且长期以来人们认为国家是就业和社会服务的主要提供者，但当市场经济引入后，国家逐渐退出各个生活领域，将其交给市场和个人，导致很多人认为这是国家违背了义务，这都造成大多数波兰人对政府更加缺乏信任。

从市场角度看，房地产公司在逐利过程中，一定会竭力寻求能够使利润最大化的开发目标。门禁社区和门禁住宅是理想选择，因为它可以容纳大量超出基本居住需求层次的功能设施，如各种安全设备和设计，其包含了更多的获利机会，这都会给房地产公司带来更大的利润。如何让那些有消费能力的群体愿意购买这样的住宅呢？一方面，在波兰这样的国家，已经形成了追求私人空间的社会观念。房地产公司因而通过各种媒体渠道，利用各种广告宣传手段，操纵公众舆论（public opinion），向人们推销一种新的生活方式：高度私密化的门禁社区和门禁住宅代表着财务和社会成功、新的审美、稳定和安全的新生活，这是中产阶级家庭和社会成功群体的理想居住形式。这进一步强化了这样的社会认知：公共空间和在国家社会主义时期建造的住房（往往是高层楼房）代表着不断恶化的旧的空间、老年家庭、破坏式的以及其他的病态行为；而私人空间则代表着整洁、有序和排他性。可见，门禁社区和门禁住宅作为一种需求对象，不是现成的或者给定的，而是构建起来的，具体地说，是通过同时展开的对国家与公共空间的"污名化"和对家与私密空间的理想化或"乌托邦化"不断构建起来的。① 值得注意的是，一旦超出基本需求层次，那么，哪些功能设施是需要的和值得拥有的，就在很大程度上是社会建构的结果，因此便会有无限的可能性。房地产公司通过不断开发销售门禁住宅获得巨额收益，而低收入家庭的居住需求自然只会被搁置一旁。

六 国内居住分化理论研究

（一）住房地位群体理论

国内学者李强认为，由于简单地使用住房来确定阶级，其标准比较单一，"住房阶级"理论受到诸多批评，而使用"住房地位群体"概念可以避免阶级概念造成的混乱。所谓住房地位群体，是指因受到他们所占有或居住的住房的影响而处于相似社会位置上的一群人。影响他们所处位置的住房因素包括住房的所有权、价格、地理位置、级差地租、社区环境、社区文化特征等多方面的因素。李强等人通过对北京市一些社区的调查发现有六个住房地位有明显差异的群体：商品房户、回迁房户、单位房改房户、简易楼住户、廉租房户、传统私房户。虽然六个群体的内部也有差异，比如商品房户也分为高档商品房户和低档商品房户，但是，研究的结果还是证明"组间差"明显大于"组内差"。②

与其他社会要素及基于其形成的地位群体相比较，住房以及住房地位群体往往处于最为重要的位置。这种情况在世界各地都存在，在当代中国则表现得更加突出。一方面，在中国进行市场化的房屋体制改革以后，房屋或房产已成为居民的重要财产，或成为资产，出租和出售房屋成为居民赢利的重要手段。于是，房屋所有者的经济地位含义更为突出，住房成为转型时期城市"地位群体"的一种标志。另一方面，从住房功能来看，住房是人们赖以栖息和生存最重要的"物质实体"，在人们不可或缺的物质

---

① D. V. Polanska, "Gated Housing as a Reflection of Public-private Divide: On the Popularity of Gated Communities in Poland," *Polish Sociological Review* No. 181 (2013): 87-102.

② J. R. Logan, Y. Bian and F. Bian, "Housing Inequalities in Urban China in the 1990s," *International Journal of Urban and Regional Research* 23 (1999): 7-25.

实体中，住房往往体积最大、价值最高、对于人的庇护性最强并且耐久性极强。因此，在与人相联系的物质实体方面，住房的社会地位象征意义是首屈一指的。此外，从作为一种资源的住房的特点来看，住房占有相对较大的空间和地域，这是任何其他商品都不能比拟的。空间地域首先与土地价格相联系，由于级差地租而具有了重要的经济含义。同时，空间地域与周围的环境相联结，从而产生了优势环境资源和劣势环境资源的差距。所以，住房的空间资源不仅指住房所直接占有的这一块空间，而且包括这一空间所联系的诸多"可及资源"。

更重要的是，住房地位的分化成为社会分层和社会分化的最主要内容之一。住房由于空间地域特征而具有代表阶级阶层身份的意义，相似阶级身份的人居住在某一个区域，使得住房者有了集群的特征，形成了所谓的富人区或穷人区等。住房地位体现为一种比较稳定的社会关系，住房使人们进入一个比较稳定的社会网络，邻居、居住的社区、孩子就近入学的学校和附近的医院、商店、娱乐体育休闲设施等，赋予了住区内居民这一身份广泛的社会意义，相邻的住房组合在一起，居住者成为邻居，又具有社会互动的意义，可以形成不同的社会互动群体，进而形成比较稳定的生活模式，而这种生活模式具有代表社会经济地位和社会身份地位的符号意义。根据李强的研究，中国社会结构变迁的一个突出特征是，阶层结构出现了定型化的趋势，即阶层之间的界限形成、阶层内部认同加强、具有阶层特征的文化和生活方式形成。而这里所说的住房地位群体展现出多种生活方式，也正是阶层定型化的一个重要方面。[①]

新式商品房代表了一种新的生活方式的出现，商品房户会成为未来城市住房地位群体的主流。李强认为，新式商品房地位群体形成的动力有四个方面：第一，"新人动力"，每年有上千万的新人结婚，有 600 万以上（截至 2009 年李强的研究发表时）大学生毕业进入工作岗位，他们对于住房有需求，虽然他们不是都有能力买房，但其买房欲望强烈；第二，农村户籍人口进入城市或城镇的动力，虽然有买房能力的仅是其中的小部分人，但是他们只要居住在城市或城镇就具有与不同住房相连

---

① 李强：《转型时期城市"住房地位群体"》，《江苏社会科学》2009 年第 4 期。

接的住房地位；第三，从小城市迁移到大城市，或在同级别不同城市之间迁移的动力，这样的人会为寻找合适的工作而求得住房；第四，改变居住方式的动力，新式商品房成为一种新生活方式的象征，具有很大的吸引力。①

前文中提到，有批评者认为雷克斯和墨尔提出的"住房阶级"其实是住房地位群体，很明显，李强等人提出的住房地位群体理论即可看作对这一观点的回应与认同。当然，该理论是基于对我国住房状况的调查与总结的，其理论观点有着典型的"地方特点"以及某种阶段性特征。比如六个住房地位群体的构成类型便体现了我国特定发展时期住房制度改革的相应后果，又如商品房户地位群体形成的"新人动力"显然符合当时的现实，但又会发生变化而可能不复为动力。这些都表明该理论虽有很好的解释力但层次较低，其普遍意义也相对有限。

（二）住房财产权利转移理论

该理论认为，中国城市住房制度转变的实质是在城市发生了住房财产权利转移，从空间角度看，这个过程首先发生在不同城市之间，其次发生在同一城市的不同居住区之间。其影响是延续并强化了实物分房制度下形成的住房不均等，更形成了一种以住房权利为基础的新的分层秩序。住房财产权利转移使改革前形成的住房不平等在商品化和市场化的过程中延续了下来，从而形成了国家权力与市场共同塑造了社会不平等的局面。住房制度改革的受益者是那些有更高政治地位的人、有更好的社会经济条件的人和占有组织资源和权力的单位职工，这就使得旧的福利住房制度所带来的不平等被进一步加强了。② 应该看到的是，随着市场化的推进，国家的要素越来越多地包含市场的成分，而决定市场的要素又具有国家的成分，市场和国家的高度融合可能是市场改革所导致的一个机制性结果。③ 可以说，市场改革的机制性结果就是尽管市场能力是

---

① 李强：《转型时期城市"住房地位群体"》，《江苏社会科学》2009 年第 4 期。

② J. R. Logan, Y. Bian and F. Bian, "Housing Inequalities in Urban China in the 1990s," *International Journal of Urban and Regional Research* 23(1999) : 7 - 25.

③ 李斌：《住房利益分化与社会分层机制变迁》，中南大学出版社，2004，第 33 页。

社会成员获得住房资源的主要依据，但国家设置的住房政策也会分化各类住房群体。李斌认为单一的"市场中心论"、"市场转型论"或者"国家中心论"、"权力维续论"都无法很好地解释中国的居住分化现象，实际上，随着中国改革进程的深入推进，市场因素对社会分层和居住分化的影响越来越强，但国家的再分配机制的作用丝毫没有减弱的迹象，因此是"国家"与"市场"共同构筑的结构性因素同时强力推动着城市居民住房利益分化。而且国家与市场因素的作用并非平行的双重再生产，周雪光曾提出"政治与市场共变"模型，认为两者之间存在在互动中共变的内在因果联系，在这个模型的基础上，李斌进一步提出"双向强化模式"，他认为通常的情况是市场机制与再分配机制同时强烈地作用于某些特定对象，表现为"并行强化"，但有时又同时忽略某些特定对象，从而呈现出比较清晰的"双峰模式"。例如，在再分配机制中获利的阶层在市场机制下也更可能获利，在再分配机制中被忽略的阶层在市场机制下也往往处于不利的地位。[1]

　　简单地说，该理论主张市场化机制与再分配机制共同推动住房财产权利转移，而居住分化是住房财产权利转移的结果，这一理论的优势是在国家-市场双重框架中讨论居住分化的作用模式，比之单一的国家或市场维度，更好地把捉了居住分化的客观过程与内在机制，但是国家-市场二元框架忽略了社会维度的作用，住房消费者似乎处于完全被动地位，这不仅与居住分化的真实情况不够吻合，而且限制了分析过程中社会学的想象空间。

（三）资源累积论

　　大多数学者认为中国住房制度改革后，国家与市场或者说再分配机制与市场机制在居民住房获得过程中仍然起到重要作用，但起作用的具体方式与作用机制是什么？吴开泽等人通过研究提出资源累积论，其基本观点是，体制内的房改售房获益者在市场性资源累积中继续处于有利地位，更容易获得多套住房，房改售房失利者则面临旧住房体制和住房市场的双重

---

① 李斌：《中国城市居住空间阶层化研究》，光明日报出版社，2013，第18~26页。

剥夺，从而加剧了单位之间和单位内部的住房分化。此外，那些在市场性资源累积中具有优势的体制外单位员工，拥有更多的金融资源和融资途径，继续在住房市场上占据优势；那些在市场性资源累积中处于劣势地位又没有家庭支持的居民，在高房价的背景下则购房无望。同时，在现代产权制度安排下，住房资产可以通过代际继承直接传递。房改售房和房地产市场获益者可以将住房传给子代或资助子代购房，使子代在住房市场上有更高的起点；房改售房失利者则没有能力为子代提供购房支持，其子代在住房市场上将处于不利地位。家庭的住房资源累积对年轻世代内部的竞争与分化的结果有着十分重要的影响。进一步看，那些体制性资源累积能力和市场性资源累积能力均处于优势地位的群体，在住房资源获得上具有双重优势，能实现"优势共振"；而那些体制性资源累积能力和市场性资源累积能力均处于劣势地位的群体，在住房资源获得上处于双重劣势，可能陷入"劣势共振"。[①] 资源累积论是在以前的有关研究尤其是住房财产权利转移理论基础上，进一步解释住房财产权利代际转移过程及其机制，这是对既往研究的一种有效补充。当然，不能说住房财产权利转移乃至居住分化的"黑箱"已被完全打开，尚有诸多影响因素及其相互关系有待深究，例如，文化、道德以及认知观念在其中发挥怎样的作用？直到目前这样的重要问题似乎仍未被纳入研究视野。

（四）一主多元论

在中国社会快速变迁尤其是住房市场不断变化的背景下，研究住房和居住分化现象并做出理论总结一定要考虑到特定时空条件的约束，否则会出现泛泛而谈或"刻舟求剑"的问题。对中国居住分化研究的一个主要分析框架是前面提及的国家-市场二元论，有学者认为是政府（国家）与市场的共同作用推动了居住分化，但也有学者认为不同时期两者所起到的作用是变化的，就近些年来的情况来看，中国居住分化机制表现出"一主多元"的特点。

[①] 吴开泽、范晓光、王丹凤：《资源累积与中国城市的住房分化》，载刘欣主编《社会学刊》（第4期），社会科学文献出版社，2021，第20~21页。

1. 一个主要分化机制

市场转型论提出市场机制已经成为居住分化的主导力量。经济资本（家庭年收入）、人力资本（受教育年限）和职业阶层地位等市场能力差异所形成的市场分化机制在居住分化中发挥极大作用，特别是家庭经济资本，它是决定家庭房产状况的关键因素。这说明市场机制已经基本取代再分配机制，成为居住分化的主要机制。

2. 多元分化机制

第一，权力维续论。强调体制性因素在社会转型过程中的持续作用。城镇住房制度改革过程中特别是初期的实践更加符合权力维续论的观点。1998 年启动的"全面停止实物分房"、实现住房社会化和市场化供给的改革是在原有住房供给体系的基础上展开的，在这一改革过程中存在两个市场，即所谓的内部市场和外部市场。内部市场指的是将存量公有住房和新建公有住房（包括"98 房改"持续期内新建的经济适用房以及一些企事业单位以"安居工程"名义新建的住房）以低于市场价的折扣价或补贴价出售给企事业单位职工的市场。由于存在内部市场，原有体制性因素对住房不平等的影响得以延续。住房制度改革初期，在原有的住房体系中获益的人，往往也是住房市场化改革的受益者。但是近十几年来，我国政府实施的反腐倡廉，一定程度遏制了这类行为，制约了权力因素对住房资源分配的影响。但是即便我国已处在住房市场化的时代，还有部分体制内单位仍然向职工提供住房福利。这表明权力因素在住房分配中还有一定的作用。第二，结构维续论。我国计划经济时期形成的结构性分割体制，在市场经济时代仍然持续发挥作用，成为导致居住分化中房产分化的重要因素。比如，城乡二元分割及与其相关的户口制度，导致城镇居民中不同户口身份的人存在房产差异，城乡之间的房产价值的差异更加突出。另外，某些结构性因素甚至在市场化的推动下对房产分化产生比以往更强的作用，如不同层级城市之间的差异。在计划经济时代，我国生活在行政级别较高的城市（如直辖市和省会城市）或者在国家发展战略中居于核心地位的城市的居民，会拥有较多的资源，享受较多的福利。到了市场经济时代，不同层级城市之间的差异更加突出，且房地产市场的发展极大地加剧了不同层级城市居民的房产分化。[①] 第三，地理空间驱动论。地理空间之所以能够作用于社会个体层面的不平等，是因为它作为个体行为的结构情境而制约个体行为，存在所谓的"空间情境效应"（spatial context effects）。住房行为具有很强的空间黏滞性，人们所处的地理空间的不同不仅会影响其产权住房的获得，也会影响其住房资产的增减。经济和社会越发达的地区，居民家庭房产优势越突出。[②] 支持地理空间驱动论的学者将分析重点放在宏观层次的区域地理空间上，如对城乡之间，东部、中部、西部及南北地区间的居住分化和不平等现象进行分析，但中观和微观层次的研究仍然比较少。例如，城市郊区土地征收过程中形成一大批郊区拆迁户，其拆迁结果（往往表现为土地被征收的补偿款收益）主要取决于其土地的空间位置。而城市中大规模的棚户区改造、政府房屋征拆也造就数量庞大的拆迁户群体，其收益也主要取决于其房屋所在的空间地段。这些中观和微观层次居住分化现象仍有待深入讨论。

总的来看，目前国内居住分化的理论研究已经取得长足进展，但也存在很多有待深入探讨的地方。一方面，对一些重要的结构变量对居住分化的作用机制缺少实证考察与理论阐释，如政策变量，包括住房政策、社会福利政策、城镇公共设施规定与建设政策等。另一方面，正如方长春和刘欣所说，尽管有很多从市场能力角度对个体特征进行操作化的研究，但这些研究仍然是结构取向的[③]，国内研究缺少对社会分化机制的研究，很少关注个体的内在主体性特征和能动取向，如其住房消费意愿、内在需求（need）、文化心理、惯习等。此外，国内研究也很少关注人们对居住空间的意义阐释问题。人们如何确定和解释不同居住空间的意义？这些意义会受到哪些因素影响？这又如何影响居住空间的选择与分化？是否会形成"地位-价值判断系统"？人们的组织化程度是否或如何影响居住分化？这些重要而有意义的问题仍需要学者们的关注与讨论。

---

① 李春玲、范一鸣：《中国城镇住房不平等及其分化机制》，《北京工业大学学报》（社会科学版）2020 年第 4 期。

② 方长春、刘欣：《地理空间与住房不平等——基于 CFPS 2016 的经验分析》，《社会》2020年第 4 期。

③ 方长春、刘欣：《地理空间与住房不平等——基于 CFPS 2016 的经验分析》，《社会》2020年第 4 期。

第七章 住房市场的社会理论研究

现代社会中，住房（除了自建自用住房等）往往会被赋予商品属性，可以作为一种商品进入包括销售和租赁两种类型的住房市场。通过进入住房市场完成房屋交易成为人们获得住房的主要途径，因此，住房市场成为住宅社会学研究的重要对象。与居住行为研究类似，住房市场研究也有着明显的跨学科特点，只不过在社会学相关研究之外的研究主要来自经济学学科，在研究数量和质量上，后者占据明显优势，以至于很多来自社会学、心理学、地理学、人类学等学科的研究往往是对经济学相关研究在质疑和批判基础上所展开的补充和超越。或许这样说才更为准确：当代住房市场的社会理论研究是在经济学与社会学等学科的相向而行的进程中展开并取得进展的。这一方面表现在后面的诸多学科往往需要通过回应经济学相关研究来推进自己的研究，另一方面也表现在经济学界主动地敞开研究之门，越发积极地吸收其他学科的理论和方法。苏珊·史密斯和芒罗（Munro）说，"经济学人和社会科学学者之间的旧知识劳动分工已经瓦解，新的对话正在最不可能的地方爆发"[1]，住房市场正属于她们所说的"最不可能的地方"。而推动围绕住房市场的"新的对话"爆发的基本背景应该是作为主导者的经济学观点无法适恰地解释住房市场机制，进而引发学者们反思和重新理解住房市场到底是什么这个根本问题。鉴于这个问题的重要性，下面有必要先对其加以分析。

---

[1] S. J. Smith and M. Munro, "The Microstructures of Housing Markets," *Housing Studies* 23, No. 2 (2008): 159–162.

一　理解住房市场的复杂性——住房市场社会理论研究的起点

经济学在住房市场研究中的核心与主导地位，造成的负面后果首先表现为很长时间内对住房市场在认识上的过度简化——传统的经济理论假定住房市场是完全竞争性的。在完全竞争市场条件下的商品价格是供求的函数。当一种商品相对于需求而言供给不足时，它的价格就会上涨。这将创造更高的利润，从而刺激相对稀缺商品的生产，于是商品供应增加，价格再次下降到均衡水平。住房市场中的行动者作为理性人，必然以经济理性方式追求最高的净利润。这种理性人假设不仅成为一个默认的研究前提，甚至成为一种统摄性的先验前提。不只如此，"自由主义的一般假设是，市场是解放性的，是自立与勤奋的最佳保护伞"[1]。在很大程度上，经济学研究的这些假设以及对这些假设的极力维护是出于一种功利性目的，即构建理想的甚至完美的经济学模型，以彰显其所谓的科学属性。殊不知，这种研究走得太远，以至于堕入马克思所说的"用逻辑的事物替代事物的逻辑"的泥淖之中。在经济学者眼中，现实的住房市场只是一个"不完美的"[2] 市场：信息缺乏、产品复杂、生产时间长、投资成本高、场地特异性强等都是造成不完美的重要原因。此外，当政府和机构进行干预时，结果将更加难以预测。[3] 随着来自经济学内部和外部的批评与反思日益增多和深入，人们逐渐认识到住房市场的复杂性。下面我们简要地说明与本书研究有关的来自经济学外部的部分批评观点。

在对城市土地市场的经济和人类生态模型的开创性批判中，威廉·弗尔姆（William Form）强烈主张"对经济行为进行社会学分析"："很明显，这些过程所依据的古典经济学家的经济模型推导必须被丢弃，以支持考虑

---

[1] 〔丹麦〕哥斯塔·埃斯平-安德森：《福利资本主义的三个世界》，苗正民、滕玉英译，商务印书馆，2010，第56页。

[2] 经济学者意图构建完美的理论模型，却将现实的住房市场看作"不完美的"，这种用语本身也反映了他们在认知和研究中的傲慢与偏见。

[3] P. Boelhouwer, "Neo-classical Economic Theory on Housing Markets and Behavioural Sciences: Ally or Opponent?" *Housing, Theory and Society* 28, No. 3(2011): 276–280.

社会现实的模型……其原因是土地市场高度组织化，并由许多相互作用的组织主导。后者中的大多数是正式的、高度自觉的和有目的的。"[1] 尽管弗尔姆呼吁分析城市土地市场的社会组织特征，但其后很长时间很少有社会学家进行这方面的研究。直到 20 世纪 80 年代，乔·费金（Joe Feagin）才再次提出这个问题，他认为城市社会学可以为研究城市土地市场如何运作提供"更现实的框架"。[2]

在这方面研究中尤其值得一提的是克拉彭的贡献。一方面，克拉彭反驳了那种经济学研究论调。莫文（Mowen）曾在新古典主义经济学理论框架中提出构成消费者行为的五个因素：理性行为；明确的偏好和对从消费中获得的满足感的了解；关于产品和市场运作的完美信息；受预算限制的决策；无法满足的欲望（更多的产品总是会增加满意度）。[3] 在克拉彭看来，这些因素均不适用于住房消费。例如，很明显，许多家庭购买住房的行为既是理性的，也是情绪化的。人们会计算他们的住房选择，但也会对可能感觉像家或不像家的特定房屋有情感感受。偏好可能难以很好地定义，可能也很难预见一个人是否会在一所特定的房子里感到快乐，因为在房屋的许多不同属性之间存在太多权衡，而且它们不太可能完美契合。此外，家庭不太可能完全了解房价的未来走势。房价当然会随着时间的推移而上涨或下跌，并且在不同地点之间会有很大差异，很难判断一个特定的社区是会随着价格上涨而变得高档化，还是会随着价格下降而劣化。由于住房具有多样属性，更多的住房也可能不会提高消费者的满意度，并且到底什么构成"更多"也可能因人而异。例如，拥有更多的物理空间可能会带来维护或清洁方面的麻烦，人们可能会在大空间中感到孤立或不自在。[4]

同时，克拉彭肯定了非经济学研究的合理主张。例如，麦克伦南

① W. H. Form, "The Place of Social Structure in the Determination of Land Use: Some Iimplications for a Theory of Urban Ecology," *Social Forces* 32, No. 4(1954) : 317-323.

② J. Feagin, "Urban Real Estate Speculation in the United States: Implications for Social Science and Urban Planning", in R. G. Bratt, C. Hartman and A. Meyerson, eds., *Critical Perspectives on Housing* (Philadelphia: Temple University Press, 1986), pp. 99-118.

③ J. C. Mowen, *Consumer Behavior*(the second edition) (New York: Macmillan, 1990), p. 676.

④ D. Clapham, " Housing Theory, Housing Research and Housing Policy," *Housing, Theory and Society* 35, No. 2(2018) : 163-177.

(Maclennan) 曾经指出住房市场的七方面显著特征：个人在房地产市场上的交易很少，这意味着消费者仅拥有关于市场状况的不完全信息；在个人交易时期市场将发生变化，因此个人拥有的任何信息都可能过时；由于在住房市场上重新签约的代价很大，信息的不完善可能会促使消费者将精力和财力投入昂贵的搜索过程；住房是一种复杂的商品这一事实，会放大消费者在评估是否购买时遇到的问题；由于待售房屋在空间上分散的性质，对其的评估变得更加困难；购房过程需要参与某种形式的投标；由于二手房的存量比较稳定、周转速度相对缓慢、新增供应相对低迷，需求变化可能导致特定次级市场出现相当大的不平衡。① 克拉彭认为这些特征与新古典主义经济学理论假设存在明显的差别。例如，供应可能是无弹性的，因为它对需求变化的反应很慢，这一特征已经在许多不同的国家住房市场中表现出来。这意味着住房市场可能不会像新古典主义希望的那样"清晰"。又如，市场可能长期处于不平衡状态，不平衡可能意味着住房短缺或出现负担不起住房的问题，市场本身无法以新古典主义理论预测的方式纠正这些问题，从而为国家干预打开了大门。② 这类研究呈现的住房市场是不完美的、不断变化的甚至是比较模糊的，但更加接近真实市场。

还有学者尝试进一步切入住房市场内部以分析其微观结构。研究发现，历史、地理、传统和文化都在调节住房经济的发展方式，这彰显了住房市场微观结构的一个显著特征，即住房市场与社会关系以及个人行为有关。住房市场的日常运行方式以市场参与者来自经济学的理论解释（或对经济学的信仰）、他们过去的经验、他们的规范性期望和他们的直觉之间的复杂权衡为基础。特别值得注意的是，学者们发现，住房交易本质上也可以被看作一种"情感经济"。虽然情感和经济、激情和理性传统上被视为不同的甚至对立的，但实际上不能如此截然两分。一方面，理性或冷静本身就是情感上的胜利；另一方面，就住房交易而言，情感的存在是常态。"情感效应"（emotional effects）和"感觉规则"（feeling rules）影响着人们在住房市场中的希望和恐惧，这些感受驱使人们为他们的房屋支付

---

① D. Maclennan, *Housing Economics: An Applied Approach* (London: Longman, 1982), pp. 60-62.

② D. Clapham, "Housing Theory, Housing Research and Housing Policy," *Housing, Theory and Society* 35, No. 2(2018): 163-177.

更多或更少的费用，其市场影响可能是深远的，如果说住房市场的长期价格趋势主要符合经济基本面的解释，那么较短的周期则更多受到情感和感觉的影响。与皮埃尔·布迪厄在其著作《经济的社会结构》中提出的观点相共鸣，一些学者也特别关注各种人类能动者（作为具身化的有情感的行动者）的作用和影响，他们以不同方式与构成住房市场的个体、机构、物质和各种意义网络联系在一起。今天学者们已经认识到，"住房交易不是给定的，而是做出来的（made），住房经济是'施行的'（performative）"[1]。

以上观点充分表明住房市场的高度复杂性，住房市场绝非一个严格遵循经济学定律以实现住房交易的空间场所，借用布迪厄的场域学说，我们认为它主要是在各种位置、群体、资源和规则之间形成的一种客观的关系网络，而且它是在实践中存在并展现自身的。按照克拉彭的说法，这种实践就是市场中的个体互动，而且个体互动必然受到先前互动形成的社会结构的影响，住房市场正是通过互动过程由社会构建、维护和改变的。[2] 面对如此复杂的住房市场，任何单一学科的简化研究都不具有合理性和解释力，这当然也可能说明任何一个学科的解释都有其潜在的价值。在我们看来，在这个意义上，住房市场研究就是不同学科参与其中并发挥其作用的过程。

二 住房租赁市场的理论研究

住房租赁市场不仅是经济学的重要研究对象，也是包括社会学在内的其他学科格外关注的对象之一，其中一个重要原因是与"交易而退"的住房销售市场相比，租赁市场中，最重要的两个主体——房东和租户之间的交易关系往往有一定的持续性，因而二者之间可能形成更多的社会互动并结成某种社会关系。

---

[1] S. J. Smith and M. Munro, "The Microstructures of Housing Markets, "*Housing Studies* 23, No. 2 (2008): 159-162.

[2] D. Clapham, "I Wouldn't Start From Here: Some Reflections on the Analysis of Housing Markets, " *Housing, Theory and Society* 28, No. 3(2011): 288-291.

（一）专业化理论研究

住房租赁市场早期最重要的研究来自吉尔德布鲁姆（Gilderbloom）和阿贝尔鲍姆（Appelbaum），他们甚至提出"租赁社会学"这一概念并以"通往租赁社会学"作为他们的一篇重要作品的正标题。他们的研究也是在对奥尔森（Olsen）等经济学家关于住房租赁市场的假设进行批判的基础上展开的。奥尔森曾经列举了住房价格自由响应供应变化的七个必要条件：住房服务的买家和卖家数量众多；单个单位的销售或购买相对于总交易量较小，因此本身不会显著影响总供应量；买卖双方不串通；生产者和消费者自由进出市场；生产者和消费者都对现行价格和当前投标情况有充分的了解，并利用一切机会分别增加利润和效用；对"捆绑"的住房服务或用于提供此类服务的资源的需求、供应和价格没有人为限制；住房服务是同质化商品。① 吉尔德布鲁姆和阿贝尔鲍姆首先在理论层面上对这七个方面的条件进行了驳斥，然后结合他们对 140 个相对独立的城市住房租赁市场的分析提出他们的观点，他们发现，关于住房租赁市场如何运作的传统经济理论几乎没有获得经验支持。传统的、纯粹的经济方法在社会学看来是天真的，住房租赁市场并非以理想化的竞争方式运行，它是非竞争性的。纯粹无摩擦的供需模式无法充分解释为什么租金上涨，因为经济学家没有考虑社会因素对租金水平具有的重要影响。

那么，社会因素是什么？他们的研究结果表明空置率、存量住房租金比、新建住房与租金之间没有显著关系，对租金影响最大的是（租户的）收入，其次是房价中位数。重要的是，他们发现，租金水平不仅是经济力量在不受约束的住房市场中运作的结果，而且至少部分地是一种社会结果。所以，住房租赁市场的组织结构就是确定租金水平的一个主要但被忽视的因素。组织结构集中表现为房东和租户之间的关系，这种关系极大地限制了住房租赁市场自由应对租赁住房供应变化的能力。也就是说，经济模型中假设的一些基本竞争条件会被这些住房租赁市场参与者之间的结构

---

① E. Olsen, "A Competitive Theory of the Housing Market, "in J. Pynoos, R. Schafer and C. Hartman, eds., *Housing Urban America* (Chicago: Aldine, 1973), pp. 228-238.

关系和组织安排改变或约束。具体地看，房东和租户之间的关系是非对等关系，一种不平等的权力关系存在于房东和租户之间，前者可以在决定租金方面主导后者。在许多城市地区，只有数量较少的大房东或大型管理公司控制着租赁住房存量的决定性比例。在国家、全州和全市范围内的业主协会和管理公司提供的正式和非正式联系的帮助下，业主（房东）往往处于租赁住房定价的优势地位，而房东是否处于优势地位的关键在于住房租赁行业的专业化程度，专业化程度主要表现为房东的组织化水平（单个房东的实力以及房东之间的合作能力）与租赁住房的集中程度（某地租赁住房数量越多、房东数量越少，说明集中程度越高），一般来说专业化程度与租金水平之间呈现正相关关系。

吉尔德布鲁姆和阿贝尔鲍姆进一步提出，一般来说，与小规模的、业余的房东群体相比，专业化的房东以经济理性方式追求最高净利润的冲动更强烈，对他们来说租房的回报率必须相对较高，因为本地的替代性投资总是在向他们招手。他们之所以能够提高租金水平，原因就在于较高的专业化程度。吉尔德布鲁姆和阿贝尔鲍姆用市场集中度指标进行分析。他们发现，表现为集中度的专业化程度越高，租金水平越高。随着集中度的提高，如由单个房东控制的社区中的租赁单位数量的增加，房东之间的价格设定合作也会加强，房东更加能够根据租户的支付能力设定租金。这也是收入在确定租金方面发挥如此重要作用的一个原因。所以，通过增加收入并不能解决许多租户今天面临的负担能力问题，因为在非竞争性住房租赁市场中，租户的工资增长会被住房租赁成本的增加所抵消。[①]

传统经济学认为租金水平是市场中供需之间相互作用的结果，这无疑是一个众所周知的观点，曾经被决策界、学术界、市场、媒体乃至包括租户在内的大众所广泛接受。而在专业化理论视野中，租金水平主要受到房东的专业化程度以及房东和租户之间的结构关系影响，其中房东由于高度专业化而在租赁市场中占据优势位置，因而他们能够在很大程度上影响租金水平，尤其是在他们进行合作的时候。吉尔德布鲁姆和阿贝尔鲍姆发现

---

① J. I. Gilderbloom and R. P. Appelbaum, "Toward a Sociology of Rent: Are Rental Housing Markets Competitive?" *Social Problems* 34, No. 3(1987) : 261-276.

在真实的住房租赁市场中发生的情况比经济学家判断的更为糟糕。因为住房租赁市场是非竞争性的，房东之间的定价合作会不断加强。又由于通过购买获得房屋所有权的成本十分高昂，很多人不得不成为长期租房者，从而被迫接受房东的压榨。特别值得注意的是，他们发现在供给方面增加租赁住房建设规模和在需求方面提高租户收入水平，这种解决住房租赁市场问题的惯常做法，实际上很可能是无效的，因为它仍然限囿在传统经济学供需关系决定价格的框架中，而存在于住房租赁市场中房东和房客之间的不平等权力关系正是他们倡导的"租赁社会学"研究最有价值的理论发现。

（二）私人租赁的"三D"理论

在追求住房所有权的社会（英语国家多属此类）中，租赁住房者是个既普遍存在又比较"特别"的群体。在"人人都想做业主"的社会，这个群体为什么成为租赁住房者？赫尔斯（Hulse）等学者在梳理总结已有研究的基础上，结合在澳大利亚的调查结果，提出私人租赁的三"D"理论。[①] 需要说明的是，这里的三"D"理论是我们在介绍赫尔斯的理论时所提出并使用的概念。所谓的三"D"，主要是指赫尔斯在分析租赁住房者时使用的三个以字母"D"开头的关键词，即 Disaster（灾难）、Diversity（多样性）和 Deviance（偏差）。此外，"D"也有维度（Dimension）的意思，三"D"就是从三个维度（也是三种类型）进行解释。简单说，该理论关注的是私人租赁市场中租房群体租赁住房的观念与行为。与众多注重某个方面或维度的研究相比，该埋论更为全面，也具有更高的解释水平和应用价值。

一是私人租赁是一场"灾难"。持此看法的学者比较多，他们往往把私人租赁看作租房者遭遇的一种负面后果。这种负面后果是政策推动并强加给租房者的。凯梅尼曾提出过去英语国家房屋所有权社会中私人租赁的负面特征：使用权不安全、租金趋向于对房产当前市场价值的回报、房东

---

① K. Hulse, A. Morris and H. Pawson, "Private Renting in a Home-owning Society: Disaster, Diversity or Deviance?" *Housing, Theory and Society* 36, No. 2(2019) : 167-188.

对租户有高度选择性、房东干涉租户家庭事务等。相比之下，这些国家的社会住房被视为受到严格控制和剩余化的领域。由此产生的二元租赁系统通过一种"政治策略"减少了人们的选择，在这种策略下，社会住房变得难以进入，私人租赁缺少吸引力，迫使大多数人追求拥有房屋。[①] 近30年来，在大多数英语国家私人租赁规模明显增长，许多学者继续以负面的方式描述这种增长。它通常被解释为新自由主义国家推行亲市场政策的结果，通过依赖抵押住房所有权和减少对社会租金的投资，有效地将风险从国家转移到个人和家庭身上，导致越来越多的人别无选择，只能在私人市场租房。[②] 在这个过程中出现了"新型私人房东"，"在储蓄率低和股市波动的情况下，除了作为投资工具之外，他们对住房几乎没有其他的兴趣"[③]，这意味着私人租赁中的租房者不仅面临难以负担的租金，而且还因房产被"翻转"为获取资本收益的工具而体验到住房不安全感。有很多学者描绘了作为私人租户的惨淡生活图景，包括恶劣的住房条件、"问题房东"、过度拥挤、财务压力、不安全、对住房环境缺乏控制、被迫流动及其造成的社会关系中断。[④] 在这些论述中，租房者家庭的能动性非常有限，他们的经历几乎完全是负面的，几乎没有资源来处理不同生命周期中"关键的生活事件"，如结婚、失去伴侣、就业和购买住房等。除了这些对日常经验的描述之外，在以资产为基础的福利时代，私人租赁也被从负面描述为拉大了穷人和富人之间的差距，进一步强化了对退休后未来住房和福利的焦虑以及对无法积累资产和帮助下一代的焦虑。[⑤] 弗瑞斯特（Forrest）和平山（Hirayama）强调了这种两极分化的阶级效应，因为"穷人"向

---

① J. Kemeny, *From Public Housing to the Social Market* (London: Routledge, 1995) , p. 152.

② A. Murie and P. Williams, "A Presumption in Favour of Home Ownership? Reconsidering Housing Tenure Strategies, "*Housing Studies* 30, No. 5(2015) : 656-676.

③ R. Forrest and Y. Hirayama, "The Financialisation of the Social Project: Embedded Liberalism, Neoliberalism and Home Ownership, "*Urban Studies* 52, No. 2(2015) : 233-244.

④ A. Morris, "Older Social and Private Renters, the Neighbourhood, and Social Connections and Activity, "*Urban Policy and Research* 30, No. 1(2012) : 43-58.

⑤ J. Doling and R. Ronald, "Home Ownership and Asset-based Welfare, "*Journal of Housing and the Built Environment* 25, No. 2(2010) : 165-173.

"富人"支付市场租金也会影响他们孩子的生活机会。[1]

二是私人租赁反映家庭类型和生命周期的多样性。从这个维度看，私人租赁住房租金上涨主要是住房市场对需求压力的反应。换句话说，租住私人住房表明家庭主动地适应住房市场和劳动力市场的变化。住房市场的变化是指由于相对于工资房价上涨更快，"购房受阻家庭"（blocked home purchaser）的数量不断增加，获得社会住房的机会逐渐减少。劳动力市场的变化包括国际学生群体的不断扩大以及临时和合同就业的增加。许多研究表明，私人租赁住房可以适应不同人群的需求，主要包括低收入家庭（如那些获得住房补贴或代金券的家庭）、年轻的专业人士（包括国际学生在内的大学生）、移民和难民、有孩子的家庭和老年人。由于"购房受阻"和流动性增加等原因，在英国和澳大利亚等国家，越来越多的中等收入和高收入家庭租赁私人住房。这类群体着重考虑的是私人租赁住房的积极特征，例如，住房质量好、居住在理想的社区；富有弹性，包括可轻松退出并且不负责修缮和维护。所以，私人租赁可能是对日常生活安排的一种务实的主动调整，以适应更广泛的经济和社会人口变化。因此，可以将这种选择视为一种"建设性应对策略"（constructive coping strategy），它是人们对外部因素做出积极反应的方式，并且人们可以根据个人特点及资源（如教育、经济地位和社会支持）的组合来对其加以利用和选择[2]，这个概念包含了吉登斯的结构化理论和布迪厄的实践理论的相关启示，以此概念对私人租赁住房加以观照，会看到选择私人租赁住房的人不完全是被动和依赖的，反而可能是主动的和足智多谋的能动者。

三是私人租赁作为挑战房屋所有权社会规范的"偏差"。规范是指塑造人们的行为、信仰和期望的非正式规则以及其他人对任何"违反"规范的行为的反应方式。它们被描述为类似于一种"社会互动语法"，定义了社会群体中的"可接受行为"或"生活语法"，与政策和立法中嵌入的正式规则形成鲜明对比。这一概念包含了布迪厄的惯习概念和福柯的治理思

---

[1]　R. Forrest and Y. Hirayama, "The Financialisation of the Social Project: Embedded Liberalism, Neoliberalism and Home Ownership," *Urban Studies* 52, No. 2(2015) : 233-244.

[2]　P. Hoggett, "Agency, Rationality and Social Policy," *Journal of Social Policy* 30, No. 1(2001) : 37-56.

想，在强调规范的观点中，人们根据主导规范来调节自己的行为。在这种情况下，对房屋所有权的期望是一种社会规范，不仅影响人们的行为方式，还影响他们对拥有住房和租赁住房的信仰和观点。① 研究表明，关于拥有或租赁住房的社会规范往往有着丰富的含义。例如，苏珊·史密斯认为，由于房屋所有权"注入了存在主义品质（如安全和保障），人们可能会感到来自家庭的压力促使他们成为房主"②。同样，格尔尼着重分析了租房者是如何在文化、语言和心理过程中被排除在外的。③ 特别重要的是，在英语国家，那种与和自我、家庭和隐私有关的所有情感相联系的"家观念"只为那些拥有住房的人所专有。相比之下，私人租赁中的租房者被认为"缺乏道德上的优点和尊严"④，租房者甚至被认为是对社区安全构成威胁的人。从 20 世纪 80 年代中期开始，随着新自由主义思想变得普遍，新自由主义国家将住房风险转嫁给公民，由此产生的住房金融化的影响之一是私人租赁部门的增长。⑤ 从这个维度看，私人租赁规模增长可以被视为社会学意义上对规范的偏差，它象征着中等收入和高收入的租房家庭对强大的社会规范日益强烈的抵制，这些租户可能认为私人租赁提供了与拥有住房所有权不一样的一些好处，例如与晚期现代性相关的那种灵活性和流动性。这种与主流社会规范具有偏差的观念和行为代表了一种新的社会规范和实践。

总之，赫尔斯等人提出的三"D"理论构建了观念、行为及其（现实）后果之间不断发生相互作用的关系，其中引入了福柯、布迪厄和吉登斯等人的相关观点，能够为当代许多资本主义国家中追求住房所有权的主流价值观与日益增长的私人租赁现象之间的矛盾和张力提供一个比较合适的理论研究框架。

---

① K. Hulse, A. Morris and H. Pawson, "Private Renting in a Home-owning Society: Disaster, Diversity or Deviance?" *Housing, Theory and Society* 36, No. 2(2019) : 167-188.

② S. Smith, "Owner Occupation: At Home in a Spatial, Financial Paradox, " *International Journal of Housing Policy* 15, No. 1(2015) : 61-83.

③ C. M. Gurney, "Pride and Prejudice: Discourses of Normalisation in Public and Private Accounts of Home Ownership, " *Housing Studies* 14, No. 2(1999) : 163-183.

④ A. Vassenden, "Homeownership and Symbolic Boundaries: Exclusion of Disadvantaged Non-homeowners in the Homeowner Nation of Norway, " *Housing Studies* 29, No. 6(2014) : 760-780.

⑤ P. A. Kemp, "Private Renting After the Global Financial Crisis, " *Housing Studies* 30, No. 4(2015) : 601-620.

三　家庭投资者主观性理论

　　首先要说明一下家庭投资者主观性理论提出的现实背景。从 20 世纪 90 年代开始，英国、美国和澳大利亚等奉行新自由主义的国家的住房政策发生了明显的变化，即越来越致力于推动住房趋向商品化和市场化。例如，澳大利亚的住房就是高度商品化的，只有 5% 的房产被归类为社会住房。在商品化浪潮背景下，国家承担的社会责任减少，政治经济风险向社会转移，人们不得不采取行动确保自己未来的福祉。在住房领域，政治家和媒体都将房屋所有权作为一种自然保有权，并施行一系列的鼓励政策以引导家庭成为住房市场投资和投机的重要主体，例如很多地方没有或只有很低的遗产税或资本利得税，这使得房屋所有权成为那些希望将财富传给子女的家庭的投资工具。国家不仅放松金融管制，而且提供丰富的住房金融产品，以帮助家庭获得购房贷款，很多家庭日常生活也逐渐金融化，这虽然导致大多数新买家承担了长期的债务，但也让很多家庭有可能"攀登房地产阶梯"（climb the property ladder）。随着越来越多的家庭参与住房市场，经济管理和财务计算成为这些家庭的一种家务劳动形式。[1] 这些家庭逐渐适应和接受了大规模债务并认为债务在积累资本方面是富有成效的。阿德金斯（Adkins）将此描述为"从还款逻辑到支付逻辑"的运动[2]，并认为其可能产生所谓的"债务健忘症"，即房主倾向于强调房价中的资本收益，同时低估或从计算中忽略所支付的抵押贷款利息成本。这种债务正常化巩固了对房屋所有权的承诺，使人们将其作为资本积累的一种形式，并提高了人们对大量借贷的适应程度。[3]

　　高尔特（Gorter）和雅各布斯（Jacobs）构建的家庭投资者主观性理论意在说明家庭对其参与住房市场活动的各种策略的解释，揭示影响他们选

① 　F. Allon, "The Feminisation of Finance, "*Australian Feminist Studies* 29, No. 79(2014) : 12 – 30.

② 　L. Adkins, "Speculative Futures in the Time of Debt, "*The Sociological Review* 65, No. 3(2017) : 448 – 462.

③ 　A. M. Soaita and B. A. Searle, "Debt Amnesia: Homeowners' Discourses on the Financial Costs and Gains of Homebuying, "*Environment and Planning A: Economy and Space* 48, No. 6(2016) : 1087 – 1106.

择的感受、价值观和目标。其中，主观性被界定为一组由人们彼此之间以及人与物质世界之间的关系所塑造的内在倾向。基于对澳大利亚高价住房市场的调研，两位学者主要研究了处于中产阶级且有孩子的家庭关于投机性投资、债务和为其未来提供保障的做法的说明，以及家庭试图"抵制"陷入金融化住房体系的方式。① 尽管高尔特和雅各布斯并没有提及，但我们还是可以在这一理论中看到布迪厄的惯习、场域和资本观点的影响。如果用布迪厄这些观点来理解家庭投资者主观性理论，可能就是在由各种人与住房以及各种市场参与者之间的关系构成的住房市场场域中，作为投资者的家庭依照其拥有的资本和特定的行为倾向，在实践中选择相应的行为策略。在市场给定的资源和规则与家庭的主观性之间，充满着协商、折中、抵制和反抗。从这个意义上，这一理论可以看作由约根森（Jørgensen）提出的市场与家庭关系论的延伸与深化。约根森认为，"住房市场的施行性（performativity）不仅取决于能动者的计算，还取决于能动者的情绪、技能以及地方依恋的动员力量"，"住房决策的情感景观并不与将市场作为一种计算性场所的经济学方法相矛盾，它确实表明市场行为植根于家庭生活以及家庭对未来的希望和梦想的观念之中"。②

具体地看，第一，有的家庭会努力成为"负责任"的投资主体。高尔特和雅各布斯发现有超过一半的拥有房屋的家庭在买房之前进行过仔细研究。例如，使用在线平台提供的销售结果和房价中位数数据来确定可以买得起的地方以及可能发生资本增长的地方，或者研究规划审批和新基础设施开发情况以确定在哪里购买房屋可以获得最大利润。第二，规避贷款风险。最常用的方式是为购房借的钱比银行能够借给他们的钱少，这是具有风险厌恶主观倾向的家庭规避风险的重要方式。投资者主体与非人性化和自动化的金融机构互动可能对主体身份意识造成影响，例如被视为好客户或坏客户的经历会影响人们对其安全级别的看法。通过信用评分，银行业务与人们的自我意识相交并叠加，人们可能会把被银行降低信用和拒绝贷

---

① T. Gorter and K. Jacobs, "Investor Subjectivities in Melbourne's High Cost Housing Market," *Housing, Theory and Society* 39 No. 1(2022): 21-40.

② C. J. Jørgensen, "The Space of the Family: Emotions, Economy and Materiality in Homeownership," *Housing, Theory and Society* 33, No. 1(2016): 98-113.

款视为一种侮辱。第三，质疑从房地产中获利的道德规范并寻求抵制参与住房商品化的方法。很多人质疑投资者主体话语的支配地位，他们认为投资房地产并利用有利于房地产投资的税收环境是不道德的，多重财产所有权"养活"了房地产市场。也有人对围绕住房的"投资文化"表示反感，对他们而言，买房子是为了让他们在经济上和情感上感到安全，或者将其作为家庭生活的基础，而不是将其用作攀登房地产阶梯或其他任何阶梯的投资。在这类人看来，好的投资者主体的行为不是由对房屋所有权本身的承诺驱动的，而是来自成为一个好父母和维系家庭的承诺。第四，生活在别人投资的住房中的策略。由于房东可能会选择通过出售房产获利，这会引起租户对住房安全的担忧，租户的应对策略是推测房东对未来的意图，这往往需要租户的深思熟虑以及对房东意图的清晰评估。例如，租户有时会选择与房东建立直接关系，以收集有关其租住期间安全性的更多信息；直接与房东讨论房东的意图；研究所租赁住房的历史以确定它是否是一项长期投资；考虑房东的性格并根据房东的个人生活阶段和情况推测房东未来的可能打算。第五，住房所有权带来的希望。不同家庭在这方面所拥有的希望差别很大，这会导致不同的行为策略。对那些不指望拥有房屋产权的租房者来说，他们的主要应对策略是不去想它；有些租房者会期待房价的下跌；有的租房者认为本地房价过高，考虑异地购房以规避风险。还有一类比较多见的投资住房方式，即"租金投资"，是将自己的产权房屋出租，本人租住别人的房屋，这要么是为了获得租金价差带来的利润，要么是为了在拥有房产以及租金收益的同时，通过租房来满足自己在居住上的多样化要求。

　　家庭投资者主观性理论主要的贡献如下。首先，它看到了在社会结构与个体能动之间，存在着大量的需要行动者加以理解并作出行为选择的空间。具体到住房市场，在市场中既定的各种结构关系与参与市场的能动的投资者之间，在投资者进入市场与离开市场之间，存在着需要投资者深思熟虑或见机行事或随波逐流来做出应对的各种状况。其次，它看到在应对过程中，投资者绝不会仅仅遵命行事，市场也不会完全处于井然有序的状态，但仍然有章可循，这个可循之"章"就是该理论的核心观点——由各种关系所塑造的主观性，一种稳定而持续的性情或行为倾向，行动者基于这一主观性对行为或称行动策略进行谋划、选择、过滤和实施，主观性相近者的行动策略往往相近，从而让市场行为呈现相应的结构特征。例如，高尔特和雅各布斯特别强调的基于本体安全的"确保家安"（keeping their home secure）这种主观性，就在住房市场中烙下很深的印迹，它在很大程度上决定了作为投资者的家庭参与房地产市场是为了缓解对不确定未来的焦虑，为了孩子在其住房过渡时期有由房产提供的保障和稳定，为了提供家庭安全和支持，这些都与单纯为了积累财富的投机性投资有很大不同。最后，该理论再次向我们展示了现实中的住房市场的复杂性，更重要的是，它至少部分证明了关注这种复杂性的理论价值——基于经验并解释经验的理论首先要合理地描述复杂经验，哪怕这样会显得有些琐碎或模糊，这可能才是具有生命力的理论所应该有的样态。在由不同层次理论所构成的住宅社会理论体系中，这类与经验更为贴合也更具解释力的理论恰恰是目前理论研究中比较欠缺的。

四 房价的参照点理论研究

房价无疑是住房市场中最受关注的核心议题之一。关于房价的形成机制，经济学界已有诸多研究成果。虽然目前还没有见到严格意义上的社会学对房价的系统理论研究，但已经可以看到一些来自经济学的相关研究迈出所谓的标准经济理论的藩篱和限囿，试图从社会学、心理学等学科获得学术资源和思想启发，相关研究成果集中在行为经济学领域中。其中，帕拉斯基夫（Paraschiv）和舍纳瓦兹（Chenavaz）关于买卖方参照点理论的论述颇具代表性。[①] 该理论并不否定传统经济学中供求关系是影响房价的重要因素这一基本观点，也承认成本对价格的重要影响，它的重点是对房价变动与这些规律不一致的现象提出新的解释。

按照帕拉斯基夫和舍纳瓦兹的说法，参照点理论有两个理论源头。一个是前景理论。前景理论在研究个人决策过程中引入了行为的三个重要方

---

① C. Paraschiv and R. Chenavaz, "Sellers' and Buyers' Reference Point Dynamics in the Housing Market," *Housing Studies* 26, No. 3(2011) : 329-352.

面。首先，前景理论解释了参考依赖现象，即个人（决策者）在进行评估时会选择一个中性的参照点（可能是现状，也可能是决策者期待的某个结果），然后对相对积极或消极的变化做出判断选择，决策者并不关心他的决定的绝对结果，而是关心相对于他的参照点的收益和损失。特定参照点的使用会影响决策过程，因为对最终结果的偏好往往取决于判断它们的参照点。其次，根据前景理论，对于决策者而言，获得或损失的每一个额外货币单位的价值都低于先前获得或损失的货币单位。[1] 例如，900 美元和1000 美元之间的主观差距似乎比 100 美元和 200 美元之间的差距小得多。这种被称为边际敏感性下降的现象对决策者评估收益和损失的方式有直接影响。更准确地说，个人在收益领域厌恶风险，在损失领域承担风险，这意味着他们更喜欢避免确定的损失，同时，他们更喜欢获得确定的收益。最后，前景理论认为，决策者对相对于参照点的负面变化（损失）比对正面变化（收益）更敏感，亏似乎比盈影响更大，这种现象被称为损失厌恶。[2]

另一个是心理账户理论。在前景理论的基础上，萨勒（Thaler）提出了心理账户理论，这是一种关于人们在精神上将他们的金融交易分类为收益和损失的方式的理论。首先，该理论表明，消费者对不同类别的费用有不同的心理预算，一般来说，他们在做决定时会坚持这些心理预算。其次，消费者不仅可以从商品消费中获得效用，还可以从购买商品时达成良好的交易中获得效用。最后，由于边际敏感性的降低，决策者将更喜欢1000 美元和 2000 美元（分离）的两个单独的增益，而不是 3000 美元（聚合）的唯一聚合增益。同时，他将更喜欢 3000 美元（聚合）的唯一损失，而不是 1000 美元和 2000 美元（分离）的两个连续的损失。当面对意外的收入、支出、奖金、礼物或危害等损益时，个人会调整他们对这些损益的心理解释，以便通过相应的汇总或分离不同的结果来使他们对财务结果的

① A. Tversky and D. Kahneman, "Advances in Prospect Theory: Cumulative Representation of Uncertainty, "*Journal of Risk and Uncertainty* 5, No. 4(1992) : 297－323.

② 〔美〕丹尼尔·卡尼曼：《思考，快与慢》，胡晓姣、李爱民、何梦莹译，中信出版社，2012，第 256 页。

感觉更好些。这些心理考虑会影响个体在价格变化后调整参照点的方式。①如果参照点完全适应价格变化（旧的心理账户关闭，整合了所有过去的收益和损失），则以后的价格演变将与当前价格进行比较。在这种情况下，过去的收益/损失与未来的心理账户是分开的。如果参照点不完全适应价格变化，过去的部分收益/损失将被纳入未来的心理账户。

帕拉斯基夫和舍纳瓦兹的参照点理论包括三个方面的论点。一是买卖双方不使用当前市场价格作为参考点。标准经济理论预测买卖双方会参考平均市场价格来评估住房的价格，但现实中有相当一部分买方和卖方的行为违背了这种假设。帕拉斯基夫和舍纳瓦兹对法国住房市场的调查发现，54.86%的买家同意以高于平均市场价格的价格购买，而只有13.72%的买家愿意以低于平均市场价格的价格购买。同时，39.15%的卖家同意以低于平均市场价格的价格出售，而只有21.45%的卖家愿意以高于平均市场价格的价格出售。按照心理账户理论，原因在于，卖家不仅从高价出售中获得效用，而且还从住房实际成功出售中获得效用。对于卖方来说，接受较低的售价会增加出售住房并收到现金的可能性。此外，要求高价意味着他将获得更高效用，但出售住房的可能性降低，可能导致住房无法出售。对于买方而言，同意只支付较低的购买价格虽然减少损失，但也降低了交易的可能性；同意为住房支付更高的购买价格则会增加交易的可能性。因此，买卖价格的确定，是与住房和现金量相对应的收益与损失相加的心理账户之间平衡的结果。但是，这种平衡过程会受到感知到的实现交易可能性的影响。这也说明，参照点更有可能对应于一个可接受的价格范围（参照域），而不是一个唯一值（参照点）。

二是卖方的参照点取决于市场演变。研究结果表明，在房地产市场，过去的价格对卖家来说比未来价格更重要。事实上，在不断增长的房地产市场中，如果卖家相对于初始购买价格（关注过去）获得好价格，他们便会感到满意，而不会一味地为了从房屋未来有利的价格变化中获益而寻求更高的价格（预期）。在不断萎缩的房地产市场中，卖方试图减少相对于

---

① R. H. Thaler, "Mental Accounting Matters," *Journal of Behavioral Decision Making* 12, No. 3 (1999): 183–206.

初始买入价的损失（关注过去），而不是试图在房屋的市场价格进一步下降之前出售（预期）。初始购买价格在不断萎缩的市场中比在不断扩张的市场中具有更重要的影响。在一个不断萎缩的市场中，不愿意接受损失使卖方要求高于市场价格的价格，相对于房屋的初始购买价格，这个价格将能够减少损失。卖方如果即将遭受相对于其购买价格的损失，则不愿意出售，这与损失厌恶是一致的。

三是买方的参照点可能会受到住房交易中的信息操纵的影响。卖方向买方透露的所有私人信息都显著地改变了买方的参照点。产生影响的是两类信息：卖方所透露的住房初始购买价格和其他潜在买方提出的替代报价。其中后者的影响更大，这也可能进一步说明与过去的信息（初始购买价格）相比，在收益域和损失域中，最近的信息（替代报价）对买方参照点的影响更大。

近十余年来，研究参照点理论的学者越来越多，该理论也不断被加以改进。例如，有的学者针对英国住房市场的调研也得出了与帕拉斯基夫和舍纳瓦兹的研究比较接近的结论：买卖双方以初始购买价格、中间价格、近期价格和预期利润作为参照点；此外，个人将自己的生活方式与他人进行比较的倾向会影响其参照点的形成。[1] 可以发现，参照点理论对于解释住房市场中买卖双方的定价行为有很大作用，但是从目前该理论研究状况看，我们认为有几个需要进一步完善的地方。首先，该理论的基本假设依然是理性行动，尽管这是一种有限的理性行动，但理性假设导致该理论很难真正看到非理性的和情感的因素的作用，更谈不上深入地研究这些因素并将其整合到已有的理论体系之中。虽然学者们已经努力地吸纳心理学知识以帮助他们理解市场行为，但这些心理学知识仍然是一种"科学的"规律，与现实中普遍客观存在并发挥重要作用的各种非理性和情感因素并无多大关系。就此而言，该理论所宣称的对标准经济学理论的批判也是有限的，它更多地表现为对后者的补充而不是超越。其次，目前该理论涉及的参照点的影响因素仍然比较有限，一些可能对参照点产生重要影响的因素

①　H. X. H. Bao and R. Saunders, "Reference Dependence in the UK Housing Market," *Housing Studies* 38, No. 7(2023): 1191–1219.

并未被纳入研究视野，比如文化因素，虽然阿克斯（Arkes）等人发现文化因素在参照点适应过程中有一定的作用[1]，但在这项关于证券市场参照点的研究中，学者们只对文化的作用略做提及，并未详加论述与证明；再比如政策因素，现实中买卖双方往往会对可能影响房价的政策高度关注，并对其影响房价的程度做出估计，这会反映在他们的参照点的变化上。我们认为，该理论之所以未能关注政策因素，原因可能是学者们主要研究英、法、美等新自由主义国家，其住房政策产生的市场影响相对比较弱。这就涉及下面的问题，即不同国家不同制度背景下，住房市场往往存在比较大的差异，房价形成机制也并不完全相同，买卖双方的参照点很可能同中有异。比如前面提到的，在新自由主义国家住房政策对参照点的影响可能比较小，但在中国住房市场中情况则很可能相反。因此，改进参照点理论必须将其拓展到不同类型和性质的住房市场中以对其加以验证和深化。

五　住房市场的场域理论研究

在国外研究的最后部分，我们介绍一下布迪厄关于住房市场的场域理论研究。这是布迪厄最为重要却又并不广为人知的研究之一，也是布迪厄后期进行的一项大型社会学课题研究。这项研究以法国瓦兹河谷省为例，着重考察 20 世纪 80 年代末法国私人住房市场的发展状况，试图解释 20 世纪 80 年代初期法国住房市场的重心为何以及怎样从高密度租赁住宅向自有的独栋式住宅转变。研究成果最初于 1990 年以《住房经济》为题发表在《社会科学研究文集》特刊上，后又于 2000 年作为专著出版，即《经济的社会结构》。该著作主要包括两个部分，在第一部分"住房市场"中，布迪厄分别从"能动者的倾向和再生产场域的结构"、"国家与市场建设"、"地方权力场域"和"胁迫下的合同"四个方面对住房市场内外的实践活动进行分析，并以"小资产阶级苦难的基础"作为结论。在第二部分"经济人类学原理"中，布迪厄运用场域、惯习、资本等概念构建"一个经济

---

① H. Arkes, D. Hirshleifer, D. Jiang et al., "Reference Point Adaptation: Tests in the Domain of Security Trading,"*Organizational Behavior and Human Decision Processes* 105, No. 1(2008）: 67 - 81.

理性的现实主义释义"——将同样由社会构成的与一个场域有关的性情和结构相结合，打破经济学占主导地位的研究范式。[①] 在这部著作中，布迪厄不仅运用还再次验证了由他提出的"实践经济"理论，这一理论强调经济因素永远是更大范围内社会与政治现象的内在有机组成部分。布迪厄的研究主要围绕以下三个方面展开。

首先，住房生产场域中能动个体的活动。布迪厄指出，住宅在人们眼中是有象征意义的，即除物质或者说经济价值之外也具有象征性价值。因此，购房作为投资活动也会被认为具有双重意义，它不仅是一种长期的经济投资，也是对具有象征性意义的家（home）和家庭（family）的投资。他进一步论述道，对于住房的形式、内容和风格，购房者会展现出不同的品味和偏好，而这些偏好能够反映出他们在社会空间中的地位（决定于他们资本的总量和配置情况）以及社会轨迹。通过对购房者品位的观察发现，人们会根据一套混合标准来选择住房，这套标准包括社会的（如能否增强家庭凝聚力）、文化的（如房屋的象征意义）和经济的（如房屋的货币价值）方面。而且对不同的社会群体而言，每种标准的重要程度和表现形式是各异的。其中，布迪厄着重指出了房贷和广告在引诱劳动阶级逾越"现实品味"并沉溺于"空想品味"上所起的重要作用，比如激起他们对半独立式郊区住宅的幻想。[②] 为进一步证明这一点，布迪厄对新形成的一类购房者阶级的偏好进行了描述。该阶级由低收入工薪阶层组成，此前由于缺乏资源，他们只能租房居住，秉持的是一种"现实品味"。但是由于现在可以申请房屋贷款，在各类房地产广告的诱导下，购房在他们眼中既是经济投资，也成为一种象征性投资，他们认为自己有了一个可以居住在理想住宅中的机会。而同时房地产开发商在意识到购房活动蕴含的这层象征性含义之后，会采取相应的策略来满足购房者这些复杂的需求，那就是在广告中大力推广住房产品，尽管有时那些广告元素不过是似是而非的噱头而已。布迪厄调查了售房人员的推销技巧及他们与购房者在现实中的互动，也在著作中收录了布迪厄对双方分别进行访谈所得的材料。通过对这

---

① P. Bourdieu, *The Social Structures of the Economy* (Malden: Polity Press, 2005), p. 193.

② 〔英〕海伦娜·韦伯斯特：《建筑师解读 布迪厄》，林溪、林源译，中国建筑工业出版社，2017，第 57 页。

些材料的分析发现，售房人员的任务就是激发出购房者与其还贷能力相应的购买欲。为此，售房人员竭尽全力采用各种推销手法，可以说是不择手段——他们或是描述一个拥有房屋等于拥有幸福和社会地位的梦境，或是试图用熟人的语气套近乎，或是用金融术语使人一头雾水，以此来获得购房者的信任。

其次，住房生产场域的结构。布迪厄详尽地考察了住宅建造业者的亚场域的组织方式，分析了房地产开发商和建筑商相对的社会地位、他们过去的轨迹和将来的策略、企业之间的竞争以及各企业与各自对应的市场之间的同质关系。布迪厄收集了 50 余家住宅建筑公司的资料，对其进行了分析，发现这些公司在企业规模、财务结构、生产体系和市场推广策略等诸多方面的差异均非常显著。正是这些差异决定了场域内权力分配的结构和各公司争夺权力的方式。例如，布迪厄提出，大型建筑商处于场域的一端（大规模生产场域），它们致力于大批量建造象征性价值较低的房屋，而这与场域的另一端（限量生产场域）形成鲜明对比——在这里，小型建筑公司服务于小众市场，并致力于遵照本地的建筑传统建造象征性价值较高的住宅。

最后，住房生产场域与政治/权力场域的关系。布迪厄解释了法国政府的有关政策是如何从权力场域入手促进国内住房市场的增长的。他尤其强调，正是由于国家对金融市场的调节力度逐渐减小，抵押信贷市场才从1966 年开始繁荣，建筑业市场可以获得的外部投资也日益增多，低收入阶层对政府提供住房的需求因此降低。布迪厄指出，一方面，政府与住房建设及销售的业内人士（住房设计师、建筑商、材料供应商、房地产经纪人、抵押贷款经纪人）能明显从这些变化中获利；另一方面，另一类能动个体即工薪阶层的购房者却只能尝到暂时的甜头。[①] 购买自有房屋往往给劳动阶级带来负面的结果，购房之后他们很快就会发现抵抗诱惑失败带来的不仅有沉重的经济负担，还有许多负面心理等其他的问题。

与新自由主义经济学的看法不同，布迪厄认为当代住房市场并不是"独立"且"纯粹"的经济事实，其形成与发展是建立在漫长的社会变迁

---

① 〔英〕海伦娜·韦伯斯特：《建筑师解读布迪厄》，第 89~93 页。

和深厚的历史基础之上的，相关实践活动也无疑具有总体性。资本市场的经济逻辑之所以可以成为资本家牟利的手段，也是因为这些非经济因素对人们长久以来的影响。住房市场中的供需关系、政策实施、合同签订、广告营销，皆是基于人们对于住宅所有权的向往和倾向才起到作用的。布迪厄通过理论与经验相结合的研究方式，对住房市场的历史底蕴、社会结构及复杂关系展开了讨论，其著作《经济的社会结构》也成为住房市场社会理论研究的典范。

六　国内住房市场的社会理论研究

我国住房市场研究大致是伴随着住房市场制度改革进程的推进而开始并不断深化的。与国外相比，国内相关研究起步较晚且进展相对滞后，而与国外类似的是，国内相关研究也主要来自经济学界，该领域的社会理论研究虽然近年来也呈增多之势，但仍明显较弱，不仅相关研究的系统性和前沿性不足，而且专论比较少，很多研究都散见于包括经济学著作在内的诸多文献之中。例如，经济学家盛松成等人的研究发现，我国的住房价格是一个受预期影响强烈的变量，前几期的住房价格对后来的住房价格有十分明显的影响。在真实的市场中，购房者可能基于过去的住房价格趋势形成对未来住房价格的预期，即所谓的适应性预期。购房者也可能基于各种信息而非仅仅是过去的趋势形成对未来住房价格的预期，即所谓的理性预期。这两种预期都有可能发挥重要作用，因此过去的住房价格对未来的房价预期有重要影响。[①] 这种观点与前面提到的参照点理论颇为相近。盛松成等人还发现，我国住房市场呈现较强的政策性，一方面住房市场自身具有不完全竞争的特性，另一方面住房的必需品和准公共物品属性决定了其必须具备保障性物品的定位。因此，政府对住房市场的调控和干预是必要的。此外，我国住房市场的投资需求特征与我国房地产市场调控政策方向基本一致，当房地产市场调控处于放松阶段时，投资需求上升；当房地产

[①]　盛松成、宋红卫、汪恒、王伟：《房地产与中国经济》（新版），中信出版集团，2021，第197页。

市场调控处于收紧阶段时，投资需求下降。① 这一观点也可能受到制度主义理论的启发。下面我们就几个较有代表性的研究进行论述。

1. 网络行动-集体意义理论研究

国内外学界早已认识到住房作为一种特殊的产品和商品，有着影响国计和民生的双重重要性，因此住房市场运行往往不同程度受到市场内部和外部环境（主要是住房制度与政策及社会文化）的共同影响。在较长的时间内，学者们对那些受外部影响较大的住房市场表现出很大的研究热情，并形成了一些理论研究成果。其中，行动者网络理论和社会建构论研究已取得较大进展，也颇具社会学理论研究的意味。国内有学者在借鉴相关理论研究的基础上，基于实地调查，进一步拓展了该领域的理论研究。下面我们以谢志伟的相关研究②为例加以说明。谢志伟的研究所要解释的是受监管的住房市场中参与者的集体意义形成的决定因素是什么以及集体意义如何影响市场参与者的行动。谢志伟引入社会网络理论，指出"市场即网络"，再进一步引入集体意义建构理论视角展开讨论。

意义建构是组织决策的一个基本过程，包括审视、解释和响应三个环节。它首先需要对可能是合理的那些意象进行持续的、回顾性的审视，使人们对其所做的事情的解释合理化，并成为未来行动（响应）的指南。在审视过程中，行动者会对线索或信号进行检测并为现有和即将到来的线索或信号赋予意义。线索或信号出现在过去的表现、感知到的现实和期望的结果状态之间的差异中。这种差异会导致需要解决的"问题"，这是因为

---

① 盛松成、宋红卫、汪恒、王伟：《房地产与中国经济》（新版），第 351 页。

② C. W. Cheah, "Relationship Building in Housing Network: A Meso-level Collective Sensemaking Perspective," *Housing Studies* 38, No. 5 (2023): 770-791. 这里需要说明的是在本研究中，我们界定国内研究的范围主要考虑的是学者是否为中国学者（包括中国大陆和港澳台地区的学者），更准确地说是该学者发表该研究所介绍的学术成果时是否注明其来自中国大陆和港澳台地区的单位与机构，而对该成果中调研的地点、发表的刊物以及使用的语种等不做考虑。例如，这里介绍的 Chee Wei Cheah（中文名谢志伟）为来自深圳技术大学的一位学者，尽管他的这篇论文中以马来西亚为调研地点，采用英文写作并发表于外文期刊 *Housing Studies*，我们仍将其视为国内研究。下面谈到的来自香港理工大学的两位学者 Ziyou Wang and Eddie Chi-man Hui 所做的研究也属于这种情况。随着国内学者与国外的学术交流日益频繁深入，这种情况越来越多见，因此有必要对此加以说明。

如果差异足够突出，就会带来不确定性和紧张。[①] 因此，线索作为意义构建的输入信息，最终能够指导行动者的行动。意义建构的过程也与"意义赋予"相关联，后者指的是"试图影响他人的意义建构和建构意义以实现对组织现实偏好的重新定义的过程"[②]。然后，谢志伟借鉴了迈特里斯（Maitlis）的观点，区分了集体意义建构的三种类型：受限的、引导的和碎片化的。受限的集体意义建构描述了政府的高度控制和其他市场网络参与者对意义建构的较低热情。它表明了一个高度受限的住房市场环境中，完全遵守规则和规定是唯一的选择——这种自上而下的干预有可能造成市场网络互动产生单一和狭隘的结果。相反，引导的集体意义建构描述了政府的高水平控制以及相关网络参与者对意义建构的高度热情，这有可能造成市场网络互动产生统一但丰富的后果，并产生一系列一致的行动。碎片化的集体意义建构描述了网络参与者在政府干预最少的自由市场中对意义建构的高度热情，这导致了市场网络互动产生多重、狭隘的结果，以及各种参与者一系列不一致的行动。这三种情况意味着集体意义建构和意义赋予涉及多个参与者，因此产生的是集体策略。对以上三种类型的集体意义建构的描述大致展示了住房市场网络参与者如何在其意义建构的指导下在网络中制定相应的行动策略。

运用上述理论框架并结合在马来西亚开展的实地调研，谢志伟的研究发现，影响住房市场参与者意义建构的决定因素包括股东背景、文化种族背景和网络外部性。其一，股东背景的影响。股东背景即住房开发者的性质和类型，主要包括四类：国有住房开发商、与政府挂钩的开发商、私营性质的新公司与私营老牌公司。这些不同背景的开发商在参与房地产市场竞争时往往抱有不同的内部目标、使命和愿景。例如，国有住房开发商优先考虑社会福利而不是盈利水平，而与政府挂钩的开发商以及私营性质的新、老公司则努力操纵政策空间以提高其业务效率。这些背景决定了公司在住房网络中的网络角色和地位，这些角色和地位后来又引导了他们的行

---

① D. A. Cowan, "Empirical Development of a Theoretical Model of the Problem Recognition Process, "in Sonia Taneja, ed., *Academy of Management Proceedings* (1985), pp. 201-205.

② D. A. Gioia and K. Chittipeddi, "Sensemaking and Sensegiving in Strategic Change Initiation," *Strategic Management Journal* 12, No. 6(1991) : 433-448.

动策略。一般来说，国有住房开发商将遵守州政府制定的住房政策，新公司倾向于遵守住房政策以获得市场准入资格。至于受利润驱动、历史悠久的私营开发商和与政府挂钩的开发商，他们有较多的资源来应对住房政策的各种合规性要求，例如要求他们参与建设所开发项目内部或周边的学校、公园、教会场所等。由于他们更具有影响力，也更积极地参与对政策的意义赋予，他们知道在开展业务活动时需要与各种相互关联的参与者建立哪种类型的联系。总之，行动者应对公共住房政策的策略行动是特殊的和差异化的，主要取决于行为者的股东背景。其二，文化种族背景的影响。研究结果表明，不同种族和文化背景的投资者对住房政策好坏的不同主观解释会影响他们的意义赋予和建构，他们会采取反映其意义解释的规范且具有柔性的合规策略。例如，将住房政策看作威胁或机遇，会指导他们做出相应的策略行动，包括适应、讨价还价、遵守和操纵等。其三，网络外部性的影响。谢志伟特别强调这个方面的意义。网络外部性的变化，如大选导致的州政府更迭，或州政府领导层的更替，可能会导致对住房政策的重新解释，住房开发商的角色可能会被重新定义，从而破坏住房开发商的既有网络结构和意义规范。在这种情况下，住房开发商需要重新审视和理解他们现有的互动、关系、流程和活动，检测发现新政策中新的线索和信号并赋予其新的意义，以确保自身与新的制度背景保持一致，基于新的意义建构，住房开发商需要调整行动策略和重新配置资源。住房市场网络参与者可能选择的行动策略包括：房地产开发商和州政府在住房开发过程中相互依赖和互相妥协；与其他参与者和利益相关者加强互动联合来重新组合现有资源；利用政策空间操纵房地产定价以获取最大利润；如果情况被判定为非常危急，住房开发商可能会优先考虑其业务生存而不是策略合规性。

谢志伟的理论研究对推进行动者网络理论与社会建构论对住房市场的研究做出了一定的贡献，但是它的局限性也是明显的，该研究以马来西亚为调研地点，而马来西亚多民族和多元文化以及住房市场监管严格的状况，具有很大的特殊性，既不同于文化同质程度较高的东亚国家，也不同于住房市场监管相对宽松的欧美国家，这可能影响该理论的代表性与适用范围。

2. 市场情绪理论研究

传统经济学理论认为，作为最突出的市场指标，房价总是受到各种基本面的影响，国内生产总值、新住宅项目规模、建筑成本、人口和实际收入的变化等都是房价的有效影响因素。可以发现，除了人口外，其他影响因素基本是经济学性质的，并且所有因素都是外在的客观因素。这种理论认为住房市场中的主体不仅是理性人，而且是只受到外部条件限制并会追求利益最大化的人，人的因素特别是主观因素对房价不起作用或者这种作用并不重要，房价只是受到各种外部因素影响的因变量。20世纪80年代开始，学界开始质疑和批评这种观点。克莱顿（Clayton）认为，房价的急剧升值可以部分归因于投资者的心理，[1] 这与凯斯（Case）和席勒（Shiller）的观点相呼应，他们发现房价快速升值可以部分归因于过度的期望。[2] 黄（Wong）等人指出，过度自信会导致在评估住房交易时出现有偏见的评估结果。[3] 克莱顿等人发现，投资者情绪会影响整个房地产市场的流动性，导致住房价格偏离其基本价值。[4] 此外，有学者发现住房市场的参与者对房价和租金表现出显著不同的期望。由于市场情绪来自不同的因素，包括非理性的预期和市场限制（如套利限制），因此情绪对住房交易和租赁市场的影响程度可能会有所不同。[5] 这些学者都在各自的研究中证实了住房市场参与者主观心理产生的影响。王子友（音）和惠驰曼（音）引入市场情绪理论，进一步探讨情绪对住房市场中的房价、租金以及交易量的影响。[6]

一般来说，市场情绪是投资者对市场中资产价格未来趋势的综合态

[1] J. Clayton, "Are Housing Price Cycles Driven by Irrational Expectations?" *The Journal of Real Estate Finance and Economics* 14, No. 3(1997): 341-363.

[2] K. E. Case and R. J. Shiller, "Is There a Bubble in the Housing Market?" *Brookings Papers on Economic Activity* 34, No. 2(2003): 299-362.

[3] J. Wong, E. C. M. Hui, W. Seabrooke ct al., "A Study of the Hong Kong Property Market: Housing Price Expectations," *Construction Management and Economics* 23, No. 7(2005): 757-765.

[4] J. Clayton, G. H. MacKinnon and L. Peng, "Time Variation of Liquidity in the Private Real Estate Market: An Empirical Investigation," *Journal of Real Estate Research* 30, No. 2(2008): 125-160.

[5] J. Wong, E. C. M. Hui, W. Seabrooke et al., "A Study of the Hong Kong Property Market: Housing Price Expectations," *Construction Management and Economics* 23, No. 7(2005): 757-765.

[6] Z. Wang and Eddie Chi-man Hui, "Fundamentals and Market Sentiment in Housing Market," *Housing, Theory and Society* 34, No. 1(2017): 57-78.

度，是投资者对市场价格变动预期的信念。由于房地产市场具有高异质性、低流动性和高交易成本的特点，市场效率较低，房价无法对所有信息做出快速反应，而住房作为限制套利的资产更容易受到情绪的影响。卖空限制作为房地产市场的一个众所周知的特征，限制了市场监管消除错误定价的能力，这最终可能导致由情绪引起的房地产市场资产定价的异常偏差。此外，信息的不对称和不完整可能会使投资者处于不利地位，并使人们表现出从众行为。结果，不对称和不完整的信息会误导他们产生不正确的预期，这也可能对交易量造成巨大冲击。

王子友和惠驰曼基于香港房地产市场调查的研究发现，一方面，情绪对住房市场中的房价、租金以及交易量均产生影响，进一步看，情绪对房价、租金和交易量的影响按顺序递减，情绪在对房价的预测能力上具有压倒性的优势，这意味着香港的私人住房市场受到情绪的显著影响。在短期内，市场情绪是预测价格和交易量的重要指标，即当前房价和交易量可以部分归因于情绪，而租金则会受到情绪的滞后影响。两位学者对情绪对房价和租金的不同影响稍做了解释，他们认为这种差异可归因于交易市场的多种需求，包括投资需求和投机需求，这可能导致知识差距。就是说，相较于租赁市场，交易市场对参与者的知识要求更高，这就可能造成很多参与者由于无法拥有足够的知识而更多地受到情绪的影响。另一方面，研究结果还表明，房价、租金和情绪之间存在单向循环影响关系，即房价影响租金，租金影响情绪，情绪再影响房价。其中，房价的变化可以预测未来租金的变化，并且在短期内具有最强的预测能力。按照经典理论的解释，这是因为房价从根本上说是未来租金收入的现值，房价的变化可以预测未来租金的变化。租金又是情绪的重要预测指标，由于情绪影响房价，这意味着情绪是租金与房价间接联系的指示因素，也即租金会间接地影响房价。两位学者的解释是，租房者作为住房市场最理性的参与者，对房租的变化很敏感，租金可能明显影响情绪。这种情况下，特别是在抵押贷款利率较低的情况下，租房者可以通过转换他们的使用权和保有权的方式，即从租赁到拥有或从拥有到租赁，来对冲未来的租金/所有权风险，进而对房价水平产生影响。

惠驰曼和王子友在另一项关于住房市场情绪的研究中也发现，房地产市场的投资者很有可能受到情绪的影响，情绪反映了市场流动性的变化，也导致了价格的变化，甚至是影响房价的第二大长期因素。[①] 应该说，包括王子友和惠驰曼的研究在内的住房情绪研究已经取得了很大进展，为理解住房市场中房价、租金和交易量的变化提供了一个比较有效的理论工具。但是我们认为，目前此类研究的一个重要局限是对情绪概念的界定和操作化并不成功。学者们将情绪理解为投资者对特定市场环境的感觉或信念，是一种"无形的想法"（intangible idea），市场情绪就是个人投资者情绪的总和。[②] 学者们也仅仅将情绪划分为积极情绪和消极情绪两类，并未真正对其进行有效的操作化处理。这种对情绪和市场情绪语焉不详的状况以及大而化之的处理方式，造成它们实际上仍然是未被完全打开的"黑箱"，我们无法确知其内涵与外延，无从判断它们与其他相关概念，如感觉、态度、情感等的异同，这意味着目前对情绪和市场情绪的研究只是从外部对它们进行分析，而对它们的内在方面依然知之甚少。这个问题得不到解决，目前这种外部研究也很难有更大的突破。

3. 住房市场的"关系"理论研究

中国内地住房市场制度改革后，住房市场形态与运行机制发生了根本变化，既呈现出与国外住房市场相似的许多规律与特点，也有着自身的独特性。有学者着力于从社会学视角发掘和研究国内住房市场的特有形态与机制。例如，李林艳曾经运用"关系"理论对国内住房市场的"关系"现象进行研究。

李林艳把国内的房地产市场称为"关系"密集型市场。房地产企业普遍重视与外部关系的处理，并且"关系"经营确实有助于房地产企业的生存和发展。为什么出现这种市场形态？李林艳认为，房地产市场发育初期资金匮乏是一个原因。房地产属于资金密集型行业，拥有较高的资金进入门槛，借助于"关系"实践，可以松动硬性的资金要求，节约资金成本、提高资金周转的速度和扩大资金的利润回报空间，从而达到"四两拨千

① Eddie Chi-man Hui and Z. Wang, "Market Sentiment in Private Housing Market," *Habitat International* 44(2014): 375-385.

② Eddie Chi-man Hui and Z. Wang, "Market Sentiment in Private Housing Market," *Habitat International* 44(2014): 375-385.

斤"的效果。外部制度环境的特征，是房地产企业的"关系"策略得以奏效的另一个重要条件。规章制度的不够完善、政府不同级别和不同部门目标的不一致、政府管理权威的相对缺失，可能造成非正式关系的盛行。房地产企业运用非正式关系来营造微观的制度环境，为各种合规和不合规的经营开辟空间。此外，中国文化中的"关系"主义特质，特别是善于强化弱关系的"关系"文化传统，也是形成"关系"密集型市场形态的重要因素。①

李林艳发现早期与后来国内房地产企业经营"关系"的性质与策略并不相同。早期，"关系"的强化主要是通过培养感情来实现的。这说明，在中国社会中，感情因素可能是区分"关系"纽带的强弱的一个关键维度。因此，"拉关系"并不是赤裸裸的利益追求，它是彼此之间心思和顺基础上的自愿帮助或合作，所以充其量是对利益的曲折表达和追求。② 早期房地产商会使用积极的情感技术，为了培养情感，"拉关系"的一方首先会主动地满足对方的一些物质和精神需求；其次会努力进入"关系"对象的内心世界和私密空间，缩短双方的心理距离；最后会做到善于换位思考，尽力为"关系"对象考虑，让对方感到愉悦，同时确保对方的安全，让对方感受到各项安排得周到体贴。③ 但是，后来的住房市场中的"关系"日益偏离情感范畴而走向商品化，变得更加直接。这主要是由于后来更多资金实力强劲的企业进军房地产行业，它们会选择直接利用资金快速地调动"关系"。其"关系"策略也发生明显变化，它们会挑选值得信任的人作为"关系"对象，经过积极地经营后，可以获得"关系"对象更多的信息，增强"关系"双方的相互信任感，使得交易安全得到更好的保证。④

从后果看，一方面，密集型"关系"和局部行动者之间的协调合作，可能导致权力向市场的渗透，使权力参与到住房市场的资源配置过程之中，破坏房地产企业之间的公平竞争，造成住房市场总体上的乱象。另一

① 李林艳：《关系、权力与市场：中国房地产业的社会学研究》，社会科学文献出版社，2008，第 195 页。
② 李林艳：《关系、权力与市场：中国房地产业的社会学研究》，第 200 页。
③ 李林艳：《关系、权力与市场：中国房地产业的社会学研究》，第 155~156 页。
④ 李林艳：《关系、权力与市场：中国房地产业的社会学研究》，第 162~164 页。

方面，"关系"让精英群体获得大量合规和不合规甚至可能违法的利益，助推了住房市场的"造富运动"。而底层的社会成员，由于缺乏经营"关系"的资本，则失去通过"关系"获得一些社会资源的机会，使得基于财富和收入水平的不平等在"关系"的作用下被系统地放大，进一步加剧了社会结构的失衡。[①]

　　客观地看，目前国内住房市场领域的社会学研究仍然比较少，也还不够深入。实际上，西方市场社会学20世纪70年代开始兴起，20世纪80~90年代出现了第一波蓬勃发展的高潮，构成了在20世纪80年代崛起的新经济社会学最重要的研究议程。在市场社会学领域，诸多不同的理论模式百舸争流，各具特色，在过去的30多年间取得了长足的发展。[②] 但是，遗憾的是西方丰富的市场社会学理论研究成果并未被充分地应用到住房市场研究之中，国内住房市场研究对西方与国内的市场社会学理论研究成果更是少有了解与应用，这应该是目前国内也包括国外住房市场社会理论研究相对滞后的重要原因。今后的住房市场社会理论研究的发展取向或许应该由两个方面构成，一方面，坚持实用主义原则，将来自市场社会学以及其他学科的相关理论引进来，形成一种多元化的和富有活力的研究局面；另一方面，在此基础上，逐步地构建住房市场社会理论范式，而"当务之急是进一步阐述跨学科理论研究议程可能是什么样子，以及如何调和由此产生的各种见解，以建立对主流经济学揭示的见解和程式化事实的连贯性替代或补充方案"[③]，这值得学术同侪们思考并做出努力。

①　李林艳：《关系、权力与市场：中国房地产业的社会学研究》，第201页。
②　符平：《市场的社会逻辑》，上海三联书店，2013，第3~7页。
③　C. Watkins and R. McMaster, "The Behavioural Turn in Housing Economics: Reflections on the Theoretical and Operational Challenges," *Housing, Theory and Society* 28, No. 3(2011) : 281-287.

第八章　住房政策的社会理论研究

前面已经多次提到，长期以来，住房政策都是国内外住宅社会学的重要研究对象与研究内容，这种情况一直持续到 20 世纪末才有所改变。我们在前面分析过推动这种变化的重要因素是很多西方学者对住宅社会学领域中政策研究占据主导地位造成理论发展滞后这一状况的不满与批判，这种自我审视和深刻反思引发了西方住宅社会学的理论化转向。与此同时，西方住房政策研究也面临更加复杂和困难的局面，一方面，需要研究的住房政策议题变得更多样且变化更快，以往那种注重"就事论事"而不是提出适用于许多不同情况的总体解决方案的政策研究越来越难以适应这种新的变化；另一方面，随着很多西方国家的政府财政状况恶化，政府对政策研究的需求也开始下降。面对来自学界的批评和外部的压力，有一些学者开始思考住房政策研究的未来走向。不论是由于研究的惯性作用，还是出于从事政策研究带来的收益的考虑，住房政策研究在住宅社会学研究中的地位还是比较牢固的，对于学者们的价值仍然不容忽视。但是，住房政策研究必须对其研究现状做出改变，其重要方向是推进住房政策研究的理论化。然而有些令人尴尬和沮丧的是，在这条理论化之路上，学者们发现几乎没有以往的理论可资借鉴，差不多只能从零开始。于是，在理论化前期的惯常做法——"拿来主义"原则下的理论借鉴，也就自然成为住房政策社会理论研究的主要方式。尽管住房政策研究理论化也属于住宅社会学理论化进程的一个构成部分，但大致在进入 21 世纪后特别是 2010 年后西方学界的相关研究才开始逐渐增多。由于起步较晚，理论研究仍处于初期探索和逐步深化的过程之中。从目前的研究进展看，相关研究集中在住房政策与理论的关系、社会建构主义理论与住房政策研究、福利国家理论与住房政策研究这三个方面。

一　住房政策与理论的关系

如前所述，大多数学者将住房政策与理论对立起来看待，一般认为住房政策研究不仅没有理论而且还妨碍了理论发展。但果真如此吗？我们不妨回到沃斯那里看看他的观点。沃斯在被看作住宅社会学发轫的重要标志的《作为一个社会学研究领域的住宅》一文中明确提出，住房政策是社会学家必须认真研究的住宅问题。他还解释道，有一段时间，个人或家庭可以主要基于他们手中的资源与自己的决策来解决他们的住宅问题，但这越来越不现实，因为住宅在很多方面都被公共利益所包围，这些公共利益表现为一套复杂的正式的公共规则体系，如建筑规范、区划条例、安全和卫生规则，还有被时尚与邻里关系及社区压力所限定的非正式规则。此外，住宅供给还涉及各种各样组织化程度不同的和相互联合的利益群体：房地产行会、提供贷款的银行家、建筑师、城市规划师、建材制造商、建筑工人、政府官员、不同组织化水平的产权所有人、纳税人、租户以及其他许多相关者。每当做出公共决策时，这些利益群体就转变为压力群体。每一个议题的相关决策结果如何，在很大程度上取决于压力群体与他们所施压于的国会、州立法机关和城市议会等对象之间的权力关系。针对公共住宅和住宅公共责任范畴的决策，尤其是关乎那些私有住宅企业无法充分满足其需求的低收入群体的决策的斗争持续不断，这是清楚无疑的。对所有人而言，在保障人们至少能获得一间最低标准住房的过程中，是不是或在多大程度上存在着公共责任，又取决于某种社会价值的被接受程度，因此价值问题再次成为中心话题。① 从沃斯的论述中可以很明显地看到住房政策自住宅社会学形成之时起就被当作一个理论研究对象加以分析。沃斯引入当时比较重要的结构理论、冲突理论，对住房政策制定过程中的压力群体和权力关系进行分析，尤其可贵的是沃斯将政府公共责任与社会价值联系起来，这可以看作住房政策的社会建构论的一个早期研究。尽管沃斯的住

---

① L. Wirth, "Housing as a Field of Sociological Research," *American Sociological Review* 12, No. 2 (1947): 137–143.

房政策理论分析很是简单浅显，但从中可以看到在住宅社会学形成之初，住房政策不仅与理论研究密切关联，而且已经显示出发展理论的潜力。

但是应该如何看待沃斯之后似乎步入"歧途"的住房政策与理论研究的关系呢？克拉彭明确表示反对将住房政策与理论对立起来的观点，这种观点既不准确，也会误导住房研究，他主张进行理论和政策相关联的住房研究。具体观点如下。

首先，所有研究都有理论基础，尽管在许多研究中它并不明确。也就是说，至少在住房研究中，不存在理论有无的问题，只有理论是否足够明确清晰以及研究在多大程度上提出了新理论而不是应用现有理论这种差别。当然，克拉彭也意识到对理论的不同定义是造成认识混淆的重要原因，那种与政策研究对立的理论往往偏向狭义或者要求过高，因此他对理论给出了一般定义，即"关于现实世界的概念的集合，有助于解释、预测或干预"。理论可以解释事情发生的原因和方式；它们有助于基于目前和过去的情况预测未来将要发生的事情，并帮助人们和政府选择行动，以实现所期望的未来目标。与前面提到的许多理论定义特别是鲁纳瓦拉的定义比较，这个定义明显比较宽泛，对构建和评价理论的要求较低，从而极大地缓和了理论与政策之间的紧张关系。依照这个定义包含的底线标准，确实也很难找到完全没有理论的政策研究，因为任何研究都属于或表现为概念的集合，即使不说预测和干预，又有哪一个政策研究完全不做解释呢？不难发现，克拉彭的论述并没有多少应用的价值，但作为一种和政策与理论对立观不同的声音和态度，却有着重要的导向作用，即展示了在住房政策研究中引入或发展理论的可能性与应有的信心。

其次，克拉彭认为政策制定过程很复杂，并且会因国家、情况和时间而异。因此，许多理论研究可以在适当的情况下影响政策，不同类型的理论研究适合不同形式的政策制定需要。今后需要的是分析住房政策的不同决策过程及其与不同理论的关系，这可以通过利用对理论研究与决策之间联系的个案研究来实现，以便了解它们在不同情况下相互作用的方式。

最后，克拉彭进一步针对住房政策制定过程给出了三个理论研究思路。一是理性决策研究。将政策制定视为一个涉及寻找信息和根据理性分析做出决定的过程，这个过程包括需要遵循的一套"理性决策"步骤，从搜集信息、确定目标、拟定路径并进行评估、政策实施到最后进行效果评估，并将评估结果作为下一次制定政策的依据，从而实现一个政策循环，这个循环过程中的理性行动是理论研究的内容。有观点认为，这种理性决策有其局限性甚至在现实中不可能做到，因为其会受到时间、资源和知识等多种客观因素的限制。现实中的普遍做法是政策制定者通过一种"试错"的方式进行渐进式变革来简化流程，在这种方式中，变革受到监控，如果成功，则继续，如果失败，则停止。① 但克拉彭却认为现实的不等于就是合理的，现实情况也不能成为否定理性决策研究的依据，其仍需要更进一步的理论研究。二是政治关系研究。政策是通过有关各方之间的讨价还价和谈判的政治过程制定的，一项好的政策是有关各方协商决定的政策，协商决定意味着该政策更有可能得到实施和维持。受特定政策影响的所有有关各方都不同程度地参与政策制定过程，它们之间的权力不平衡使它们在决定最终结果方面的重要性明显不同。由于社会中不同群体存在不同的目标，政策研究不应仅仅接受占主导地位的话语和由此产生的目标，也应考虑到替代话语中隐含的不同观点和价值观。这就为社会建构主义理论进入住房政策研究领域打开了大门。三是结构-能动研究。通过将住房政策置于结构与能动的分析框架中，讨论住房政策的制定及变化的机制与原因，例如，对话语和控制机制的研究揭示了决策行为以及政策的象征含义。此类研究可能有助于政府改进其住房政策，而改变公众对主流话语的看法可能也很重要，通过提供替代话语和提供有关政策影响的信息，这类研究对住房社会运动有重要意义。②

　　从沃斯到克拉彭，他们都努力地扭转将住房政策研究与理论研究割裂开并对立起来的认识和做法，并且给出了将两者结合起来开展研究的可供参考的思路以及可资借鉴的示例。尽管"扭转"绝非易事，因为将两者对立起来的认识根深蒂固，将两者对立起来的做法也由来已久，进一步说，学者们倾向于认为政策制定主要是政府部门的责任和事务，而政府部门寻求决策建议时是"去理论化"的，所以住房政策研究只能局限在经验研究

① C. E. Lindblom, *The Policy-making Process* (New Jersey: Prentice Hall, 1968), p. 23.

② D. Clapham, "Housing Theory, Housing Research and Housing Policy," *Housing, Theory and Society* 35, No. 2(2018): 163−177.

范围内；但是毫无疑问，这种"扭转"是必要且有意义的。无论国内还是国外，住房政策都是普遍存在并发挥重要作用的客观现象或曰社会事实，作为住房研究领域的一个重要议题，住房政策研究自然需要社会理论的介入，也可以成为社会理论创新的来源之一。只要学者们不再将住房政策研究仅仅视为住房政策制定的咨政工具，这种"扭转"就有可能真正发生。

二 社会建构主义理论与住房政策研究

社会建构主义理论进入住房政策研究领域是在两个相关的背景下发生的。一个背景是对基于经验主义传统和实证主义原则的住房政策研究的批判，而社会建构主义理论不仅是用以批判的理论工具，也是推动住房政策研究理论化的重要进路。另一个背景是进入20世纪80年代后，住宅社会学领域中很多学者开始集中地运用社会建构主义理论开展住房研究。在这样的背景下，一些学者从社会建构主义理论视角对住房政策展开分析，尽管出现得比较晚近，但社会建构主义理论已经被应用于对众多政策问题和背景的分析。

简单地说，社会建构主义理论是研究意义如何附加到社会行为上的社会学理论。该理论认为，这些意义以在特定社会历史背景下构建的规范和信念为基础并通过语言、符号和社会互动得到交流传播。[1] 随着不断的重复和仪式化，这种建构变得制度化，制度化结果作为一种事实又反过来加强和合法化这种建构。[2] 政策作为一种社会建构，形成于既定的社会历史背景中，基于共同持有的信仰和价值观，并需要具有被公众接受的制度合法性。雅各布斯认为，采用社会建构主义理论的住房研究，意在努力摆脱在狭隘的政府与市场框架内阐释住房政策的固有分析路径，它力图将住房研究重建为一种解释性工作，住房政策的社会建构主义研究是其中的一条重要研究脉络，其目的在于对把住房政策的制定和实施看作理性审慎的过程的传统解读提出挑战，后者认为在此过程中各组织会为了公共利益而选

---

[1] M. J. Edelman, *The Symbolic Uses of Politics* (Urbana: University of Illinois Press, 1964), p. 15.

[2] J. R. Searle, *The Construction of Social Reality* (New York: Free Press, 1996), p. 232.

择集体协作。社会建构主义者重点考察的是那些在诸如租户参与、社区照顾和反社会行为等活动中建立起来的各种安排，以及这些安排在实行过程中面临的紧张关系如何升级和这些安排被强加的控制方式等方面，各行动者参与的政策制定过程中的冲突和权力斗争是其主要研究对象。[①] 雅各布斯和曼齐认为，在对为什么是某些决策而不是别的决策被做出，以及为了获得某些特殊的结果而进行的协商和冲突的解释方面，采用社会建构主义理论框架能够获得更加细节化的进展。可以说，即使以社会建构主义认识论为基础的研究无法适用于住房研究的所有方面，在寻求对决策过程中行动者的主体视角的解释以及对住房实践者所使用的概念进行阐释时，它们在提供研究基础方面也是最有效的。[②]

施耐德和英格拉姆是最早通过政策设计理论将社会建构主义理论引入政策分析的学者，该理论主要通过与政策干预目标人群相关的社会建构来解释政策结果。目标人群是由某些共同特征定义的特定群体，这些群体被认为需要政策的关注，以促进或阻止该群体的相关活动。根据施耐德和英格拉姆的观点，目标人群可以被建构为积极的并应该获得政策利益，或者被建构为消极的并需要承受负担以惩罚或改变他们的行为。此外，政治上强大的群体往往会获得更大的利益和承受更少的负担，而弱势群体则会得到相反的结果。这形成了目标人群在这两个维度上的四相类型学。[③] 政策设计理论表明，目标人群的社会建构和政治权力嵌入政策结构中，包括目标、机制、规则及其包含的实施程序。然而，这样的政策结构不仅仅是针对目标的工具性手段，还包含与工具性同样重要的符号性与解释性维度。因此，政策设计既包含政策的要素，也包含这些政策要素的意识形态基础。政策设计可以通过政策的实施对其目标人群产生直接影响。政策中的相关要求和资格标准决定了哪些群体会受到影响，而规则规定了分配给他

---

① K. Jacobs, "Social Construction," in Susan J. Smith, ed., *International Encyclopedia of Housing and Home* (Elsevier, 2012), pp. 374–376.

② K. Jacobs and T. Manzi, "Evaluating the Social Constructionist Paradigm in Housing Research," *Housing, Theory and Society* 17, No. 1(2000): 35–42.

③ A. L. Schneider and H. M. Ingram, "Social Construction of Target Populations: Implications for Politics and Policy," *American Political Science Review* 87, No. 2(1993): 334–347.

们的利益和负担。[①] 政策设计还通过政策本身向社会传达的信息影响目标人群。当一项政策基于某些共同特征识别和标定一个群体时，实际上就是在社会中将其指定为需要政策关注以鼓励或防止其某些行为的目标群体，由此这一群体的这些共同特征可能就具有了某种社会独特性或相应的意义。同时，政策分配的利益和负担传达了不同目标群体应得利益或负担的层次和程度，从而向社会传达了该群体所属的社会建构的相应类型。反过来，目标人群将这些政策信息内化，这一过程已被证明会对他们的公民参与、政治学习的行为乃至他们的公民和民主观念产生影响。[②] 一旦这样的从信息传达、意义赋予、信息内化到行动反馈的过程形成，这个过程就会表现出一种难以改变的路径依赖和持续性。[③] 因此，政策设计中的社会建构具有长期的影响，远远超出直接政策行动对确定的目标人群的影响。

有些学者运用社会建构主义理论进行具体的住房政策研究，如西德尼（Sidney）将施耐德和英格拉姆的政策设计理论应用到对 1968 年《公平住房法》制定的研究中[④]，再如亨特（Hunter）和尼克森（Nixon）对英国有利于房主的住房债务政策的分析[⑤]，等等。其中，德鲁（Drew）利用社会建构主义理论对美国低收入者自有住房政策失败的研究很有代表性。

简单地说，德鲁选择了一个十分重要的住房现象中的一个重要方面进行研究。这个重要的住房现象就是在美国久已有之的住房梦，这种现象与很多西方国家明显不同，反倒与中国比较相似。这也是美国住房政策不同于很多西方国家的基本背景。美国人所向往的住房所有权则是住房梦中包含的一个重要方面，美国的许多住房政策以及财税政策和金融政策都致力于提高美国家庭获得住房所有权的比例。原先这些政策主要针对美国的中

①　A. L. Schneider and H. M. Ingram, *Policy Design for Democracy* (Lawrence: University Press of Kansas, 1997) , p. 2.

②　J. Soss and S. F. Schram, "A Public Transformed? Welfare Reform as Policy Feedback, "*American Political Science Review* 101, No. 1(2007) : 111 - 128.

③　P. Pierson, "Increasing Returns, Path Dependence, and the Study of Politics, "*American Political Science Review* 94, No. 2(2000) : 251 - 267.

④　M. S. Sidney, "Images of Race, Class, and Markets: Rethinking the Origin of US Fair Housing Policy, "*Journal of Policy History* 13, No. 2(2001) : 181 - 213.

⑤　C. Hunter and J. Nixon, "The Discourse of Housing Debt: The Social Construction of Landlords, Lenders, Borrowers and Tenants, "*Housing, Theory and Society* 16, No. 4(1999) : 165 - 178.

高收入家庭，然而，20 世纪 90 年代初开始，政策注意力重新转向为传统抵押贷款市场服务不足的人群（包括低收入家庭）增加拥有住房的机会。[①] 人们普遍认为，住房所有权将帮助这些家庭为未来积累财富和资产，同时也会赋予他们许多与拥有住房相关的社会和个人利益。[②] 这些政策的实施还能够减少这些家庭对国家的依赖，减少犯罪，维护低收入社区的稳定和秩序，并刺激贫困社区的经济发展。因此，住房所有权可以为个人、社区和国家带来一系列好处，这使提高住房拥有率成为政策制定者最容易支持的政策目标之一。住房政策实施的一个直接结果是从 20 世纪 90 年代到 21 世纪初，低收入（收入低于地区收入中位数的 80%）家庭的住房拥有率上升了 5 个百分点以上。但是，随之而来的私人房屋所有权市场的崩溃（次贷危机）却导致了二战后持续时间最长、最严重的经济衰退。事实上，低收入家庭自有住房的政策并没有为低收入家庭带来更好的社会和经济后果，反而给他们带来了不确定的财务未来、沉重的债务以及在充满挑战的经济中维持住房所有权的额外责任。或者可以说，低收入家庭自有住房的政策实现了提高住房拥有率的短期目标，但未能为追求实现美国梦的低收入家庭提供积累财富和获得长期利益的真正机会。那么，为什么低收入家庭自有住房政策未能实现其既定目标就成为一个值得研究的重要问题。在众多比较流行的理论解释之外，德鲁运用社会建构主义理论和政策设计理论做出的分析可能更具有解释力。[③]

　　德鲁在梳理和总结已有相关研究的基础上展开自己的分析。她认为前期一些学者所开展的研究极具启发意义。这方面最早的研究来自凯梅尼，他在 1981 年的一部作品中就创用了"住房所有权神话"（the myth of homeownership）这个术语。凯梅尼认为，住房所有权在社会和政治上很受欢迎，因为它"被认为"对社会有稳定作用，其原因在于在维持社会秩序和不冒任何损失其投资价值的风险方面，住房所有权与房主们的经济和个

① A. B. Shlay, "Low-income Homeownership: American Dream or Delusion?" *Urban Studies* 43, No. 3 (2006): 511-531.

② S. Saegert, Desiree Fields and Kimberly Libman, "Deflating the Dream: Radical Risk and the Neoliberalization of Homeownership," *Journal of Urban Affairs* 31, No. 3(2009): 297-317.

③ R. B. Drew, "Constructing Homeownership Policy: Social Constructions and the Design of the Low-income Homeownership Policy Objective," *Housing Studies* 28, No. 4(2013): 616-631.

人利益息息相关。这形成了一种围绕住房所有权的意识形态，即将住房所有权作为那些重视稳定、安全、社区和社会和谐的人首选的保有权形式。凯梅尼也指出了住房所有权所服务的政治和企业利益，那些利益群体积极地使这一神话永久化。凯梅尼在分析这些利益时所采用的社会建构主义框架清晰地描绘了关于住房所有权与稳定性、道德和经济上的成功、更高的社会地位和政治权力之间关系的假设是如何在文化和制度领域中被再生产出来的。① 结合凯梅尼的研究并在借鉴施耐德等人的政策设计理论的基础上，德鲁做出进一步的分析。

1. 美国低收入者自有住房政策的社会建构

首先，住房所有权意识形态成为住房政策的重要基础和构成要素。美国的住房所有权神话来自其历史悠久的私有化居住文化观念，这种观念被制度领域的各种设计和措施不断强化。② 长期以来，住房所有权在社会和政策领域一直处于特权地位，为什么会出现这种情况？撇开政府与资本通过推广住房所有权为自己带来的巨大利益这个方面不谈，从社会建构角度看，是因为住房所有权"被认为"既是改善低收入家庭社会和经济状况的

---

① J. Kemeny, *The Myth of Home Ownership: Private Versus Public Choices in Housing Tenure* (London: Routledge, 1981), pp. 6-7.

② 自有住房作为美国住房使用权的选择可以追溯到美国建国之初，彼时自有住房以及与自有住房紧密相关的土地所有权代表着自治以及独立于主权统治。相对于租户，自有房主被赋予更多的法律权利、政治权力和更高的社会地位。在许多州，只有土地所有者被允许投票，所有权和公民身份被等同起来。到 19 世纪后期，工业革命和不断推进的城市化为自有住房的吸引力提供了新的维度。由于城区被视为拥挤、不卫生以及犯罪和不道德活动集中的地方，许多中上阶层家庭迁往郊区，在郊区住房所有权是主要的保有权形式。在郊区，除了低密度住房和新建筑等优质设施外，住房所有权可以保障家庭获得稳定的住房和同质化社区，这与城区居民的临时性的生活居所和多元文化形成鲜明对比。经济大萧条后，联邦政府推出了稳定住房贷款市场的新计划，例如，联邦住房管理局（FHA）对合格买家的贷款进行补贴。二战后，联邦政府制定了特别的住房政策，为退役军人提供自有住房。20 世纪 50~60 年代，城区的劣势进一步凸显，白人中产阶级郊区房主和城区少数族裔租房者之间产生了更明显的区别。联邦住房政策在整个 20 世纪 80 年代继续保护住房所有权，最值得注意的是税收政策中明确规定了抵押贷款利息、地方房地产税以及出售住宅房地产所得到的资本收益，可以免除联邦所得税。这些政策还把租房作为比拥有房屋更不理想的替代方式，而租房者是无法获得这些税收优惠待遇的。在政治和社会文化方面，租房者往往被赋予比业主更低的地位，这进一步刺激了有资格获得抵押贷款的家庭转向获取住房所有权。参见 R. B. Drew, "Constructing Homeownership Policy: Social Constructions and the Design of the Low-income Homeownership Policy Objective," *Housing Studies* 28, No. 4 (2013): 616-631.

途径，也是解决更广泛的社区和社会问题的途径。然而，这一认识是一种社会建构的结果，这个结果来自传统的居住私有化意识形态，当然也与一种误识有关，其依据是过去中等收入家庭的经验，这些家庭在拥有自有住房后的确得到了上述好处。其次，作为政策目标群体的低收入家庭的社会建构。在美国，房主被社会建构为一种道德的、负责任的积极公民形象，具有更大的政治权利、更高的资源应得水平。[①]决策者认为如果低收入家庭获得住房所有权，被构建出来的房主的积极形象就会转移到低收入家庭身上。人们也理所当然地认为，低收入家庭将拥有住房所有权作为实现美国梦中社会平等以及获得社会包容的一种手段。所以，住房政策把低收入家庭作为目标群体就具有了合理性。最后，作为政策目标对象的私人抵押贷款机构的社会建构。私人抵押贷款机构将低收入家庭排除在传统贷款市场之外被认为是市场失灵，这一结论本身就证明了纠正这一问题的政策是合理的，私人抵押贷款机构为低收入者获得自有住房提供服务也就是必要的。尽管私人抵押贷款市场的这些代理人，包括经纪人、贷方和住宅抵押贷款投资者的行为，可以说更多是出于利润而非意识形态，但他们公开表示支持增加低收入家庭获得住房可能性的政策努力，的确增强和提升了他们的政治合法性和在社会中的积极价值。因此，在低收入家庭拥有住房政策目标下采取的任何政策行动都被认为可以为该群体带来巨大的利益。

总之，拥有自有住房的意识形态为通过政策干预为低收入家庭增加财富和机会提供了理由和路线图。美国政府为实现这一政策目标而采取的主要政策行动有：改进旨在刺激低收入地区贷款和投资的既有政策，促进私人贷款机构向收入、资源较少和信誉较低的借款人提供贷款，放松对不断扩大的住房贷款市场的管制。与早先通过补贴和对房主的直接干预来提高

---

① 与住房所有权能带来巨大利益类似，这在很大程度上也出于误识，例如，有研究发现虽然住房所有权与投票率和政治参与率的提高有关，但这种影响在很大程度上与房主和租房者相比前者流动性较低和居住时间更长有关，也就是说与是否拥有住房产权关系可能并不大。参见 D. DiPasquale and E. L. Glaeser, "Incentives and Social Capital: Are Homeowners Better Citizens?" *Journal of Urban Economics* 45, No. 2 (1999): 354-384。这里指出这些误识的存在只是表明这些社会认知结果不完全符合所谓的客观事实，但在社会建构主义者眼中，这却并不重要，重要的是这种认知是真实的，因而它的作用也就是真实的，哪怕它是一种误识。

低收入家庭住房拥有率的政策努力相反，这些措施主要针对私人抵押贷款机构，旨在鼓励他们增加低收入家庭和其他服务不足人口获得贷款的机会。①

2. 社会建构视角下美国低收入者自有住房政策失败的原因

总体而言，住房所有权以及低收入家庭和私人抵押贷款机构作为政策干预的目标群体或目标对象的社会建构，导致政策一味追求增加低收入者获得抵押贷款的机会，进而帮助他们获得住房所有权，而不关心如何帮助他们在获得住房后持续有效地应对拥有住房的各种后果。这包含了两个方面的意思，第一，这些政策是基于对住房所有权收益的未经证实的假设的；第二，低收入家庭是否能承受拥有住房的负担以及能否获得后续的好处，从一开始就不在住房政策的考虑范围内。德鲁认为这是美国低收入者自有住房政策失败的意识形态根源。为什么会出现这样的情况？德鲁认为还是与住房政策的社会建构有关。

一方面，该政策的目标基于这样一个假设：与住房所有权相关的许多社会和经济利益一旦进入住房贷款市场，将自动转移到低收入家庭。这一假设主要来自美国住房私有化传统观念以及以往的住房政策经验，然而其与后来发生的住房危机事实相违背，低收入房主们不仅没有获得住房所有权带来的多少好处，反而承受着难以承受的各种负担。德鲁在这里并没有进一步解释为什么决策者们会相信这种假设的合理性，我们认为从根本上说，这是资本逐利的本性推动的必然结果。揆诸美国住房政策史可以发现，美国政府之前几乎很少关心低收入家庭的自有住房问题，直到20世纪80年代美国住房自有率出现下降，政府与资本方担心住房市场饱和，需要新的消费力量进入市场以维持消费规模和资本收益，才将低收入家庭列为目标群体。可见，所谓的目标和作为目标基础的假设无非是政府与资本联合逐利过程中打起的幌子。

另一方面，住房政策的介入和干预是有限的和选择性的。从住房抵押贷款市场看，与住房政策配套的另一种社会建构是引入私人抵押贷款机构

---

① R. B. Drew, "Constructing Homeownership Policy: Social Constructions and the Design of the Low-income Homeownership Policy Objective," *Housing Studies* 28, No. 4(2013): 616-631.

以维护资本主义自由市场经济并避免市场失灵的假设。德鲁认为这种社会建构嵌入政策之中，带来的结果是政府大力支持私人抵押贷款机构进入市场并快速扩张业务，尽管更多低收入家庭获得贷款并购买了住房，但也出现越来越严重的违规和高风险的抵押贷款行为，然而联邦政府却以这一假设为托辞，多次明确拒绝对其进行监管，造成问题不断累积恶化直至次贷危机爆发。从低收入家庭角度看，政府与市场"热心地"卖给他们房子后，除了要求还贷之外，不再关心他们。这背后与对低收入家庭责任的社会建构有关，这种假设认为既然他们成了房主，成功地获得了相应的好处，他们就应该更加依靠自己并承担相应的经济责任。[①] 德鲁认为这个假设显然是错误的。并不是低收入房主不想成为依靠自己和负责任的房主，但是只关心鼓励购房的政策设计未能为他们提供成为这样的房主所需的保障和条件。相对于那些高收入的房主，许多低收入房主缺少对疾病、失业或维修房屋等带来的经济负担的承受能力，实际上他们往往更普遍地承受着这些负担，而在快速膨胀并很快步入危机的住房市场中却并没有得到多少好处。因此当不幸发生时，这些房主面临更大的抵押贷款支付压力并面临丧失抵押品赎回权（止赎）的风险。

通过对住房领域中社会建构主义理论及其运用范例的分析，可以看出这方面的研究虽然起步比较晚，却已经表现出比较突出的理论优势，在今后的研究中应该会有更大的发展空间。但从目前研究看，对于关系到国计民生的住房政策，仅仅运用社会建构主义进行纯粹"知识性"分析恐怕是不够的，因为政策本身往往包含着由决策者挑选（也会删除或模糊化）的特定立场和诉求。社会建构主义所注重的是主观层面的知识、观念和规范等意义的赋予及相互关系，有的时候在有些学者那里，这种考察和阐释由于暗含的价值中立的客观主义原则，失去了应有的批判力度和超越的可能，因此，今后这方面的研究需要从自身角度做出必要的反思和改变。此外，我们在论述德鲁的研究的过程中加入了一些简单的政治经济批判分析，也是想初步表明在住房政策领域引入批判性理论并将其与其他理论结

---

① S. Saegert, D. Fields and K. Libman, "Deflating the Dream: Radical Risk and the Neoliberalization of Homeownership,"*Journal of Urban Affairs* 31, No. 3(2009) : 297-317.

合起来进行研究，不仅有必要而且也是可行的。

三　福利国家理论与住房政策研究

二战后的几十年里，许多学者开始对福利国家进行研究，但把福利国家理论引入住房研究领域的成果并不多，而用其分析住房政策的研究则更少。然而，住房与福利国家政策之间的关系十分密切，有学者将住房称为"福利国家的一个摇晃不稳的支柱"[①]，住房政策与福利国家制度之间有着相互影响的双向关系。这至少表明运用福利国家理论研究住房政策既重要也可行。现有研究中，文特（Venter）等人利用艾斯平-安德森（Esping-Andersen）的福利国家理论和胡克斯特拉（Hoekstra）创建的住房系统的类型学对南非住房政策的综合研究[②]比较典型。

（一）艾斯平-安德森的福利国家理论

在研究福利国家理论的学者中最重要的可能要算艾斯平-安德森，他在其具有开创性意义的著作《福利资本主义的三个世界》中提出了他的福利资本主义类型学观点，在社会政策研究中产生了很大的影响。艾斯平-安德森确立了将现代福利国家彼此区分开来的三个关键维度：福利制度的去商品化程度、福利供给分层以及提供福利过程中的国家行动与市场和家庭的关系。先说第一个维度，艾斯平-安德森认为，现代社会（福利）政策是对劳动力商品化的反应。在前资本主义和前工业主义时代，社会大多是去商品化的，福利的主要来源是家庭、教会和封建制度。但由于工业化，劳动力、市场和商品化在社会发展和福利提供方面变得越发重要，尤其是市场越来越成为推动社会各方面包括社会福利发展的主要机制。对此，国家制定社会政策，作为那些无法通过市场获得福利的家庭的

---

① U. Torgersen, "Housing: The Wobbly Pillar Under the Welfare State,"in B. Turner, J. Kemeny and L. Lundqvist, eds., *Between State and Market: Housing in the Post-industrial Era*(Almqvist and Wiksell, 1987), pp. 156-185.

② A. Venter, L. Marais, J. Hoekstra et al., "Reinterpreting South African Housing Policy Through Welfare State Theory,"*Housing, Theory and Society* 32, No. 3(2015):346-366.

安全网，而且一般会特别关注老年人、病人和失业者。这里的去商品化程度是指个人或家庭能够独立于市场参与而维持一种社会可接受的生活水平的程度。就第二个维度而言，艾斯平-安德森认为，国家通过其福利政策影响社会分层，这些政策要么维持现有的阶级不平等，要么提高阶级平等水平。最后就第三个维度而言，艾斯平-安德森指出，在大多数社会中，公共（国家）和私人（市场）部门都在福利提供中发挥作用。国家、市场和家庭在家庭福利供给中的关系是一个重要变量，有助于界定不同福利国家的结构属性。

　　艾斯平-安德森利用这三个维度将福利国家划分为三种不同的类型，即自由主义福利国家、社团主义福利国家和社会民主主义福利国家（见表8-1）。然后，他试图通过分析国家、市场和家庭在福利提供过程中的权力关系，对构成福利制度基础的权力结构进行理论解释。

表 8-1　艾斯平-安德森福利国家的三相类型学

	自由主义福利国家	社团主义福利国家（统合/保守主义）	社会民主主义福利国家
国家、市场和家庭在福利提供中的作用	市场在福利提供方面起着核心作用 国家和家庭在福利提供方面处于边缘地位	家庭/保守团体在福利提供方面起着核心作用 国家处于次要地位，家庭处于重要地位，私人非营利组织拥有相当大的影响力	国家在福利提供方面起着核心作用 市场和家庭在福利提供方面处于边缘地位
福利制度	剩余型的定向福利制度	保守型的分段福利制度	去商品化/综合性的福利制度
商品化层次	高层次 强化了阶级差异	中层次 保护了现有的阶级分层	低层次 增强平等：不论阶级如何都能普遍享有福利
收入分配	收入差异较大 贫困率相对较高	中等收入差异 变动的贫困发生率	收入差异较小 贫困水平相对较低
代表国家	英国、爱尔兰、瑞士	法国、德国、比利时、奥地利	瑞典、丹麦、芬兰

　　资料来源：G. Esping-Andersen, *The Three Worlds of Welfare Capitalism* (Cambridge: Polity Press, 1990)。

　　自由主义福利国家的特点是国家干预最小，福利解决方案高度依赖市场。在典型的自由主义国家中，福利提供系统是剩余的（residual），并且只聚焦于无法通过市场自给自足的有限群体。这种剩余型福利制度中蕴含的权力意识形态反映了最少国家干预的自由主义原则，国家干预只是作为最后的手段，当国家干预时，主要目的也是鼓励干预对象重返市场。在这类国家中，不同收入群体之间差距很大，贫困率相对较高，但自由主义理论不主张国家干预私人家庭事务。该理论认为，只向低收入家庭提供福利会凸显阶级差别，并可能造成对这类家庭的污名化。英国、爱尔兰和瑞士等国家是自由主义福利国家的典型代表。

在社团主义福利国家中，家庭和教会等机构与国家合作，在福利提供中发挥主要作用。这些机构通常根据宗教、阶级、族裔和性别被组织起来，往往维持或保留了先前存在的阶级分层。社团主义权力结构采用保守型的福利制度，在这种制度下，国家维护核心家庭、非营利组织等被选定机构的既得利益。福利国家制度在群体之间不均衡地分配福利，以反映所选定机构的相对权力，这导致形成了一个分段的福利制度。国家在福利提供方面比自由主义福利国家更加有为，家庭和私人非营利组织拥有相当大的影响力。不同社团主义福利国家阶级群体之间的收入和贫困程度差距各不相同，但都不像自由主义福利国家那样大。法国、德国、比利时和奥地利等被列为社团主义福利国家。

社会民主主义福利国家中，国家是福利服务的主要提供者。福利服务主要是去商品化的，福利服务水平与家庭收入关系不大，很大一部分人口都能够获得福利服务。社会民主主义政权背后的权力结构的特点是国家支持低收入和中等收入群体获得广泛福利。在这类国家中，收入差异并不像社团主义或自由主义福利国家中那样明显，贫困程度相对较低。瑞典、丹麦和芬兰等是社会民主主义福利国家的典型例子。[①]

在艾斯平-安德森的福利国家类型学研究基础上，胡克斯特拉创建了住房系统的类型学，将住房制度分为三种类型：社会民主主义、社团主义和自由主义。胡克斯特拉特别指出，某个住房系统可能因兼有不同类型的

---

① G. Esping-Andersen, *The Three Worlds of Welfare Capitalism* (Cambridge: Polity Press, 1990), pp. 55-79.

特征而具有"混合"属性。① 这种把国家、市场和社会勾连起来的混合系统理论，可以为针对包括南非在内的很多国家的住房政策分析提供比基于单一类型框架的解释更为深透的理解。

（二）运用福利国家理论对南非住房政策的研究

文特等人认为，南非住房政策具有混合性质，兼有社会民主主义、社团主义、自由主义和新自由主义等复杂特征，而关键在于这些具有不同属性和特征的住房政策或住房政策内容，不仅是以平行方式并存，而且往往以相互补充或彼此对立的方式交织共存在一起。文特等学者从多个角度及不同方面做出论述。

一是住房政策的商品化方面。南非住房政策特别强调在自由主义福利国家制度中常见的永久业权，BNG② 对住房资产和二手房市场的重视进一步体现和强化了住房政策的新自由主义特点。然而，同时也有住房过程被非商品化的情况。例如，为补贴房设置八年限售期限，同时近 50% 的住房没有地契，这表明所有权政策的私有化方向和 BNG 对二手房市场的重视不一定被所有人接受，或被认为没有重要到需要真正落实的程度。八年限售政策的实施也可以被看作减少自由市场负面影响的一种方式，应该与强调国家干预的社会民主主义制度相关联。但是也要看到，近 50% 的住房缺少地契说明政府无法以果断的方式采取行动来执行政策，许多住房开发项目实际上仍然只停留在资产登记册中难以落地，这表明南非的国家干预力量有限。

二是住房补贴计划方面。住房补贴计划是南非住房政策中最重要的内容之一。住房政策通过住房补贴方案（RDP）侧重于向低收入家庭提供基

---

① J. Hoekstra, *Divergence in European Welfare and Housing Systems*(Amsterdam: IOS Press, 2010)，p. 121.

② 21 世纪初，关于补贴房屋质量差、位置不佳和缺乏综合规划的批评越来越普遍和强烈。在此背景下，南非国家住房部于 2004 年发布"开辟新天地"计划（Breaking New Ground，BNG），这是一项可持续人类住区发展综合计划。BNG 在很大程度上延续了以前的住房政策，除了解决与住房质量差和缺乏综合规划有关的问题外，BNG 还强调住房在经济中的作用、住房市场的重要性和可持续住区的创建。这种对资产和房地产市场的强调可以看作以往住房政策中新自由主义意识形态的延续。

本住房、车位和相关服务等，同时政府以向穷人提供资金补贴的形式提供援助，例如1994年，每月收入低于800兰特的家庭的补贴额为15000兰特，与这些补贴相关的基于收入的人群细分是一个明显的（新）自由主义特征。约有50%的南非人口符合补贴条件，补贴已提供给超过300万贫困户，根据这个情况可以看出，这种补贴机制更具社会民主主义性质。南非大规模的住房生产补贴（一种在供给侧针对相关企业的资本补贴机制）在社会民主主义福利国家中也很常见。南非的"人民住房进程"提供了获得住房补贴的自助方式（住房不是通过承包商和私人开发商提供的，而是由人们自建的），以发挥家庭与社区的作用，这又是社团主义福利政策的典型表现。

三是住房政策主体的角色方面。南非住房政策涉及的各种行动者（国家、市场、机构和家庭）所扮演的角色也具有混合性。住房政策和实践表明，国家正变得越来越占主导地位，中央政府通过八年限售、综合建筑法规、全国房屋建筑商登记委员会（为保障受益人的住房质量而设立的机构）以及对规范和标准的强调（为提供更大、更高质量的住宅），在保障性住房领域发挥强有力的监管作用。此外还出现了权力下放的趋势，地方政府通过立法允许地方市政当局在住房开发过程中发挥越来越大的作用，这些都与最初对市场和私营部门开发者的重视形成鲜明对比。当然，已经有一些对增强非营利组织作用的尝试，如通过增加补贴金额来巩固非营利组织的地位，但目前非营利组织在住房领域的影响仍然比较小。[1] 从这方面看，南非的住房政策兼具社会民主主义和社团主义的特点。

四是住房供需政策方面。在住房供应的组织方面，南非在空间规划和监管中采取了适当严格的方式，允许私人参与者（家庭和小公司）建造无补贴房屋[2]，这种鼓励自建以增加住房供应的政策具有一种社团主义倾向。从交易环节看，一般来说，南非的房价是由市场决定的，这是一种自由主

---

① M. R. Tomlinson, "From' Quantity' to' Quality' : Restructuring South Africa' s Housing Policy Ten Years After,"*International Development Planning Review* 28, No. 1(2006) : 85–104.

② K. Landman and M. Napier, "Waiting for a House or Building Your Own? Reconsidering State Provision, Aided and Unaided Self-help in South Africa,"*Habitat International* 34, No. 3(2010) : 299–305.

义的意识形态。不过，也有一些规制对市场进行矫正，比如补贴房的八年限售，这在本质上是倾向社团主义的。此外，还有大量的非正规市场，它存在于任何政府法规或限制之外，文特等人也将其归类为社团主义。由于南非住房分配的补贴规模很大，这方面也可以归入社会民主主义范畴。然而，国家补贴也旨在创造二级住房市场，增加进入该市场的机会，并提升家庭攀登住房阶梯的能力，这种对市场的关注更符合社团主义或自由主义制度特征。

总体上看，既有的住房政策理论研究主要引用其他领域的理论展开分析，这是典型的"与住宅相关的理论"的研究方式。一方面，有必要进一步引入更多的相关理论以扩大住房政策研究范围，并将住房政策的经验主义传统与理论研究衔接融合。另一方面，我们也要探问住房政策能否构建出自身独特的理论或者在引入外来理论基础上形成自己的理论。这是极具挑战性的问题，这里无法给出肯定性的答案，但是已经有一些研究昭示了这种可能性。例如，金赫尔（Kimhur）曾尝试将基于罗尔斯（Rawls）的正义理论和阿玛蒂亚·森（Amartya Sen）的能力理论的能力方式（Capability Approach）运用于住房政策研究，他的结论是应该重视住房政策在减少不公正和提升人们促进正义的能力方面的作用，而这与在住房政策研究中重建道德原则密切相关。[①] 进一步说，这类研究致力于推动以经济问题为导向的住房政策研究转向并重新定位于以社会正义与人类发展为核心，同时也与如何减少能力剥夺以及如何更合理地评价正义等问题紧密相关的研究，所以说这类研究蕴含着很大的理论生发空间。尽管在这些研究中能力方式还只是作为住房政策评估的一种方法，是一个开放式框架，并因此被命名为"方式"而不是"理论"，但它是一个综合的、开放的和未被充分定义的想法（idea），可以根据使用该方式的目的而被理论化[②]，在金赫尔的研究中已经可以看出能力方式被理论化的潜力。再举一例，巴尔钦（Balchin）在研究欧洲住房政策时做出一个断言——向以市场为基础

---

① B. Kimhur, "How to Apply the Capability Approach to Housing Policy? Concepts, Theories and Challenges, "*Housing, Theory and Society* 37, No. 3 (2020): 257–277.

② S. Alkire, "Why the Capability Approach?" *Journal of Human Development* 6, No. 1 (2005): 115–135.

的住房供应的转变和整个欧洲社会住房的减少表明，欧洲住房体系退回到了19世纪中叶的自由放任主义时期。这明显是一种误导性的论断。20世纪后期，欧洲国家对经济和社会的参与远远超过150年前。当代住房研究的真正问题是如何把握国家、社会与市场关系的变化性质，而不是简单地假设市场力量增强，国家和社会就自然消失了。[①] 这种事实对仅从自由主义立场和经济学视野出发所做的住房政策研究提出了挑战，反倒向擅长系统的整体分析的社会学进入住房政策研究发出了呼唤，也为住房政策研究的社会学理论生发提供了可能和条件。因此，我们相信，经过学者们的努力，在住房政策研究中发展出自己的理论是可以期待的。

---

① M. Harloe, review of Paul Balchin, *Housing Policy in Europe* (London and New York: Routledge, 1996), *Netherlands Journal of Housing and the Built Environment* 12, No. 1(1997): 165-168.

第九章 居住文化的社会理论研究

住房是一个重要的物质实体，大量的理论研究都集中在探讨基于物理属性的住房问题上。但是毫无疑问住房不仅是具有物理属性的实体，它还具有文化属性。"住房表达着某种认同和同一性，它的潜在功能（意义）和意象比工具性功能更重要"①，从这个角度说居住也是一种文化现象。有很多学者专注于住房和居住文化研究，而从已有的研究进展来看，人类学和建筑学在这个领域中建树颇多，甚至一些哲学家对此也多有宏论。然而众所周知，文化是一个含义极为广泛和多样的概念。② 概括地说，对文化的定义分为广义和狭义两类。从广义上说，著名的文化学者李安宅认为："一切人工都是文化……不管对于自然界，还是对于人事界，凡是想办法而求改良者，都是人工；这人工便是人生自有的要求，是人之所以为人的条件……唯人始有工，亦唯有工而始为人。人工便是文化，有文化的动物，才算人类。"③ 顺沿这个定义，文化可以划分为三种类别，即处理人与自然关系的物质文化或技术文化、处理人与人关系的社群文化或称伦理文化、处理人与自身关系的精神文化或称表达文化。④ 从狭义角度说，著名人类学家泰勒（Tylor）提出了一个广为援引的文化定义："文化……是一个综合整体，包括人作为社会成员所获得的知识、信仰、艺术、道德、法

---

① A. Rapoport, "Theory, Culture and Housing," *Housing, Theory and Society* 17, No. 4(2000) : 145 - 165.

② 20 世纪 50 年代初，人类学家克鲁伯和克拉克洪梳理过人类学家对文化所下的定义，当时他们所收集到的定义就有 162 个之多。时至今日，可以想见文化定义的种类和数量肯定更多。

③ 岳永逸：《实地厚生：李安宅的文化社会学》，《广西民族大学学报》（哲学社会科学版）2021 年第 3 期。

④ 李亦园：《田野图像——我的人类学研究生涯》，山东画报出版社，1999，第 69~70 页。

律、风俗以及其他能力和习惯。"① 也有学者认为文化是人作为社会成员而习得的一整套思考、行动以及与他人互动的方式。② 而著名社会心理学家鲍迈斯特（Baumeister）则赞同人类学名家格尔茨（Geertz）的观点，认为文化是一种意义和符号的体系。③ 在这里，我们不可能也不必要对如此杂多的文化定义一一罗列介绍，但是从居住文化的社会理论研究角度以及已有的相关研究状况来看，我们认为应采用狭义的文化定义方式，将围绕人与住房之间的关系和相关活动所形成的意义体系的理论研究纳入本书视野之中，而对那些基于广义视角的研究不做讨论。需要说明的是，这种研究取向应该被看作一种研究上的侧重，很难为其给出一个清晰的边界，这是因为在诸多研究中所谓的广义和狭义的研究及其观点往往错综交织在一起，不仅难以粗简地加以剥离，而且如果剥离开来讨论反而可能造成理解上的偏误。此外，考虑到来自多个学科的相关研究量大面广，我们将选择那些影响较大且与本书研究相关程度较高的理论研究加以介绍和讨论。

一 居住文化的存在主义研究

从哲学角度对居住文化展开思考的最为著名也最具代表性的学者当数海德格尔（Heidegger），他的名作《筑·居·思》的主题即是利用思想去追溯筑和居背后的意义，看筑和居这些人的活动是如何"存在起来"的。④这是传达海氏存在主义哲思的一部重要作品，当然更是关于居住本质意义的存在主义理论研究的重要论著。

首先，思想背景。理解海德格尔关于居和筑本质意涵的主要思想，必须先了解他的思考的基本背景，也就是他围绕居和筑的历史与现实所展开

---

① E. B. Tylor, *Primitive Culture* (New York: Harper Torch Books, 1958), p. 1.

② 范可：《什么是人类学》，生活·读书·新知三联书店，2021，第61页。

③ 〔美〕罗伊·F. 鲍迈斯特：《文化性动物》，张建新等译，华东师范大学出版社，2021，第7页。

④ 海德格尔所讨论的居或居住，与一般意义上的日常居住密切相关但又很不相同，从根本上说，海氏的居或居住主要是指存在，其内涵与外延远大于本书中的居住，但是后者作为一种存在形式，不仅包含在海氏的居或居住中，而且是其中极为重要的一个分析对象，也是海氏在《筑·居·思》中所做分析的落脚点。

的批判。海德格尔发现："筑造的本来意义，即居住，则陷入了被遗忘状态。"人们只关注存在者而不关注存在本身，进一步说，居住没有被经验为人的存在；居住压根就没有被当作人存在的基本特征来思考。正因为人没有思考过自己的存在问题，所关注的只是他的存在者，所以人才有可能将自己的存在遗忘，而用自己作为存在者的各种具体活动顶替自己的存在，以至把人自己搞得四分五裂。自从第一次社会大分工以来，人就开始把自己在大地上的居住逐渐变成了人的存在的单纯手段，把自己的家变成了越来越陌生的、有待于自己去操控和利用的对象，从此人就失去了家园和生活的目的。① 这是几千年来西方形而上学所走的"存在遗忘"道路的具体表现，即只关注存在者而遗忘了存在本身，所以这种状态既是现实的，也是历史的。

　　为什么会形成这种对居和筑本来意义的遗忘状态？海德格尔认为这和三个进程有密切关系。第一，受到尼采对基督教批判思想的影响，他认为基督教和新教信徒追求在来世的救赎和永生，却相对地忽视了此生意义的探寻和实现。第二，他从技术批判角度，指出是现代工业技术和商品经济让各种物的筑造蜕变为简单的制造，前者是对物的本质意义的显现，后者仅仅是一种技术和经济行为。第三，海德格尔认为或许更为根本的原因来自思维或者思。海德格尔说："我们的思维历来就习惯于太贫乏地估计物的本质。这在西方思想的进程中导致了这样的结果，即人们把物设想为一个未知的 X，它带有各种可感知的属性。由此来看，该物的一切已经属于聚集着的本质的东西，当然就对我们显得像是后来才硬加进去的附属品了。"② 按照邓晓芒的理解，海德格尔在这里的意思是指柏拉图以来的理性主义把事物的本质从现实的感性世界割裂开来而置于彼岸抽象的理念世界，这种理性主义的一个重要后果是康德的物自身不可知学说，按照这种学说，在物中聚集着的本质意义就是"物自身"之外被强加的附属品，而物就成为不可知的 X。③ 理性主义另一个后果是认识的数学化进程，表现为在对物的空间属性的认识上，从平面几何到解析几何再到代数关系，空

---

① 邓晓芒：《西方哲学探赜》（修订版），中国言实出版社，2021，第 373～374 页。
② 邓晓芒：《西方哲学探赜》（修订版），第 386 页。
③ 邓晓芒：《西方哲学探赜》（修订版），第 387 页。

间的多样性和丰富性被取消而代之以数的均一性，空间不再是聚集着意义的诸空间和位置。在此背景下，作为一种物的形式的居所的意义逐渐被遗忘。

其次，居的意义。海德格尔首先发问：住房本身就能担保一种居住的发生吗？他的回答是如果居住仅仅意味着我们占用某个住宿地的话，人就并不居住在这些建筑物中。那么居住的本质是什么？从词根上追溯可以看出，居住就是被带向和平，意即"被围护以保持在自由之中，也就是保持于这种自由状态，即把每件事都保护在其本质之中。居住的基本特征就是这种保护"。从本质上讲，居住就是此在，也即"在世界中存在"或"有死者逗留在大地上"。海德格尔进一步说："'在大地上'就已经意味着'在天空下'了。这两者共同意指'保持在诸神面前'，并包含意指'人的相互归属'。出自一种本源的统一性，大地和天空，诸神和有死者，这四者归之于一。"① 此处，海德格尔提出了著名的天地神人四重体思想，人生天地间，或者人住在天地间，只要他不破坏天地间的"自由"，他的生活或居住就具有神性，就是在按照神意而生活和居住，就具有意义。当然，这里海德格尔并非在宣扬一种宗教观，而是在思考一种有意义的生活，一种具有神圣性的生活，一种超越性的存在。② 随后，海德格尔对天、地、神、人分别加以考察。其中，天空是日运月行，是四季变化，仰望天空包含了对诸神的期待。大地是服务性的承载者，是开花结果者，使我们得以居住。诸神③是"发出暗示的神性使者"，即暗示在我们的居住之上有神性，让我们的一切积极的行为都有了根据，让我们对天地万物心存敬畏。人是有死者，他的一生必须对诸神有个交代，诸神赋予他的生存与死亡以神圣性和意义。

但是，有死者具有一定的优先性，四重体要靠他来保护。具体地说，一是对大地的保护，就是拯救大地，就是要让人的居住使大地保持其自由

---

① 邓晓芒：《西方哲学探赜》（修订版），第 376 页。
② 邓晓芒：《西方哲学探赜》（修订版），第 377 页。
③ 应特别注意的是，应从古希腊万物有灵论和泛神论意义上来理解诸神，这明显区别于基督教的高高在上的神，诸神是在日常生活中存在但又"头戴面纱"和不可接近的各种神祇，例如山神、海神、厕神等。中国传统社会的神灵观念与此类似，这让我们更容易理解海氏的这一观点。

本质，免受抽象精神的蔑视和工业技术的任意宰割。① 二是对天空的保护，人的纯朴的居住就是日出而作日落而息，仰望天空以守望诸神的信息或暗示。三是对诸神的守护，由于对诸神有期待，人的生活充满信心和希望，他们的日常的居住就是在侍奉诸神、倾听诸神，这是一种在"诸神之下"的居住生活。② 四是对有死者自身的保护，一个人死得其所，就是活得值得③，所以有死者的居住绝不是以死亡的虚无为生活目标，恰恰相反，正是因为意识到必死的本质，作为有限的人类才可能真正地筹划自己的一生，让生活充满活力和意义。

最后，重归本质。基于对居住的存在主义本质的解析，海德格尔在谈及二战后德国的住房困难问题时，才会认为真正的住房困难不是来自住房数量上的不足，而是源自居住意义的失落。从四重体角度看，表现为征服大地、拒绝天空、远离诸神和流放有死者。征服大地：在现代工商业社会中，人希图战胜大地以榨取大地，大地失去了自由，人自身也失去了自由，人变得无家可归。今天征服大地的典型表现是越来越多的土地被硬化，在硬化了的大地上，人和市场一道，把大地分割为一块块的居住地域（作为私密地盘的门禁小区）。拒绝天空：在日益亮化的城市和家园中，星光愈发黯淡，自然的风只能沿着城市的建筑走廊逡巡疾行，即使在夏季，它们也被拒之窗外，人们用空调来替代风的功能，而把家内的热通过空调排出（给他人）。远离诸神：现代家庭中不论是餐厅还是客厅，还是室内其他地方，都没有考虑，至少很少考虑给神、祖先留下位置。流放有死者：现在人们即使在家里聚集，也往往看电视、玩手机，串门和交流日益减少。这是人类真正的"无家可归"状态，"现代人已经不会居住了，他们必须重新学习居住，必须重新理解居住的本质"④。那么，如何真正地让居住重归其本质，找回其失落的意义？

海德格尔先给出了一个复古式的例子，"一座在两百年前还在由农民的居住筑造着的黑森林农家院落。在这里，把大地和天空、诸神和有死者

---

① 邓晓芒：《西方哲学探赜》（修订版），第 379 页。
② 邓晓芒：《西方哲学探赜》（修订版），第 380 页。
③ 邓晓芒：《西方哲学探赜》（修订版），第 381 页。
④ 邓晓芒：《西方哲学探赜》（修订版），第 403 页。

纯朴地放进诸物中来的这种能力的刻不容缓，将这座房子建立起来了。它把院落置于朝南避风的山坡上，在牧场之间靠近泉水的地方。它给院落一个伸出很远的木板屋顶，这屋顶以适当的倾斜度来承载积雪的重压，并下垂很低，以保护小屋免受漫长冬夜狂风的侵害。它没有忘记公共餐桌后面的祈祷角，它在小屋中为摇篮和死亡木——人们在那里这样叫棺材——让出了被神圣化的场地，并且这样预先为一个屋顶下的老老少少勾画了时间在他们的生活历程中打上的印记"①。在这样的院落及其所处环境中，大地（朝南避风的山坡、靠近泉水等）、天空（积雪、狂风）、诸神（祈祷角）和有死者（摇篮和死亡木）都被考虑并布置在其中，这都是从本质上对"居住"的考虑。② 海德格尔提供这个示例的意图并非要通过复古找回居住本质，但也确实表明了从过去的居所中可以得到重要的启示。

当然，更根本的方式还是也只能是重新认识筑、居、思的关系。海德格尔说："筑和思按照其性质各自对于居住来说都是不可回避的……如果两者，即筑和思，都归属于居住，都停留在自己的边界中，并且知道一方和另一方一样都来自某种长期经验和不懈练习的工作场地，那么它们就能够做到相互倾听。"③ 这就为重归居住本质提出了明确的路径，即筑与思的各守其度和充分结合。所谓各守其度是意识到各自的限度并保持在自己的边界内，充分结合则是基于相互倾听、相互了解的相互支持。而真正的思，是一种"诗意的思"，是对居住本质的追问和意义的找寻，尽管它可能包含了逻辑（技术）的面向，但往往需要谨慎地克服纯理性倾向，避免出现用数学公式来解释一首诗那样的"不严格"做法，同时也避免纯粹抽象的形而上学之思。而有思之筑也才能免于向单纯的工业和建筑技术的退化，从而真正实现本质上的充满意义的居住。

海德格尔关于居住本质意义的思想观点具有重要价值，这不仅表现在对于住宅社会学理论研究来说，它从居住本质的本源入手探讨了居住的文化意义，从而提供了一个有价值的理论框架和理论知识——尽管不是唯一的，还表现在它在某种程度上实现了对西方主流理念的突破，进而对东西

---

① 邓晓芒：《西方哲学探赜》（修订版），第400页。
② 邓晓芒：《西方哲学探赜》（修订版），第401页。
③ 邓晓芒：《西方哲学探赜》（修订版），第402页。

方的住宅社会理论和实践都可能产生重要的指导作用，这个西方主流理念就是"人"与"自然"的二分和对立观念，这种理念曾经受到费孝通的批判。费孝通认为，19 世纪末到 20 世纪初，中国知识分子在救亡图存的努力中，曾经在短时间内大量借鉴西方近代和现代社会思想。这种匆忙的、被动的借鉴的过程，让我们在接受西方现代科学的同时，基本上直接接受了西方文化中"人"与"自然"二分对立的理念，在很大程度上轻易放弃了中国传统的天人合一的价值观。[①] 通过对海德格尔居住本质思想的分析可以看到，海氏在这方面的思想观念在一定程度上消解了"人"与"自然"之间的对立关系和张力状态，达到了更深的思想层次也获得了更大的思想跨度。

二　居住文化的现象学研究

现象学作为西方现当代哲学的一个重要流派，在已逾百年的发展进程中取得了极大成就，其中不乏对居住文化意义的学术研究。在这些研究中，法国哲学家加斯东·巴什拉（Gaston Bachelard）在其著作《空间的诗学》中对家宅意义的现象学分析值得一说。这里先要说明，巴什拉与海德格尔对于居住意义的研究颇有一些相近之处，海德格尔在对居住本质意义的存在主义研究过程中，主要运用了现象学的还原方法（有时也运用了逆还原方法），而巴什拉对家宅意义的分析，也可以看作一种存在论研究，他的一个重要关注点是物质与诗意如何共存，更具体地说，他关注诗歌形象在我们的心中如何生根，这既意味着表达的生成，更促成我们的存在的生成。甚至，巴什拉对家宅的诗意解读，可以看成海德格尔主张的"诗意的思"的一次操演和一个范例。说明这一点，有助于我们更好地理解二者之间的关联，但毕竟现象学在海德格尔那里主要被用作一种分析方法，而对巴什拉而言却是其展开研究的理论依据，二者还是有区别的。具有哲学家和诗人双重身份的巴什拉在论述过程中，常常不经意地采用文学和诗学

---

① 费孝通：《试谈扩展社会学的传统界限》，载《费孝通谈民族和社会》（下），学苑出版社，2017，第 713~714 页。

的表达手法，增添了文字的多样性和可读性，但也难免具有理想化色彩，甚至有一定的随意性。此外，对于巴什拉来说，研究家宅的目的其实是将家宅作为"人类灵魂的分析工具"，这造成他的家宅意义分析略显散乱。下面我们将对其关于家宅意义的思想要点进行简要论述。

首先，巴什拉的分析是基于三重反思而展开的。第一重反思是关于人生意义的失落的，他认为人在"成年以后的生活早已被剥夺了这些原初的财富。人与宇宙的关系在成人的生活里是那样疏离，以至于人们不再感受到他们对家宅这个宇宙的原初依恋"[1]。第二重反思是关于家宅意义的失根的，像巴黎这样的大城市中的居民住在层层叠叠的盒子里，而不是住在家宅中，这样的居所既没有周边空间也没有自身的垂直性空间，而只有单纯的缺乏内心价值的水平性空间，这些是没有根的"惯常洞穴"，而马路的门牌号和楼层的数字被用以确定它们的方位。而且大城市的家宅不再处于自然之中，居所和空间之间的关系成了人为的，在这种关联中一切都是机械的，内心生活从那里完全消失了。[2] 第三个反思则是针对认识论的，哲学家们往往认识宇宙先于认识家宅，认识地平线先于认识安身之处。他们热衷的意识形而上学研究的是存在"被抛入世界"的时刻，以及在那以后在聚集着其他人和世界的敌意的外部环境中所形成的诸经验。[3] 这三个反思促发巴什拉从现象学以及精神分析学角度，向过去（童年）探寻作为一个内部空间的家宅的意义和价值。

其次，物质与诗意统一的想象观。巴什拉在对家宅、抽屉、箱子、柜子等意象的诗意观照之中建构出栖居的诗学观：空间并不仅仅是物质意义上的承载物体的容器，更是人类意识的幸福栖居之所。巴什拉指出，他研究的是幸福空间的简单形象，目的是探索空间的人性价值。空间既有实证方面的保护价值，又有与此相连的想象方面的主导价值。被想象力把握的空间，已经不是一般意义上测量工作和几何学思维支配下的冷漠无情的空间，而是被人体验喜爱的空间。在对这些空间形象的静观中，想象力不断

---

① 〔法〕加斯东·巴什拉：《空间的诗学》，张逸婧译，上海译文出版社，2013，第3页。
② 〔法〕加斯东·巴什拉：《空间的诗学》，第31~32页。
③ 〔法〕加斯东·巴什拉：《空间的诗学》，第6页。

地进行想象，存在的意义在想象中得到不断丰富。① 这里的关键是应准确地理解这里的诗意绝不是一般意义或文学意义上的诗化或诗歌化，尽管巴什拉在文中大量引用诗句，但作为一名科学哲学家，巴什拉的诗意是现象学意义上的，用现象学眼光看，家宅中的存在具有原初的丰富性，"我们的梦想把我们带到那里"，对于梦想以及回到家宅原初丰富性时所触发的情感，或许"只能用逝去的诗歌来翻译"。② 或者说，人们经常通过回忆和想象回到并重温过去的家宅空间，但他们并不是以历史学家的方式去深入考查和详细描述，而是以"部分的诗人"的方式去体验、拥有和保留，更重要的是，将过去带回到当前的家宅和生活之中，而这是受到无意识力量驱动的结果。这种现实与虚拟、思考和梦想交织的过程才是人与家宅之间的真实关系。

最后，家宅空间的功能性。从本体意义上说，家宅是我们在世界中的一角，是人类最初的宇宙，它不仅是肉身的居所，还是意识的栖居地，我们的存在就是要日复一日地努力把自己扎根于这个"世界中的一角"。不论是拥有安定的生活，还是居无定所，我们的一生都在不断回溯最初蜷缩过的那个角落，都在梦想着回到那些地方，让生命意义得到阐释。对于我们来说，"家宅总是排除偶然性，增强连续性，没有家宅，人就成了流离失所的存在"③。流离失所即无处安身，但巴什拉着意的不只是没地方吃饭睡觉、躲风避雨，他对家宅的思考更为抽象："偶然性"的威胁不直接来自迁徙流动，而是意义的断裂；家宅是个体认识自身同他者乃至宇宙关系的钥匙。④ 所以，家宅尤其是出生时所居的家宅是认同感产生的地方。再者，家宅不仅为我们提供保护价值，还聚集着存在的确定性，给人以安稳的理由或者说幻觉，"家宅在自然的风暴和人生的风暴中保卫着人……在我们的梦想中，家宅总是一个巨大的摇篮"⑤。正是在这个意义上，巴什拉

---

① 叶木桂：《论加斯东·巴什拉的空间诗学》，《美与时代》（上半月）2010 年第 2 期。

② 〔法〕加斯东·巴什拉：《空间的诗学》，第 5 页。

③ 〔法〕加斯东·巴什拉：《空间的诗学》，第 6 页。

④ 赵蕴娴：《穷就不配有房住？一份居者有其屋书单》，界面新闻，2020 年 12 月 1 日，http://www.jiemian.com/article/5334779.html。

⑤ 〔法〕加斯东·巴什拉：《空间的诗学》，第 6 页。

说家宅是母性的。此外，家宅还是一种强大的融合力量。巴什拉认为，唯有作为空间的家宅才能"悬置"飞逝的时间，将记忆和经验放进千万个小抽屉。即使这些空间永远消失，当我们走进新的家宅空间时，所贮藏的过往家宅的回忆也会释放活力，把过去、现在与未来，人与宇宙联系在一起。由此能够看出，经由回忆和梦想，原初的家宅空间将持续地建构人们的生活。

三　居住文化的结构功能研究

尽管前面论述了海德格尔和巴什拉的居住文化的哲学思考，但到目前为止，这个研究领域还是由人类学或者说文化人类学占主导地位。这方面较早的研究来自人类学家摩尔根，他在晚年的最后一部作品《美洲土著的房屋和家庭生活》中考察了北美地区和中美洲印第安人住房的发展过程，把这个过程和他们的社会发展状况联系起来进行分析。其中对居住文化有所论及，例如，他发现阿兹特克人的男人和妇女、小孩分别用餐，而且是男人先在一个大厅单独用餐，然后是妇女和小孩在另一个大厅单独用餐。[①]尽管如此，早期人类学对建筑的关注仍然很少，真正推动人类学的建筑研究转向的是著名人类学家列维-斯特劳斯对家屋社会的研究。

（一）　建筑人类学的家屋社会研究

家屋社会是列维-斯特劳斯在其著作《面具之道》中首次加以详细阐述的一个概念，家屋是指"一个法人，拥有一笔用物质的和非物质的财产构成的产业。这笔产业通过其世系名号、财富和头衔传承下去。这个世系无论是真实还是虚幻的，被认定是合法的唯一的条件是这一连续性必须能够通过亲属关系或者联姻的语言得到表达，而且往往必须二者兼备"[②]。家屋不仅是社会关系的一种物化表征，并因此是一个"虚幻的物化"，更是对社会关系的生产和维护。列维-斯特劳斯发现，家屋是一种建制方面的

---

① 〔美〕路易斯·亨利·摩尔根：《美洲土著的房屋和家庭生活》，第99页。
② 〔法〕克洛德·列维-斯特劳斯：《面具之道》，张祖建译，中国人民大学出版社，2008，第124页。

创造，它能够将在别处因矛盾的取向而看起来相互排斥的力量组合起来：父系后裔和母系后裔、继嗣和居所、高攀和低就的婚姻、远婚和近婚、血统和推选……通过这种可称为"二合一"的办法，家屋完成了从内向外的某种拓扑学意义上的转换，用外部整体性取代了内部二元性。① 从这个方面看，同是结构主义者的列维-斯特劳斯与阿尔都塞颇为相近，具有虚幻性的家屋社会接近于阿尔都塞的物质意识形态概念，阿尔都塞认为意识形态不仅是对现实的反映和表述，由于人们会顺从或认同这种意识形态，所以意识形态可以对现实起到生产和建构的作用。但是，在列维-斯特劳斯那里，家屋社会终归是"虚幻的物化"，他所关注的仍然主要是家屋社会的非物质方面，如姓氏、称谓、婚制等，尽管他并不否认家屋是物质和非物质财富的综合体，但家屋的物质方面或者说作为有形物质结构的房屋本身，被有意或无意地忽略了。

后来，这种偏向被学者们发现并被不断地加以纠正和补充，特别是一些建筑学者尤其侧重于家屋社会的物质内容，这方面的研究成为近些年来快速发展的建筑人类学的重要组成部分。这类研究认为，家屋由一系列的空间位置所构成，而不仅仅是人，即使有成员的流动，家屋中的位置也总是被填满的，家屋一直是完满的状态。家屋是由持续的定居地来定义的，即家屋有其空间性。家屋的空间性和持续性常常用来建构一种认同。② 例如，莫里斯·布洛克（Maurice Bloch）关于马达加斯加的马拉加什人（Malagasy）的房屋研究发现，马拉加什人中一对夫妻只有在生下一定数量的孩子后才会建起一座房屋，建造的第一座房屋相对是不太坚固的。假以时日，这对夫妻会不断地加固各个建筑构件，并开始在屋子里增加更多物质上的东西，以适应持久稳固的配偶关系。这对夫妻去世后，屋子传给自己的孩子们，他们的后代也同样根据这些原则去建造其他房屋，这座房屋最后就成为这一支世系的"圣屋"，它标示着这支世系历经很长时间不断延续。这既是代际延续性和建筑形式之延续性的表达，也是家屋产生的途径。③ 这意味着作为一个实体的房屋逐渐成为一种世系关系的维护力量，

① 〔法〕克洛德·列维-斯特劳斯：《面具之道》，第132~133页。
② 胡艳华：《家屋社会的语境，限度及其演变》，《江汉论坛》2018年第5期。
③ 〔美〕维克托·布克利：《建筑人类学》，第56页。

也成为认同仪式的重要客体，并且由此参与构建了亲属关系本身，进而具有了不可替代的物质和符号意义。

苏珊·吉莱斯皮（Sussan Gillespie）关于玛雅人的"巢屋"现象的研究，拓展了家屋社会这一主题。吉莱斯皮发现，在玛雅人中间，被动的行为——坐着、休息和睡觉——是和房屋密切联系在一起的；一个人若坐在自己的房子里便是在其位，代表一个小的中心。神灵和祖先同样在固定静止的状态下，通常是在他们自己的房屋中接受人们的祈祷。但是，人们需要进行一些活动才能让一座房屋成为一个静止、稳定的中心，通常是在房屋外围沿着逆时针方向进行绕行仪式，仪式中要确认参与其中的人，或者说明仪式是为谁而进行的，自此他们就成为定位在该空间中的一个社会群体。更常见的是，将宇宙水平地分为四个象限，用房屋的形式、结构以及某些类似的现象来标示，尤其是桌上的神龛和玉米。[①] 这一研究表明，在玛雅人那里，房屋形成了一个固定的中心，人的身体和房屋空间及其内部设置（空间、家具、物品等）之间结成某种特有的联系，依托这种联系以及人在房屋空间中的特定行为（各种仪式性活动），人的信仰和宇宙观得以确立和传承。

后期的研究转向家屋作为居住空间的物质结构，这个时期关于家屋社会的思想表达了一种联系，即社会关系与具体的物质空间被构建、组织和维持的方式。这明显地增强了家屋社会理论的解释力，同时强调了家屋的象征意义。[②] 由于学者们所考察的家屋社会本身具有极大的差异性，同时列维-斯特劳斯对家屋社会的界定并不严格，这个概念具有很强的开放性和多义性，这反倒为学者们的家屋社会研究提供了更充分的解释空间。

（二）布迪厄的住宅文化研究

总体上看，布迪厄对阿尔及利亚的卡比尔人住宅（Kabyle house）的研究受到列维-斯特劳斯结构人类学思想的影响，因而也属于结构主义

---

① 〔美〕维克托·布克利：《建筑人类学》，第58页。
② 胡艳华：《家屋社会的语境、限度及其演变》，《江汉论坛》2018年第5期。

研究范畴。① 在这里，我们单独对布迪厄的研究进行讨论，不单是因为布迪厄是著名的社会学理论大师，更主要是考虑到在一众学者的研究中，布迪厄的研究具有独特的价值。从前面的分析来看，可以简单地说，列维–斯特劳斯的家屋研究突出了家屋的社会文化特质而忽略了家屋的物质性，后来的建筑人类学研究的"纠偏"却多少有点"矫枉过正"，即强调了家屋的物质性（有形的空间结构），但是对发生于家屋之中的行为和活动关注不够。列维–斯特劳斯受到结构主义语言学创始人费迪南德·索绪尔（Ferdinand Saussure）的影响，认为文化系统中会形成一套约定俗成的潜在的语义结构，那是一种二元化的对立层级体系，该体系可以将文化系统中不同的甚至对立的部分整合起来。而后来的建筑人类学着重探究行为与（住宅）形式间的关系。一般认为，建成形式是行为模式的物态体现，建成形式一旦生成就反过来影响行为和生活方式。② 在解释行为与住宅形式之间的互动和对应关系时，学者们通常的做法是在两者之间寻找中间解释变量，如基本需求、生存选择、社会文化、气候条件等。但是这类解释并未形成一个比较系统的理论体系（有些解释只是用一个事实去说明另一个事实的描述），而且也似乎并未说清行为与住宅形式之间互动的过程和关系的形成机制。布迪厄主张将建筑（家屋）、器物和行为活动均置于同一个象征系统中，并在分析中提出并简单运用了由他提出的实践理论，在其研究中，还出现了场域理论的一些概念，如象征、对应性、同源性等。下面从三个方面对此加以说明。

首先，住宅二元结构的象征意义。布迪厄详细地描述了卡比尔人住宅的内部空间，他将居住空间放置于结构主义思维方式之下进行考察，发现一组彼此等同的二元对立是住宅的构成依据（见图9-1），或者说住宅是依照那套同时也支配着整个宇宙的二元对立体系组织起来的。这些二元对立有：高-低、干-湿、热-冷、明-暗或向光-背阴、正-侧、前-后（背

---

① 布迪厄曾经在巴黎多次聆听当时已执法国学界牛耳的列维–斯特劳斯主持的学术讲座，彼时他正在准备整理在阿尔及利亚实地调研的成果，列维–斯特劳斯的思想对他后来的结构主义研究应该产生了较大影响。

② 〔美〕阿摩斯·拉普卜特：《宅形与文化》，常青、徐菁、李颖春、张昕译，中国建筑工业出版社，2007，第14页。

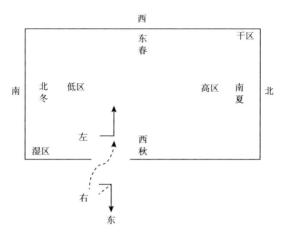

图 9-1　卡比尔人住宅空间二元结构

资料来源：〔法〕皮埃尔·布迪厄：《实践感》，蒋梓骅译，译林出版社，2012，第396页。

面）、公共-私密、人-畜、男-女、生-死等，在诸种对应的结构图式中，不同的居住空间也承载相应的活动和功能。同时，这些对立也是整个住宅与周围世界的对立，最典型的表现是住宅-世界、公共-私密、男-女之间具有同构性，私密的住宅作为女性空间，与作为男性世界的外部公共生活是对立关系，对于不属于这个住宅的男人而言，住宅具有神圣性而不可冒犯。[①] 这种观念能够对卡比尔人的行为起到约束作用，如禁止在一所住宅内实施偷盗，从而具有一种重要的社会意义。

其次，住宅与世界的沟通与交换关系。已有的研究比较强调布迪厄所说的住宅与周围世界之间存在的对立与等同关系，其中等同关系如"家庭满实，土地才满实"以及"人类生育力和农田生育力"的等同性，这种等同关系具有同源性，即均源自男性原则与女性原则、太阳之火与土地之潮湿的结合。但这些研究往往忽视了住宅与世界之间的沟通和交换关系。这两种关系甚至更为重要，这是因为住宅就是一个"缩小的宇宙"，只不过它是一个"颠倒的世界"，"它同宇宙的其余部分保持了一种对等关系"，住宅与外部世界之间不是止于对等，而是不断地进行着沟通和交流。例

---

① 〔法〕皮埃尔·布迪厄：《实践感》，蒋梓骅译，译林出版社，2012，第387页。

如，在夏季住宅的门白天要开着，好让促使多产的阳光连同兴旺进入屋内。祝愿某人兴旺发达，人们说："愿你家的门常开。"而大门紧闭，则意味着饥饿和不育。[①] 可见，与外部世界保持应有的沟通对家宅有着重要的象征意义。住宅与世界的交换关系首先表现为男人对外的慷慨给予、女人对内的俭省和持家有方；其次，女性也会作用于外部世界，例如有生育力的妇女参与特定的农事仪式，以为农事多产增添自己的力量。住宅与世界的沟通和交换关系中最重要的节点是门槛，门槛是二者的交汇点和结合点，也是逻辑的倒转点，具有重要的象征价值，即门槛是一种选择性栅栏，负责阻挡"空"和"恶"，但让"满"和"善"进来，挂在门上的各种物件都体现了门槛的这种双重功能。[②]

最后，住宅空间意义的实践性。布迪厄明确说，空间中事物或场所的客观化意义只有通过按一定图式对其予以结构化的实践活动才能完整地显示出来，而实践活动的结构化所依循的图式又是根据这些事物或场所来组织的（反之亦相反）。例如，有客人光临，请他坐在织机前面，表示敬意。而没有受到礼遇的客人则习惯于说："他让我坐在他家的背阴墙前面，就像进了坟墓。"[③] 这说明布迪厄已经意识到空间与行为之间存在的互构关系，特别是实践活动对于结构与意义的生成作用。当然，这种认识在布迪厄的早期研究中只是初步的和不系统的。

随着学界对结构人类学的批评越来越多，布迪厄的这方面研究也未能幸免。理查德·詹金斯（Richard Jenkins）曾对关于布迪厄这　研究的主要批评进行了总结：第一，由于布迪厄对民居的描述是以被驱离的人们对故园的怀想为依据的，因此仍只是一种"理想化的"、非历史的原初模式或类型；第二，在布迪厄的研究中，卡比尔社会的个体成员并非活生生的人，而是其生活方式已被民居形式与文化习俗预先限定好了的抽象客体；第三，在布迪厄的推断中，所有象征符号的意义从来都是清晰明了的，这使得多元化的解读和异议都失去了立足空间；第四，布迪厄对各组象征性二元对立概念及其相互之间关联的揭示，仅是一位西方人类学家基于想象

---

① 〔法〕皮埃尔·布迪厄：《实践感》，第391页。
② 〔法〕皮埃尔·布迪厄：《实践感》，第393页。
③ 〔法〕皮埃尔·布迪厄：《实践感》，第383页。

力的艺术创造。① 这些批评基本是中肯的，有助于我们更全面地理解布迪厄以及结构人类学的居住文化研究的意义与局限。

四　国内居住文化的社会理论研究

与国外较为类似，早期国内居住文化相关研究主要来自人类学，后来特别是近些年来国内建筑人类学的研究成果逐渐增多。但是总的来说，国内相关研究比国外起步更晚，特别是国内社会学经典研究中没有对住宅和居住文化的专门研究②，不多的相关研究只是分散在一些其他领域的研究内容之中，而且其理论化程度也相对较低。

在做经典社会学研究的学者中，费孝通很可能是唯一的在其社会学与人类学研究中多次论及住房问题的学者。20世纪30年代，费孝通在对广西象县（现象州县）花蓝瑶社会组织的考察中发现，花蓝瑶中最基本的社会组织是家庭，土语称作 pia，就是房屋的意思。一家的人由生育（或收养）和婚姻而形成一个团体，同住在一所房屋里，维持共同的生活，并繁衍他们的种族。③ 费孝通不厌其详地说明花蓝瑶住房的位置、大小、形状、空间格局以及诸处不同的功能。虽然吴文藻在给该文所做的序言中说这项研究是用"功能法"进行实地考察的成果，但客观地说，该研究并没有多少理论上的创见与贡献，这可能与费孝通在这个时期的研究中所持有的理论态度有关。他自己曾谈到，在编写《花蓝瑶社会组织》时，他极力避免理论上的发挥，认为实地研究者只需事实不需理论，采用理论只是"叙述事实的次序要一个合理的安排罢了"④。在费孝通赴英国学习后，他对理论的态度发生了很大的转变，开始反思自己以往的研究包括著名的《江村经济》中缺乏一贯的理论的缺点。在后来的研究中费孝通不仅不满足于对理

① 〔英〕海伦娜·韦伯斯特：《建筑师解读 布迪厄》，第30~31页。
② 中国社会学经典研究中不乏对生活费、劳工、行会、作坊组织、妇女生活、方志等具体问题的研究，虽有一些研究对住宅有所涉及，但似乎未见针对住宅的专论。参见李培林、渠敬东、杨雅彬主编《中国社会学经典导读》，社会科学文献出版社，2009。
③ 费孝通：《花蓝瑶社会组织》，载《费孝通谈民族和社会》，学苑出版社，2017，第964页。
④ 李培林、渠敬东、杨雅彬主编《中国社会学经典导读》，第40页。

论或假设的验证，更积极寻求创用可以解释他所关注的中国本土的经验和问题的理论。这种理论与经验关系认识的变化，在他后来的生育制度研究中有比较充分的体现。

在《生育制度》中，费孝通专辟一章"居处的聚散"来分析居处的功能意义。在这一章中，费孝通不仅将人类学的结构功能理论用于分析，还进一步将空间-社会统一体理论与结构功能理论结合起来运用到研究之中。简单说，空间-社会统一体理论是"以人和人的空间距离推测他们的社会距离"，而居处的聚散有关于生活上的亲疏。① 可以说，居住的聚散可以反映社会的基本结构，人和人在居住空间中的分布和移动影响着社会生活和社会关系。因此，可以从住宅的空间结构、其中的活动轨迹入手来考察住宅的功能和意义。费孝通从三个方面或者说三个家庭关系层次展开讨论。

首先，夫妇居住空间的社会意义。在此费孝通提出了一个新的概念"行止轨迹"，这是一个人所在时间和空间的范畴所构成的一条线。他以在禄村的考察发现为例。禄村一对夫妇的行止轨迹是，"夫：九时从靠左的后房起身，在正户的前廊洗脸，靠在庭柱抽烟，在廊前的小矮桌上吃早餐，餐毕出门。妇：七时从靠右的前房起身，挑水，在厨房里生火，给孩子们吃早餐，到菜园里去照顾，喂猪，侍候丈夫吃早餐，招呼雇工早餐，带牛出来交给雇工……"。可以看到，在这住宅里，夫妇两人沿着两条轨迹在移动。丈夫不到厨房，太太不在前廊上闲坐，各人在自己的领域里活动。② 费孝通还提到，在中国传统社会中，妇女的领域是门限之内的世界，这个门限或称门槛就是阃。这个阃是一条社会封锁线，表示了夫妇在住宅空间区位上的隔离状态。③ 这很自然地让我们联想起前面布迪厄对卡比尔人住宅门槛的象征意义的分析。

其次，家庭居住空间的集中与隔离。以父母子基本三角构成的家庭（family）是地域团体的基本社会单位，多个和多代基本家庭组成大家庭。费孝通考察了满族大家庭的居住空间，他发现同一个炕上可能睡着祖父、祖母、伯父、伯母、叔父、叔母以及哥哥、嫂子、侄子、侄女等。但是每

---

① 费孝通：《乡土中国 生育制度》，北京大学出版社，1998，第 171 页。
② 费孝通：《乡土中国 生育制度》，第 173 页。
③ 费孝通：《乡土中国 生育制度》，第 174 页。

个人的位置是依照基本家庭集中的原则加以安排的，各对夫妇和儿女紧靠在一起。家庭这个基本团体自成一个单位，在空间上相连而与其他相似的团体有相当的距离。在满族人的炕上，哪怕这个距离小到只隔着一层被，这层被子也划出了一个社会的界限。[①] 阎云翔在下岬村的实地研究发现，这种居住状态并非满族人独有的，过去东北地区的汉族人家也有类似的情况。[②]

最后，父居和母居。所谓父居或母居，是指一个结了婚的儿女跟父亲方面的亲属同居或住得相近，还是跟母亲方面的亲属同居或住得相近。中国传统社会是父居习俗，或称为从父居制，男子结了婚之后还是与父母，以至父亲的兄弟等一起住，或住得很相近。[③] 这意味着女子在婚后的大半生时间里不得不离开她原有的地域团体伙伴，而居住在夫家的地域团体中，这种居住区位的离合影响了不同人的社会关系，改变了某些人的社会地位，例如婚后女人更可能由此听命于夫家。

近年来，国内建筑人类学界在引介国外研究的基础上，对我国居住空间文化的研究取得了一定进展。例如，黄华青和周凌引入布迪厄的结构人类学方法，参照布迪厄关于卡比尔人住宅的研究论点，对云南哈尼族住宅空间进行研究。他们认为，布迪厄以降，人类学及建筑学领域的住宅空间研究多少受结构主义影响，尤其是在主张将住宅空间作为亲属关系及信仰

---

① 费孝通：《乡土中国 生育制度》，第 177~178 页。

② 传统住宅格局中，东屋为上，西屋为下。以往在下岬村，父母占用东屋靠近锅台的位置（在冬天这个位置最暖和），往下按照辈分、性别、年龄来安排。通常，闺女或孙女睡在南炕的炕梢或者睡在北炕。到 20 世纪 70 年代，年轻夫妇也和大家睡在东屋，多使用北炕并在夜间拉上布帘。如果有更多核心家庭，就使用西屋的南北炕。20 世纪 80 年代，许多老人被迁出了传统上认为是最好的东屋，挪到了房子中间部分的小卧室。传统的南北炕消失，一起消失的还有以辈分、性别、年龄为基础的传统家庭的等级关系及其在空间安排上的反映。但另一方面，妇女和青少年获得了更多的私人空间和空间使用的权力。20 世纪 90 年代，下岬村 1/3 的老人住破草房，已婚的儿子都住新盖的砖瓦房。村民开始注重住宅周围的环境建设。原先，所有的住宅都没有围栏。20 世纪 90 年代，开始给房子造围墙，再安上木门或铁门。早先，串门子可以在别人家随意上炕，通过串门子的方式，村民们在同性同龄朋友中找到自己的空间，到后来，住宅成为私人的空间，不得随意进入，串门子明显减少，邻里之间的关系也随之日益疏远。参见〔美〕阎云翔《私人生活的变革——一个中国村庄里的爱情、家庭与亲密关系（1949—1999）》，龚小夏译，上海人民出版社，2016。

③ 费孝通：《乡土中国 生育制度》，第 183 页。

系统具象化的理念上。然而，这一理念在当代中国乡村语境下容易导致一个危险推论，即认为随着少数民族走向"文明化"，随着其传统社会关系和信仰体系的解体和重构，其住宅空间结构必然随之瓦解。这一推论建立在住宅空间结构与社会关系及信仰世界的"同构附属"关系之上，忽视了住宅空间的自治意义。通过实地考察，他们发现，随着传统住宅发生当代变迁，传统社会组织、信仰体系逐步瓦解或重建，但是住宅的前区-后区、亮墙-暗墙、公共-私密/男性-女性等根植于日常生活实践的二元空间结构似乎能从住宅营建体系、室内布局、材料、陈设的现代化变迁之中幸免，依然在新住宅的日常使用中得到体现，彰显和维系着空间结构的自治性。也就是说，住宅空间作为一个"居住的世界"，在仪式实践和亲属关系发生不可逆的现代化变迁的过程中，依然可作为根植于日常生活的"惯习"（habitus）系统保持自治。空间结构的自治性来源于哈尼族基于长期所处的自然环境、建构系统、社会关系及交往模式形成的基本空间观。这一空间观比起火塘、中柱、蘑菇顶等表意符号，是更具有建构意义的族群身份表征。①

　　总体上看，国内居住文化社会理论研究仍存在很多局限和不足。一方面，在研究对象上，仍然更多关注的是乡村特别是少数民族地区住宅空间与文化，对城市住宅文化的研究依然非常少，当然西方学界在一定程度上也存在这个问题。另一方面，在理论创用上，很多学者的理论化意识比较弱，大量的研究成果仍只停留在现状描述层次，对国外的理论尤其是理论动态和进展缺乏关注和了解。例如，包括布迪厄的研究在内的结构人类学研究受到了诸多批评，而布迪厄基于"自反性社会学"方法所创建的"实践理论"推动人类学研究逐渐摆脱了结构主义理论的束缚，然而国内建筑人类学界似乎并不十分了解这一转变，仍然倾向于运用结构主义理论开展研究。在这种状况下，创用具有中国特色的学术话语和理论体系也就难以谈起。

---

　　① 黄华青、周凌：《居住的世界：人类学视角下云南元阳哈尼族住宅的空间观》，《新建筑》2019年第6期。

第三部分

住宅社会学方法研究

第十章　住宅社会学研究方法体系

一　研究的背景与内容

（一）研究背景

研究方法不仅是学者达成研究目的的手段和工具，也是学科发展中的核心要素，是学科知识创新的基础和前提。[①] 目前，住宅社会学研究方法的发展面临着不小的困难，方法研究的滞后在一定程度上限制了住宅研究的深度和广度。国外由于对住宅的研究较早且在当代呈现加快发展的态势，在方法应用上更为成熟，尤其是与定量分析相关的技术手段不断被引入住宅研究领域。国内因住宅社会学学科建设与科学研究的进展比较缓慢，方法层面的发展相对不足。然而不论是国外还是国内，住宅社会学研究方法皆未成体系，究其原因主要有以下两点。一是方法本身带来的阻力大。作为一门边缘学科，住宅社会学研究方法的综合性、开放性和复杂性的特征十分明显。若按内源（of）和外源（from）两种方式划分，如今住宅社会学方法大多外源于人文社会科学领域内的其他学科。二是学界对方法的重视程度不足。国内外学界尚未对住宅社会学方法进行完整梳理和系统探讨，与住宅相关的方法体系研究几乎处于空白状态。

其中第一点也是住宅社会学研究方法体系构建的主要挑战所在。首先，住宅社会学是社会学的一个分支学科，自然会运用社会学研究方法对人、住宅与社会之间的关系和规律进行研究。然而，住宅问题具有区别于

[①]　朱鸿军、苗伟山、孙萍：《学科建制下的规范化：新中国新闻与传播学方法研究 70 年（1949–2019）》，《新闻与传播研究》2019 年第 10 期。

其他社会问题的独特性质，不能照搬社会学的研究方法体系。因此，重点在于明确哪些社会学研究方法适用于住宅研究，其使用的领域、范围、优势和限制又分别是什么。其次，住宅作为关系人类生存和发展的总体性社会事实，相关研究所涉及的问题很可能会超出社会学领域，这意味着住宅研究必然要引入经济学、心理学、建筑学、人类学等学科的研究方法。最后，与自然科学的强规范性不同，社会科学研究更加关注人与人、人与社会之间的关系，更重视对事物本质与意义的研究。此类研究所采用的方法不可避免地与学者有一定的价值关联，研究结果的异质性较强，实证主义与人文主义的争议等也将在住宅社会学中有所体现。

除此之外，尽管我们期望能看到住宅社会学内源型方法的创新，然而事实是与之相关的研究几近空白，我们在讨论住宅社会学研究方法时，也将其默认为住宅社会学研究中使用到的方法，而非住宅社会学本身的方法。就整个学科的发展阶段和需求而言，这一现象并不奇怪，住宅社会学发展确实需要有一个方法"引入"的阶段。但任何一门学科都有其独特的学科定位、研究对象和研究方法，方法自觉不仅是学科成熟的显著标志，甚至在一定程度上成为断定学科和事物性质的标准之一。[①] 无论何时，只要住宅社会学作为一门独立学科继续发展，就需要并且应该创用更具住宅特色的研究方法，这也是学者们推进住宅研究的责任和义务。

总的来说，住宅社会学研究方法发展状况不尽如人意，这种状况不但会对具体的学术研究造成不利影响，还会为学科发展带来一定阻碍。一方面，学者对住宅社会学研究方法的重视与认识不足，不利于全面深刻地把握研究对象的多重属性和本质意义。正如风笑天在《社会研究方法》导论中提到的，"社会科学的理论和概念为我们提供了观察和认识社会世界的特定视角。但是，当我们要实实在在地去探索一个现实问题时，离开了研究方法或许就会寸步难行"[②]。另一方面，缺乏规范的研究方法体系，很可能使得某一种研究方式在某个阶段过于盛行，而其他研究方式隐而不彰，这必然影响学者的选题或价值取向，制约住宅社会学的学科发展。因此，

---

① 刘胜骥：《科学方法论——方法之建立》，武汉大学出版社，2014，第3~7页。
② 风笑天：《社会研究方法》（第五版），中国人民大学出版社，2018，第4页。

构建相对完整的研究方法体系并对其结构和内容进行深入分析具有重要意义，其一，可为学者们在进行住宅研究方法选择时提供较为清晰的参考，增强研究的灵活性和高效性；其二，可为未来住宅社会学知识创新和方法拓展奠定基础。

（二）研究内容

在这部分内容中，我们将尝试构建一个较为系统的住宅社会学研究方法体系，并在此基础上对研究方法进行具体的梳理和分析。从结构安排来看，第十章是对住宅社会学方法体系整体层面的阐述，第十一至十三章为对方法体系中各个部分的详细分析及它们在住宅社会学研究中的具体应用。从内容安排来看，本部分研究不仅包括对已在住宅研究领域中使用的研究方法的汇总，也包括对其他相关学科方法适用性和应用可能性的分析与展望。本部分研究基本遵循了风笑天对研究方法体系的三个层次的划分，即从方法论、研究方式和具体技术方法层次对住宅社会学的方法体系进行构建。但不论是对宏观层面的方法论、不同类型的研究方式还是收集和分析资料的具体技术方法，我们皆展开了必要的学术讨论，对它们在住宅研究中的应用状况与趋势也做出了分析。从这点来看，本部分与其他方法研究有所不同。因此，在学术内容上，本部分研究有助于填补住宅社会学领域内关于方法研究的空白，丰富和拓展社会学乃至社会科学有关方法体系的研究；在实践应用上，本部分研究有助于学者对住宅社会学研究方法形成更为清晰和系统的认识，从而在研究过程中有可能选择更为适合的研究方法，进而为推动住宅社会学学科发展做出方法层面的边际贡献。

当然，由于资料不够全面充分等客观因素，还有很多方法尚未被纳入本部分研究的方法体系中或者尚未得到详细分析。随着住宅社会学研究议题的丰富、研究取向的转变和研究领域的拓展，更多的方法有待学界发现并将之应用到住宅研究中，住宅社会学是否有独特的研究方法也有待讨论。因此，不断对住宅社会学研究方法体系进行补充、修正和完善，正是未来研究的重要方向之一。

二　住宅社会学研究方法体系

（一）方法研究文献梳理

国内外学界很多学者都对社会研究方法进行过讨论，这里择要加以介绍。有许多学者对社会研究方法的发展历程进行了梳理和反思[1]，或是对方法的特征进行了归纳，例如，张旭明和王亚玲认为管理科学的研究方法具有一定的多样性，其研究方法体系可视为多种研究方法交叉组合、综合运用的系统集成[2]；单文鹏认为思想政治教育学科研究方法具有研究属性、立体结构、中介功能、动态发展特征[3]；张莉在将研究方法划分为资料收集、思维分析、研究技术三个层面的基础上，认为研究方法具备层次性、复杂性和发展性的特点[4]；等等。

关于研究方法本身的研究分为两类。一类集中于实证主义与人文主义、定量与定性的研究方法的探讨。何艳玲通过对 1995～2005 年的行政学研究进行评估，指出我国行政学实证研究严重欠缺导致了其研究成果的结构性失衡。[5] 这个例子表明学科的方法发展对知识整体创新有着不可忽视的影响。奎尔加斯（Quilgars）等人认为虽然越来越多的比较研究论证了将这两种方法结合起来的价值，但需要更广泛地关注定性方法，它们可以为定量方法提供"推断优势"。[6] 霍斯伍德（Horsewood）针对定量和定性方法的辩论，分析了定量方法应用于比较住宅研究的相对优势和局限性，他

---

[1]　陈曼蓉：《当前社会研究方法的特点、趋势及问题》，《社会》2002 年第 5 期；仇立平：《社会研究方法论辩背后的中国研究反思》，《新视野》2016 年第 6 期；风笑天：《推动与引领：〈社会学研究〉三十年来的方法研究论文回顾》，《社会学研究》2016 年第 6 期。

[2]　张旭明、王亚玲：《管理科学研究方法的研究》，《吉林工商学院学报》2008 年第 1 期。

[3]　单文鹏：《关于思想政治教育学科研究方法深化发展的思考》，《思想教育研究》2020 年第 1 期。

[4]　张莉：《方志学研究方法》，《上海地方志》2021 年第 2 期。

[5]　何艳玲：《问题与方法：近十年来中国行政学研究评估（1995—2005）》，《政治学研究》2007 年第 1 期。

[6]　D. Quilgars, M. Elsinga, A. Jones et al., "Inside Qualitative, Cross-national Research: Making Methods Transparent in a EU Housing Study," *International Journal of Social Research Methodology* 12, No. 1 (2009): 19-31.

认为定量方法仍应是比较住宅研究的重要方法，但前提是满足各种条件并正确遵循程序。[①] 对于近年来国内对实证主义的强烈批判，谢宇认为其是由认识偏差导致的，具有一定的误导性。他在《社会学方法与定量研究》中写道，"反实证主义的情绪蔓延很广，从对数字资料和统计方法的不信任，一直到对当代定量社会学的一无所知"[②]。尽管有不同的看法，对实证主义方法的批判也一直存在，这与其明显的局限性有一定关系，当然人文主义方法也并非适合所有研究。因此，有些学者试图打破二元对立的局面，探索更为"全面"的研究方法。祁玲玲对定性研究的优势以及混合研究法的可能性进行了分析[③]；杨立华和李凯林也对混合研究法的适用条件、方法分类、研究设计、操作流程等重要问题进行了归纳研究，并提出了相应的路径[④]；贾应生对外在实证方法论和内在实证方法论进行阐释，认为形成"内外兼证"的社会学方法新视野是当代社会学建设的基本路径[⑤]。

另一类是对单个研究方法的适用性和创新性的探讨。例如，泰瑞·艾伦（Terry Allen）评估了解释性传记在实践中的应用，并在研究租户的房屋更新经验的过程中证明了这种方法的潜力，它可以产生与研究参与者和委托者相关的丰富而真实的数据[⑥]；杨善华对田野调查方法的概念内涵和实际操作进行了辨析和说明[⑦]；李银兵和于中鑫对民族志书写中的社会与个人关系进行了论述与研究[⑧]；刘亚秋对口述史方法在中国社会学研究中

① N. Horsewood, "Demystifying Quantitative Methods in Comparative Housing Research: Dispelling the Myth of Black Magic," *International Journal of Housing Policy* 11, No. 4 (2011): 375 - 393.

② 谢宇：《社会学方法与定量研究》（第二版），社会科学文献出版社，2012，第23页。

③ 祁玲玲：《定量与定性之辩：美国政治学研究方法的融合趋势》，《国外社会科学》2016年第4期。

④ 杨立华、李凯林：《公共管理混合研究方法的基本路径》，《甘肃行政学院学报》2019年第6期。

⑤ 贾应生：《内外兼证：社会学研究方法的新视野》，《西北师大学报》（社会科学版）2021年第3期。

⑥ T. Allen, "Interpretive Biography as a Method: Researching Tenants' Experiences of Housing Renewal,"*International Journal of Social Research Methodology* 1, No. 3(1998): 231 - 249.

⑦ 杨善华：《田野调查：经验与误区——一个现象学社会学的视角》，《中国社会科学评价》2020年第3期。

⑧ 李银兵、于中鑫：《社会与个人：民族志书写的结构性探析》，《学术界》2021年第12期。

的重要性和意义进行了讨论①；祁志伟认为传统的研究方法边界亟待进一步拓展，而行动研究方法在社会实践活动方面具有独特的价值，可为解决某些现实问题、研究方法转型与创新提供实践面向的方法支持②；甘雨梅介绍了起源于常人方法学的"以录像数据作为经验研究的素材"的录像分析法，并进一步分析了录像分析法与其他研究进路的区别③。近些年来，由互联网技术衍生的方法创新成为讨论的热点之一。卜玉梅认为互联网及其衍生的社会文化现象使传统的研究方法面临新的挑战，并对虚拟民族志的发展、定位、研究伦理进行了详细的梳理与分析④；唐文方分析了大数据作为社会科学研究方法的优势和局限，认为在社会科学界大数据不仅无法取代小数据，还必须依靠小数据才能得到发展⑤；何汇江对同时作为数据资料和分析方法的大数据进行了研究，认为其在促进定量社会研究方法的创新方面有一定的帮助⑥。

总体来看，当前社会科学领域内关于方法的研究层次较为单一，对方法体系进行专门探讨的文献尚不够多，与住宅社会学相关的方法体系研究之少自然更不用说。尽管也有学者对某些学科的研究方法体系做出了分析，但多停留在主体架构的逻辑分析层面，缺少对方法体系中各个部分具体内容及其关系的进一步阐释。我们认为，方法论、研究方式与具体技术方法之间不是相互独立的，它们彼此联系、相互作用，共同为与住宅有关的社会研究提供系统且全面的支撑。因此，只从某一立场或维度出发开展方法研究，如对实证主义、人文主义方法论以及二者之间对立关系进行过度关注与解读，事实上并不利于方法体系及相关学科的整体发展。这一现象本身也反映了社会科学领域在方法上充满分歧和冲突的一面，这种围绕

---

① 刘亚秋：《口述史方法对中国社会学研究的意义》，《学习与探索》2021 年第 7 期。

② 祁志伟：《行动研究在公共管理学研究中的实践面向》，《宁夏社会科学》2022 年第 1 期。

③ 甘雨梅：《"录像分析"作为社会研究方法：理论、应用与展望》，《新闻与传播研究》2020 年第 2 期。

④ 卜玉梅：《虚拟民族志：田野、方法与伦理》，《社会学研究》2012 年第 6 期。

⑤ 唐文方：《大数据与小数据：社会科学研究方法的探讨》，《中山大学学报》（社会科学版）2015 年第 6 期。

⑥ 何汇江：《大数据背景下定量社会研究方法的创新》，《河南广播电视大学学报》2021 年第 1 期。

不同立场的争议有时候会成为不同方法之间对话、融合甚至创新的助力，但更多的时候会成为学者全面深刻把握问题本质的阻碍。研究方法的科学性决定着研究过程与结果的规范性，通过不同研究方法生产的数据、结论也表达了不同的目的和价值。① 因此，不论是在方法论层面、研究方式层面还是在具体技术方法层面，我们都应客观地看待每一种方法并对它们加以梳理和分析。

（二）住宅社会学方法体系概念界定

方法的含义比较广泛，其在哲学、生活和科学中的解释也各不相同。黑格尔认为方法是主观方面为了与客体产生关系而采取的手段，并且"方法不是外在形式，而是内容的灵魂和概念"②，也有学者认为凡是能为人类解决问题的手段皆可被认为是方法③。研究方法则通常指在研究过程中用于发现事物或现象内在的联系和规律，或者提出新观点、新理论的手段和方式。具体到社会科学研究领域中，肯尼思·贝利（Kenneth D. Bailey）在《现代社会研究方法》中提出，方法是用于收集资料的研究技术或工具。④ 李广德认为方法本身就是一个知识体系，它包括了方法的确立理由、操作规则、运用结果的形态以及运用结果的评价四个方面。⑤ 王枫云认为研究方法不仅能够为学者们提供一种独立探索的途径和解决问题的视角，还具有直接指导、丰富和发展学科理论体系的作用。⑥ 风笑天认为方法"不是教条，不是框框，也不是'洋八股'，而是科学研究的必备条件，是其结论成立的前提和依据，也是学者科学精神和科学态度的一种体现"⑦，并将社会研究

---

① 王嘉毅、曹红丽：《新中国 70 年教育研究方法：变迁、反思与展望》，《中国教育科学》（中英文）2020 年第 1 期。
② 《列宁全集》（第 38 卷），人民出版社，1959，第 257 页。
③ 刘胜骥：《科学方法论——方法之建立》，武汉大学出版社，2014，第 2 页。
④ 〔美〕肯尼思·D. 贝利：《现代社会研究方法》，许真译，上海人民出版社，1986，第 44 页。
⑤ 李广德：《"法律"与"方法"的内涵及其勾连——以法律方法的概念界定为目标》，《云南大学学报》（法学版）2014 年第 4 期。
⑥ 王枫云：《公共管理学的研究方法体系：内涵与构成》，《行政论坛》2009 年第 1 期。
⑦ 风笑天：《结果呈现与方法运用——141 项调查研究的解析》，《社会学研究》2003 年第 2 期。

方法体系划分为方法论、研究方式、具体的技术方法三个层次或部分。[1]

虽然学者们在对研究方法的概念界定及其体系结构的划分方面存在一定的不同意见，但就研究方法体系是由相互联系的多个层次构成的这一点达成了共识。我们认为住宅社会学研究方法是在开展住宅社会学研究过程中，为了达成研究目的而采取的所有手段、方式和规则的总和，并将住宅社会学研究方法体系分为方法论、研究方式、具体技术方法三个层次。之所以这样划分，是因为这三者具有较为明显的层次性和相关性特征，它们在住宅社会学研究中具有不同的作用和地位，也存在或显或隐的联系。具体地，本书参考以往学者的观点[2]，构建了住宅社会学研究方法体系（见图 10-1）。

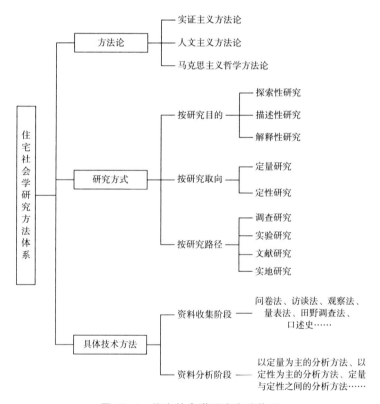

图 10-1　住宅社会学研究方法体系

① 风笑天：《社会研究方法》（第五版），第 8 页。

② 林聚任主编《社会科学研究方法》（第三版），山东人民出版社，2017，第 18 页。

（三）住宅社会学研究方法体系

第一层次是方法论。方法论从哲学的高度对众多方法进行提炼和抽象，揭示了研究方法的根本特质，主要探讨学科体系及基本假设的一般原理问题，包括研究的立场、视角、观点以及解释社会现象应遵循的基本原则与逻辑程序等。[①] 方法论不仅为住宅社会学实际研究提供了体系框架、认识规律、操作规则等内在的基本依据，还有利于构建多视角、多维度、综合性的学科框架体系。它决定了人们用什么样的方法来观察事物和处理问题，同时也反映了学者在社会现实以及问题中最为关切的部分。我们在方法论层面将对实证主义方法论、人文主义方法论和马克思主义哲学方法论展开分析。

第二层次是研究方式。研究方式作为中观层面上的方法范式，通常贯穿于整个研究设计中，为住宅社会学研究提供了基本的思维方式、研究策略和操作框架等，并影响着资料获取途径和分析技术选择。[②] 从其重要性来看，"研究策略使学者及其研究范式定位于具体的经验材料情境和方法论实践中，帮助学者顺利地从范式转向研究设计进而到资料收集的阶段"[③]。我们认为研究方式按照研究目的可分为探索性研究、描述性研究和解释性研究等；按照研究取向可分为定量研究和定性研究等；按照研究路径则可分为调查研究、实验研究、文献研究和实地研究等。

第三层次是具体技术方法。与住宅社会学具体研究紧密相连的方法正是具体技术方法，它作为研究过程中的设计实施手段，种类繁多且各具特色，方法创新也多在这个层次发生。我们对具体技术方法按照属于资料收集阶段还是资料分析阶段进行划分，其中资料收集阶段中有问卷法、访谈法、观察法等，资料分析阶段则有以定量为主的分析方法、以定性为主的分析方法、定量与定性之间的分析方法等。

总体来看，住宅社会学研究方法体系中方法论为最高层次，也是普适

[①] 李峰：《迪尔凯姆与韦伯的社会学方法论之比较》，《理论与改革》2005 年第 3 期。

[②] 那瑛：《中国特色质性社会学研究的方法意识与反思》，《求索》2020 年第 5 期。

[③] 〔美〕诺曼·K. 邓津、伊冯娜·S. 林肯：《质性研究手册：研究策略与艺术》，朱志勇等译，重庆大学出版社，2018，第 367~368 页。

性和一般性最强的部分，它们作为方法的理论，不仅适用于住宅社会学研究，对社会科学整体乃至自然科学领域内的研究也具有一定的指导性。研究方式属于中间层次，是包含了学者的逻辑思维与路线设计的方法程序，既反映了方法论层面的哲学内涵和基本原则，也体现了具体技术方法层面的研究规范，它通常与具体技术方法联系更为紧密。具体技术方法处于研究方法体系中的最低层次，它是方法论和研究方式在研究过程中的具体表现和运用，将直接影响资料收集、整理和分析的质量，以及最终研究结果的呈现形式。住宅社会学研究方法体系各层次之间的关系如下。一方面，住宅社会学研究的方法论影响着学者对研究方式和具体技术方法的选择，在方法论和研究方式框架的指导下，具体技术方法得以更好地发挥作用，帮助学者顺利实现研究目标。具体技术方法的创新与应用则是方法论和研究方式发展的根基与进步的动力。另一方面，在住宅社会学研究方法体系中，方法论、研究方式和具体技术方法三个层次之间是相互建构的，且具有交融性，任何一个层次的变化都会促使其他两个层次产生相应的变化。[1]再从方法体系与研究过程的关系来看，方法论对从提出假说和理论预设，到决定建立社会解释的取向，再到研究方式的选择等各个环节都起着引导作用。然而即便是同一种研究方式，根据研究内容和资料获得的途径与形式，也存在多种操作手段与技术供学者们选择和应用。

---

[1] 那瑛：《中国特色质性社会学研究的方法意识与反思》，《求索》2020 年第 5 期。

第十一章　住宅社会学的方法论

一般来说，方法论指任何自然的、社会的或人类的科学研究的理论基础和哲学假设，是普遍适用于具体学科的范畴、原则、理论、方法和手段的总和。[①] 在哲学层面，方法论与本体论、认识论密切相关。其中，本体论是关于世界或事物本质存在的探讨，认识论是基于个体知识结构，对如何认识世界和事物本质的讨论，方法论则是关于方法的理论，也是认识和改造世界的一般方法。当然，方法论也具有一定的特殊性，这种特殊性体现在不同时代、不同条件下，因研究内容和重点变化而产生的所采取方法的差异性上。[②] 在社会学研究领域，方法论所涉及的主要是社会研究过程的逻辑和哲学基础，风笑天认为它包括了对社会现象的性质及其理解、社会研究的哲学基础及其假定、社会研究过程和结果的客观性问题、社会学者的价值与研究之间的关系等问题的讨论。[③] 方法论作为现代社会学乃至于整个社会科学的核心问题之一，无疑也是住宅社会学研究方法体系的重要组成部分。因此，我们将方法论纳入住宅社会学方法研究的范畴，并将其作为最高层次的方法加以分析。

通常来看，众多学者在论文写作时并不会刻意指出所用到的方法论，甚至不会意识到这一涉及哲学的基本预设，但方法论一定是存在并影响着整个研究过程的。不仅如此，方法论还可以体现出某一时代下文化和社会

---

①　S. L. T. McGregor and J. A. Murnane, "Paradigm, Methodology and Method: Intellectual Integrity in Consumer Scholarship," *International Journal of Consumer Studies* 34, No. 4(2010) : 419–427.

②　张春敏、吴欢：《新时代反贫困理论与实践的方法论研究》，《广西财经学院学报》2021年第 3 期。

③　风笑天：《社会研究方法》（第五版），第 8 页。

中的学术精神，甚至可衡量出某一学科的发展进程。[1] 毛浩然等人曾对麦格雷戈和莫内恩的观点进行总结归纳（见表 11-1），认为不同的研究方法存在认识论和方法论的差异，学者只有在正确认识并把握方法论的基础上才能选出最为适合且有利的研究方法，进而创造出具有价值性和科学性的知识。[2] 事实上，表 11-1 中研究方法的概念并未对研究方式与具体技术方法进行区分，不过他们对于方法论和研究方法的概念、本质、要素和关系的观点值得借鉴。

表 11-1　方法论与研究方法的区别与联系

	方法论	研究方法
概念	哲学意义上的概念（意识形态）； 得出新认识的总原则或原理； 基于所有科学研究（自然、社会或人类）的基本原理和哲学假设； 逻辑、现实、价值观以及认识对研究的影响	研究的操作手段、过程，包括数据（语料）采集方式和范围、数据统计与分析、结果报告、分类和归类、概念框架和理论模式
本质	决定如何利用和解释研究工具	科学研究的工具、手段与方法
要素	认识论、本体论、逻辑学、价值论	定量研究（数据分析、统计） 质性研究（情感、认知、意义）
关系	方法论决定研究方法的选用，决定研究焦点、研究目的、研究问题，决定采取何种研究设计策略以及如何应用研究结果，决定知识体系的本质； 不同方法论的存在决定了研究领域整个知识体系的多样性	研究方法体现方法论，决定具体研究的操作过程

资料来源：毛浩然、徐起起、娄开阳：《话语研究的方法论和研究方法》，《当代语言学》2018 年第 2 期。

---

① 刘明明、盛昕：《本体·认识·方法：社会学本土化的三重反思》，《理论月刊》2020 年第 10 期。

② 毛浩然、徐起起、娄开阳：《话语研究的方法论和研究方法》，《当代语言学》2018 年第 2 期。

一　住宅社会学研究的方法论

方法论的内容和种类非常宽泛，我们认为住宅社会学研究中主要有实证主义方法论、人文主义方法论和马克思主义哲学方法论。下面对这三种方法论的源起、发展、相互关系进行具体阐述。正如前面所说，方法论与本体论、认识论紧密相连，这点在不同方法论对社会本质所持的观点上也有所体现。孔德把社会研究纳入自然科学研究的方法论范畴，韦伯以人文与自然的二分法为基础，看到的是科学研究在价值与文化领域的局限性，而马克思把自然与社会视为人类实践活动的结果，并将它们统一置于"历史科学"中。[①] 基于此，实证主义方法论、人文主义方法论和马克思主义哲学方法论既有各自显著的特征和适用领域，也在彼此间的冲突与对立中不断寻求发展与创新。

（一）实证主义方法论

18 世纪欧洲启蒙运动之前，学术文化的重心在哲学和神学，对于现实社会的研究多被看作政治学和伦理学的某种延伸任务，然而启蒙运动引发了人们对社会各种现象的深入思考，实证主义（positivism）在这一时期诞生。[②] 19 世纪 30 年代，孔德创立了实证主义学说并开创了社会学学科，他认为社会现象具有类似于自然科学的客观规律，需要通过观察、实验、比较等方法去发现并加以预测，因此应该应用自然科学的逻辑和方法来研究社会现象。[③] 在孔德看来，"我们所有的思辨，无论是个人的或是群体的，都不可避免地先后经历三个不同的理论阶段，通常称之为神学阶段、形而上学阶段和实证阶段"[④]。随后，迪尔凯姆作为孔德实证社会学的杰出继承者，不仅在社会性质和相关方法论立场上继承了孔德的主张，还对孔德等

---

① 郭台辉：《西方社会科学方法论的历史之维》，《中国社会科学》2019 年第 8 期。
② 贾应生：《内外兼证：社会学研究方法的新视野》，《西北师大学报》（社会科学版）2021 年第 3 期。
③ 李峰：《迪尔凯姆与韦伯的社会学方法论之比较》，《理论与改革》2005 年第 3 期。
④ 〔法〕奥古斯特·孔德：《论实证精神》，黄建华译，商务印书馆，1999，第 1 页。

人的机械实证主义进行了修正。迪尔凯姆详细论述了实证主义的方法论原则，解释了什么是社会事实、社会事实的特性如何、如何研究社会事实三个问题。[①] 他认为社会学研究对象是具有客观性和独特性的社会现象，社会现象独立于个人存在且对人的行动有一定的强制性影响，需要用严谨的科学方法去考察，尤其需要重视因果关系分析和功能主义阐释。[②]

实证主义方法论在西方学界具有广泛的影响，王蔚对其发展历程进行了梳理并从经典实证主义、工具实证主义和后实证主义三个阶段入手加以分析。[③] 具体来看，在经典实证主义的阶段中，以孔德和迪尔凯姆为代表的秉持实证主义方法论的学者们认为，社会科学与自然科学在学科性质方面具有较强的一致性，一切社会现象都服从于因果原理，寻找和建立"规律"是他们主要的研究目的。经典实证主义强调对社会整体结构的研究，认为社会层次的事物才是重要的，个体行为只是社会结构的产物。到了20世纪中期，工具实证主义逐渐兴起，转变了以往对社会整体结构进行研究的趋势，将重点放在了具体的社会现实事物或制度上，期望通过研究方法和技术的改进推动社会学发展。20世纪70年代，由于西方社会危机加剧以及实证主义发展过程中暴露出的不足，实证主义方法论受到不小的怀疑和挑战。这一时期内，实证主义进入后实证主义阶段，学者们认识到科学没有统一的模式和目标，社会科学与自然科学之间的差异是客观存在的。此时，学者们对"客观标准""价值中立"等有了新的认识和理解，认为社会学应当既可以是科学取向的也可以是人文取向的。

自孔德、斯宾塞（Spencer）和迪尔凯姆以来，实证主义方法论展现出它占据优势且强势的一面，卷席了社会学的众多研究领域，住宅社会学也深受影响。不论在住宅社会学的哪个发展阶段，定量研究方式或者是以定量为主的技术方法始终占据着主流。尤其是在美国社会学界量化操作技术和计算机技术的迅猛发展下，住宅研究对实证主义方法论的倾向愈加明显。不可否认，实证主义方法论对于那些可以被直接观察到的社会现象具有更强的研究便捷性，贯穿整个研究过程的"价值中立"、因果分析带来

---

① 周晓虹：《社会科学方法论的若干问题》，《南京社会科学》2011年第6期。
② 王小章：《马克思主义社会学：打通实证与理解的藩篱》，《社会学研究》2018年第5期。
③ 王蔚：《社会科学方法论研究评述》，《求索》2006年第3期。

的逻辑性以及可量化和标准化的资料数据，都会使研究结果的科学性和权威性更强。更不用说住宅最开始就是作为一种建筑物体被研究的，有关其数量和功能的分析符合实证主义的哲学预设。然而，人类社会具有不同于自然界的特殊性，住宅也并非只有物质这一种属性。当将住宅与人类社会联系在一起后，实证主义方法论在理解住宅相关的社会现象与意义方面也许并不擅长。正如哈耶克（Hayek）所说，"在大约一百二十年的时间里，模仿科学的方法而不是其精神实质的抱负虽然一直主宰着社会研究，它对我们理解社会现象却贡献甚微"①。更何况现代实证主义的发展逐渐趋向于技术化，这种"为方法而方法"的潮流被称为"数据游戏的自得其乐"②。

总体而言，以科学本质和科学方法为重要内容的实证主义起源于自然科学和经验哲学领域，后来这一科学研究手段被应用于社会学领域并在批评与挑战之中不断发展，至今，实证主义方法论已成为社会学研究的重要方法论之一。③ 对于住宅社会学研究来说，实证主义方法论有其擅长和适用的研究领域，它为如住宅功能、住房市场、居住行为等领域的研究提供了逻辑基础和方法依据。

（二）人文主义方法论

人文主义方法论与实证主义方法论几乎同时形成，也通常处于相互对立、相互批判的状态。很多社会学家希望这门学科越具科学性越好，而另一些则更喜欢人文取向。④ 史蒂夫·布鲁斯（Steve Bruce）曾经发问：社会学能成为科学吗？他的观点是，如果我们在描述社会学学科时的出发点是社会学应该模仿自然科学的话，我们很快就会认识到这种模仿会带来一些根本的限制。社会科学家几乎无法构建实验进行严格的检验，虽然他们

---

① 〔英〕弗里德里希·A. 哈耶克：《科学的反革命——理性滥用之研究》，冯克利译，译林出版社，2003，第4~6页。
② 刘明明、盛昕：《本体·认识·方法：社会学本土化的三重反思》，《理论月刊》2020年第10期。
③ 陈兆漫、张积珠：《实证主义在社会学中的发展》，《三峡大学学报》（人文社会科学版）2005年第S1期。
④ 〔美〕戴维·波普诺：《社会学》（第十版），李强等译，中国人民大学出版社，1999，第17页。

经常做大规模的社会调研，但其结论往往是暂时的和或然性的，人们总可以找到足够的例外来否定结论作为自然法则的可能性。[①] 为了保证知识的合法性，社会学需要实证层面的归纳程序和因果法则，但实证主义者有意无意地忽视了社会学与自然科学之间最显著的差异，即那些无法直接通过自然科学式的观察和测量来直接获取的东西——社会行动背后复杂多样的社会历史意义，以及真正赋予这一切以意义的人类的精神世界。[②]

人文主义对社会本质的看法与实证主义截然不同，因其强调主观的解释和阐释，在对社会问题本质和社会事物意义进行探索时显然更具优势。持有人文主义方法论的学者通常认为，社会并不像自然界那样有明确的客观规律，应该从个体的、内在的、动态的研究出发认识和理解社会。在人文主义方法论下研究社会现象和人类的社会行为时，需要发挥学者自身的主观性，即马克斯·韦伯的"投入理解"，或者是米尔斯的"人对人的理解"。[③] 因此，20世纪60年代后出现了一股人文主义思潮，其中著名的有以米德（Mead）及其学生布鲁默（Blumer）为代表的符号互动论、以舒茨（Schutz）为代表的现象学社会学、以加芬克尔（Garfinkel）为代表的常人方法学以及建构主义等。在人文主义方法论中，理解社会学和现象学与社会学研究关系更为紧密，故而在此对这二者做进一步的分析。

一是理解社会学。西方第一个比较系统地提出"理解"方法的学者是德国哲学家狄尔泰（Dilthey）。他认为人具有自由意志，人的行为既没有规律也无法被预测，社会历史事件则都是独特的、偶然的，并不存在普遍的历史规律，因此对人和社会都不能用自然科学的方法来研究，而应该用人文学科的主观方法对具体的认知事件进行解释和说明。[④] "与自然科学相比，这些科学具有完全不同的基础和结构……在这里，我们为了逐步达到

---

① 〔英〕史蒂夫·布鲁斯：《社会学的意识》，蒋虹译，译林出版社，2013，第5页。
② 郑震：《论实证主义与解释学的方法论争论》，《天津社会科学》2016年第1期。
③ 贾应生：《内外兼证：社会学研究方法的新视野》，《西北师大学报》（社会科学版）2021年第3期。
④ 陈兆漫、张积珠：《实证主义在社会学中的发展》，《三峡大学学报》（人文社会科学版）2005年第S1期。

概念性的知识，从一种直接存在的知识或者理解过程开始。"① 随后，韦伯继承并发展了"理解"方法，他认为社会不具有实在性，只有带有行为者主观意向的行为才是社会行为，所以社会学研究的主要目的在于理解社会行为的主观意义。② 因此，韦伯的社会学通常被称为"理解的社会学"。韦伯既反对机械的实证论，也反对人文学派的主观唯心论，他对"第三条道路"进行了探索，主张在实际研究过程中既要重视主观因素也要重视客观因素。尽管如此，韦伯关于方法论的思想和观点依然更多处在人文领域中，他为社会学研究提供了一种不同于实证主义的、具有解释性的研究分析路径和方法，对社会学发展产生了十分深远的影响。

二是现象学。现象学作为一种比较晚近的哲学方法，更强调对生活世界"主体"的分析，其为后续的社会科学研究提供了一种深刻的方法观念。德国哲学家胡塞尔最先提出了现象学方法，他认为实证主义仅仅关注那些纯粹的客观的事实现象，却对主体价值的相关问题视而不见。正如他在《欧洲科学的危机与超越论的现象学》中所说："在 19 世纪后半叶，现代人的整个世界观受到实证科学的唯一支配，并且唯一被科学所造成的'繁荣'所迷惑，这种唯一性意味着人们以冷漠的态度避开了对真正的人性的具有决定性意义的问题。"③ 作为人文主义方法论的代表之一，社会学的现象学派同样认为迪尔凯姆所说的"客观的社会事实"是不存在的，社会本质上是由众多个人的活动构成的，社会活动中隐含着个人的主观意义和动机。社会现象本身是具有意义的，这种意义要求我们不仅要对现象进行观察和解释，更需要从理解出发把握社会世界的意义及其构成。随后，社会学家舒茨进一步从现象学的角度强调了社会科学研究的独特性，他在综合韦伯和胡塞尔的理论观点的基础上，提出了现象学社会学的观点。他认为生活世界的典型化是建立在主观意义基础上的，且分为初级建构和次

---

① 〔德〕威廉·狄尔泰：《精神科学引论》（第一卷），童奇志、王海鸥译，中国城市出版社，2002，第 180 页。
② 李峰：《迪尔凯姆与韦伯的社会学方法论之比较》，《理论与改革》2005 年第 3 期。
③ 〔德〕埃德蒙德·胡塞尔：《欧洲科学的危机与超越论的现象学》，王炳文译，商务印书馆，2017，第 18 页。

级建构。[1] 在肯定了对意义、生活世界和常识世界的研究的同时，他也主张用经验方法去考察“主体间性”这一重要社会实在，有力地促进了现象学和社会学的发展。

（三）马克思主义哲学方法论

除了实证主义方法论和人文主义方法论之外，马克思主义哲学方法论作为重要的社会学方法论之一，在方法论中处于更高的也更具普遍性的层次上。马克思和恩格斯虽然并不以社会学家身份著称，但他们在19世纪中期创立了总体上最为科学、最为完备的历史唯物主义哲学方法论。不论是实证主义还是人文主义的社会学家，或多或少，或直接或间接地都与马克思和恩格斯进行着对话。在恩格斯看来，马克思的整个世界观应是研究的出发点和研究中使用的方法，从这个角度来说马克思主义哲学体系实际上就是马克思主义哲学方法论的体系。[2] 郭台辉认为，“在总体性与矛盾性为原则的唯物辩证法指导下，马克思的社会科学以人类社会的总体发展进程与规律为研究视野，以资本主义社会为具体研究对象，具有明确的方法论特征。从社会科学层面来看，马克思主义哲学方法论包括：相对于多层多元社会关系的整体有机联系，相对于社会生活各部门与各领域的各种具体制度的总体规范、相对于阶段性历史存在的人类总体历史过程与发展规律，以及社会内部各领域的矛盾变动及其辩证运动构成为社会总体的历史变迁”[3]。

马克思主义哲学的主张不同于实证主义强烈的客观中立倾向，也有别于人文主义对于个人主观性的强调，它认为自然科学的发展既会受到社会历史条件制约，也会反过来对社会产生各种有形或无形的影响，因此主张用辩证的逻辑和批判的分析手段研究社会与经济现象。马克思主义哲学关于社会历史性质的本体论观点以及与之紧密相关的认识论和方法论，使其看到了客观事实分析与主观价值判断对立统一的关系，有助于社会学研究

---

① 王蔚：《社会科学方法论研究评述》，《求索》2006年第3期。

② 覃正爱：《论马克思主义哲学方法论体系的逻辑建构》，《广东社会科学》2011年第2期。

③ 郭台辉：《西方社会科学方法论的历史之维》，《中国社会科学》2019年第8期。

更加全面地掌握事物或现象的联系、本质和规律。① 在结构内涵层面，马克思主义哲学方法论真正做到了历史与逻辑、抽象与具体、动态与静态以及实证主义与人文主义四重维度的有机统一。② 在这种方法论下，改造客观世界的社会实践也可以被视为一种方法，斯马加茨·波齐姆斯卡（Smagacz-Poziemska）等人的研究经验揭示了在城市研究中基于实践的方法论应用，他认为进行有效和成功的面向实践的研究的关键在于如何将社会实践概念化和操作化，以及设计和使用适当的技术方法收集并分析数据。③ 实际上，马克思主义哲学方法论与住宅社会学的渊源要更加深远，恩格斯的《论住宅问题》即为例证。

诸多社会理论深受马克思主义哲学方法论影响，其中法兰克福学派发展起来的批判理论较为学界所熟知。布朗纳认为，"批判理论拒绝将自由与任何制度安排或固化的思想体系联系在一起。它对既有实践形式之中隐含的假设与意图提出质疑……认为思想应当回应不断变化的历史环境中产生的新问题以及实现解放的新的可能性"④。批判理论的关注重点是对意识形态或社会文化的批判，尽管这个学派后来出现了分化，但他们都认为科学研究的目的不是解决"是什么"的问题，而是解决"应该是什么"的问题。批判理论是一种与实证主义和人文主义相对的重要方法论，为住宅社会学研究提供了一种与后两者有明显区别的研究方法取向，进而赋予住宅社会学批判性与超越性的研究品格。

二　方法论之间的对立与对话

方法论是一门学科的核心问题之一，不同的方法论立场往往意味着不同的研究视角与研究风格，进而衍生出不同的问题意识和分析框架。社会

① 王小章：《马克思主义社会学：打通实证与理解的藩篱》，《社会学研究》2018 年第 5 期。
② 范和生、刘凯强：《马克思主义社会学方法论的结构阐释与本土化嵌入》，《河北学刊》2018 年第 5 期。
③ M. Smagacz-Poziemska, A. Bukowski and N. Martini, "Social Practice Research in Practice. Some Methodological Challenges in Applying Practice-based Approach to the Urban Research," *International Journal of Social Research Methodology* 24, No. 1(2021) : 65-78.
④ 〔美〕斯蒂芬·埃里克·布朗纳：《批判理论》，孙晨旭译，译林出版社，2019，第 1 页。

学方法论的自觉探索始于社会学奠基人迪尔凯姆与韦伯，迪尔凯姆倡导集体主义的、实证的方法论，而韦伯则倾向于坚守个体主义的、理解的方法论，社会学因此分化为实证主义社会学和人文主义社会学两大派别，社会学方法论之间的对立冲突也主要在这两个派别之间展开。后来，以法兰克福学派为代表的学术阵营加入对话之中，社会学在更多思想的碰撞中得以发展。① 不同理论范式之间的相互竞争和批判，构成了学科发展和具体实践的张力与想象空间，而有关方法论的探索几乎贯穿了整个社会学发展历史，甚至可以说是社会学具体实践得以展开的前提。② 因此，这里有必要对实证主义方法论、人文主义方法论和马克思主义哲学方法论之间的关系进行深入分析。

（一）方法论的论争与对立

西方社会学创始人孔德意识到社会学作为"社会科学"的地位是不稳定的，或者说是需要极力捍卫的，他自己也是重要的捍卫者之一。只不过，他号召运用自然科学的方法来发展有关人类事物的知识，这种做法后来被公开批评为天真的和错误的。从人文主义与实证主义漫长的论争来看，尽管社会学在初期热衷于向自然科学的"寻找客观规律"看齐，但人类行为的主观能动性使其始终无法摆脱人文主义的纠缠，关于价值中立的无尽争议更是说明了这一原则的相对性。乔纳森·H.特纳指出，许多学者都极其怀疑（如果不是完全反对）是否可以对人类的社会关系进行科学的研究，他们认为把社会学视为科学不仅自命不凡，而且幼稚。③ 这样的批评观点有各种表现形式：一种观点是，社会事实的特质是其会因人类的理解力和创造力而改变，任何对社会过程潜在本质的研究都是徒劳的；另一种观点是，社会研究往往包含意识形态的成分，这些意识形态代表了那

---

① 当然，关于方法论的争论或"对话"并不仅仅发生在实证主义与人文主义之间，如方法论个体主义和方法论整体主义的斗争、解释学范式和实证主义范式之间的争论、建构主义和实在论之间的对立，乃至批判理论对保守主义的攻击等，都深刻影响了社会学思想的发展和变革，也昭示了这一学科的张力与活力。参见郑震《社会学方法论的基本问题——关系主义的视角》，《天津社会科学》2019年第4期。
② 赵炜、朱红文：《社会学的理性传统及其方法论问题》，《天津社会科学》2018年第3期。
③ 〔美〕乔纳森·H.特纳：《社会学理论的结构》，北京大学出版社，2004，第4页。

些提出理论或助其发展的人的自身利益。在大部分人文主义学者看来，社会现象的产生和变化是个人行为的综合体现，他们主张通过对社会环境和个人情况的实地考察，深入探索个人行为的意义与动机，揭示出其内部逻辑，而不是仅从客观视角对个人行为加以研究，为其套上外部逻辑。然而，其中部分学者的观点从根本上否认了社会规律和社会事实的存在，彻底摒弃了自然科学的研究方法，在批判实证主义缺陷的同时走向了另一个极端——人文学科的主观方法论。[①] 这样的二元对立显然也是不合理的，需要在发展和对话中不断被弥合和超越。

　　除此之外，人文主义方法论与实证主义方法论另一个容易被忽视的区别是，前者不仅追求对社会科学以外的研究对象的解释性理解，还把自身作为研究的重要对象来对学科进行理解，即建立社会学的社会学。这是包含了福柯的知识考古学、曼海姆的知识社会学、布迪厄的反思社会学等在内的对社会学进行反身性批判和超越的内容领域。虽然不能排除运用实证方法进行讨论，例如对相关文献进行内容的编码和分析，但从研究的取向与旨趣以及研究的深度与潜力来看，这项工作主要是在人文主义的框架内展开并逐步深入的。

　　法兰克福学派对人文主义、实证主义皆进行了批判，他们认为局限于既定秩序的哲学并不利于社会进步，不论是现象学及其关于个体如何体验存在的固有本体论主张，还是要求按自然科学标准来分析社会的实证主义主张，实际上都未看到社会的历史性和真正的主体性。[②] 在这一点上，批判理论对它们的批判应该说是准确的甚至是击中要害的。众所周知，实证主义具有"去历史化"的保守倾向，"片面强调外在客观性和因排斥价值评价而弱化了具有批判性的辩证思维"[③]。现象学或者说现象学社会学虽然关注生活世界这个"至尊现实"，但其主要意图在于把握生活世界中的意义及其结构形式，至于个人的存在体验是否以及如何受到意识形态和大众文化的规训或宰制，并非其关心的问题。

---

① 陈兆漫、张积珠：《实证主义在社会学中的发展》，《三峡大学学报》（人文社会科学版）2005 年第 S1 期。
② 〔美〕斯蒂芬·埃里克·布朗纳：《批判理论》，第 4 页。
③ 刘少杰主编《西方空间社会学理论评析》，中国人民大学出版社，2020，第 10 页。

（二）方法论的融合与发展

毫无疑问，不同方法论之间的分歧和对立严重影响甚至损害了社会科学研究的有效性。尽管许多社会学家至少在原则上赞同方法论多元主义，但由于关于方法论多元主义的共识是不完整的，他们在寻求促进多元主义发展方面并不积极。方法论多元化的程度不取决于接受这一观点的社会学家的数量，而是取决于该学科的整体知识生产的程度。[①] 社会科学方法论的发展需要实现从对立到对话的转变，在真正的建设性对话中寻得方法论的突破与创新才是良性发展路径。正如周晓虹所说，"对社会科学方法论的探讨无意终结实证主义与人文主义之争，但却意在为这种非此即彼的争议提供一种相互包容的视角"[②]。

从现当代关于两种方法论的争论来看，其焦点也不再是社会学研究科学化或非科学化的不同取向，而是转换为如何在保证科学化的同时发掘出各种社会意义。这一转换主要来自舒茨提出的问题：社会科学之所以成为科学，原因之一仍然在于其普遍性主张，那么如何既能保持客观性态度，又能够以富于意义的方式进行社会科学的研究？[③] 实证主义方法论和人文主义方法论之间不是非此即彼的关系，而是存在一种巨大的张力，如何缓解乃至消除这种张力，寻找到一种可以弥合和跨越两者之间的主观与客观、科学与意义的对立的方法论，或者说，如何在发现规律和理解意义之间找准平衡，才是围绕两者的争论的新的核心问题。实际上，从韦伯到舒茨都承认社会科学尤其是社会学的任务是在追求科学与理解意义之间寻找平衡，将韦伯的社会学立场和舒茨的现象学社会学作为与实证主义对立的研究取向而放置于人文主义研究脉络中，在一定程度上是出于误解。默顿也看到了社会科学的包容性，他曾说，"社会科学在知识积累上介于自然科学和人文科学之间，在某些方面，社会学采用自然科学的取向与做法，

---

① G. Payne, M. Williams and S. Chamberlain, "Methodological Pluralism in British Sociology," *Sociology* 38, No. 1(2004) : 153–163.

② 周晓虹：《社会科学方法论的若干问题》，《南京社会科学》2011 年第 6 期。

③ 孙飞宇：《方法论与生活世界 舒茨主体间性理论再讨论》，《社会》2013 年第 1 期。

在另一方面其也与人文主义保留亲缘关系"①。那么，回到舒茨的问题，如何实现不同研究范式和方法论之间的共存和融合？对于这个极为宏大复杂的问题，在这里无法做出深入分析，但我们认为从住宅社会学及其方法论来说，可从两个方面切入讨论。

一方面，回到社会学研究的对象本身。社会学作为一门研究各种社会现象的科学，所形成的知识天然就需要一定的普遍性以被不同文化背景的人们所理解，矛盾在于社会学面对的并不是一种客观存在的"物"，而是社会世界本身。在进行科学研究之前，学者们首先是生活在社会世界中的行动者，"建构着属于普通人自己的意义与关联性的结构即常识性构造，并具备着自身的关联性主题和工具理性手段"②。在批判论者那里，对实践的强调使得他们拒绝区分事实与价值，为了将对事实的理解置于其获得意义的负载着价值的背景之中，他们更多地将事实作为社会行动的具体历史产物来对待，而较少将其作为单独的现实来描述。③ 尽管社会世界与实践之间有着很多不同，但究其本质两者是相通的，即它们都是由无数行动者的行动及其意义构成的生活现实。生活现实是总体性的、权宜性的，也是在动态的实践过程中不断生成的，从这个意义上讲，社会学研究是从生活现实出发、形成认识并返回到生活现实中的。如果我们把生活现实这一社会学的研究对象同时看作研究的起点和旨归，那么，不论哪一种方法论都只是针对"总体社会事实"的特定认识，是一种"权宜性"的研究立场和取向，任何方法论都不可能"包打天下"。

另一方面，基于住宅多重属性进行方法论融合。与很多社会学分支学科的研究对象不同，住宅具有物理、经济、社会、政治、文化等多重属性，相关研究也因此需要实证主义方法论、人文主义方法论和马克思主义哲学方法论等多种方法论介入。住宅社会学研究的这一特点既为不同方法论提供了各展所长的空间，也提供了它们共存与融合的可能。例如，对作为一种商品的住宅的研究，可以是实证主义方法论和马克思主义哲学方法

---

① 〔美〕罗伯特·金·默顿：《论理论社会学》，第41~42页。
② 孙飞宇：《方法论与生活世界》，生活·读书·新知三联书店，2018，第105页。
③ 〔美〕斯蒂芬·埃里克·布朗纳：《批判理论》，第15页。

论这两种方法论共同发挥作用的领域。这里不再过多举例，因为前面的内容已经充分表明由于住宅的多重属性，三种方法论都有其"用武之地"，其中的一些研究展现了不同方法论组合运用的效果。与"故步自封"地捍卫某一种住宅社会学研究方法论相比，保持开放性的研究态度才是不同方法论融合与发展的必要条件。

三 住宅社会学中方法论的应用

由上文梳理可知，在社会学研究领域中，主要有三种方法论倾向，分别是实证主义方法论、人文主义方法论和马克思主义哲学方法论，住宅社会学也主要是在这三种方法论的分立与交织之上发展的。总体来看，大致在 20 世纪 80 年代前，国外实证主义方法论占据主导地位，穆希尔认为原因在于传统住宅研究高度关注住房短缺问题，对住户数量和房屋数量之间差距的测量成为住宅研究的传统起点。当住宅短缺问题缓解后，住宅的定性研究和文化转向才开始出现，此时人文主义方法论在住宅研究中开始产生重要影响。其中，马克思主义哲学方法论或多或少地存在于住宅研究发展的每个阶段。国内住宅社会学研究中实证主义方法论更为盛行，这与国内学者对系统论与结构论的偏好以及为宏观政策服务的倾向有很大关系，而定量研究方式在这类研究中优势更为明显。

若按照住宅社会学的理论发展和研究趋势来看，住宅社会学方法论应用大致可分为三个阶段。第一阶段是从 19 世纪中叶恩格斯发表《论住宅问题》开始到 20 世纪 30 年代左右，这一时期的住宅研究带有较强的批判色彩。同时，孔德以实证主义哲学开创了社会学，以孔德、斯宾塞和迪尔凯姆为代表的实证主义方法论在社会问题研究中开始兴起，力图突破形而上学的抽象思辨。因此该阶段的住宅研究是以马克思主义哲学方法论为主、以实证主义方法论为辅的。随着住宅问题的凸显及实证主义的快速发展，住宅社会学研究进入了第二阶段。从 20 世纪初期到 20 世纪 60 年代，住宅问题研究多采用实地调查法并辅以简单的统计分析，如对住宅的数量种类进行描述、对不同家庭对住宅的选择进行比较等。在实证主义盛行之时，人文主义也逐步兴起，这类研究大多从文化角度探讨住宅现象背后更为深刻的意义及其与人的联系。在这一阶段中，马克思主义哲学方法论在住宅社会学中的应用相对减少，学者们的理论基础与哲学预设更多是实证主义方法论，辅以人文主义方法论。第三阶段为20世纪90年代至今，这一阶段实证主义方法论愈发强势，人文主义方法论尚处在发展过程中，马克思主义哲学方法论开始回归。这是因为与住宅（住房）相关的问题日益严重，住房数量性矛盾转为结构性矛盾，甚至逐渐演变成住房危机。学者们开始意识到住房危机并不仅仅是简单的经济学意义上的供需问题，有必要以马克思和恩格斯的理论学说探寻住房危机背后的政治和社会层面的意义，如阶层分化、住房分配、社会权力结构等。

方法论并不是绝对的无法变更的原则，它可以被看作用来开拓思想、解决问题和建立知识的应用策略，不同的方法论有其适用且独具优势的研究领域。显然，面对住宅的多重属性，往往需要结合三种方法论对住宅现象及其问题进行研究，如此才能更为准确深入地对住宅各类属性进行整体把握，兼顾实证与人文的描述和阐释以及批判的超越性。

第十二章　住宅社会学的研究方式

　　研究方式指的是研究所采取的具体形式或研究的具体类型。风笑天认为，社会研究的具体方式有定量研究方式与定性研究方式两大类，每一类研究方式又包含各种不同的具体类型，如调查研究、实验研究、实地研究和利用文献的定量研究，每一种研究方式都具有独特性，且可独立支撑一项具体研究的全部过程。[①] 风笑天等学者对研究方式的定义与分类为后续社会科学的方法研究奠定了基础，也对我们有较大的启发。本章中的研究方式是指连接方法论和具体技术方法的中观层面的方法类型，具有多种划分标准，如按照研究目的、研究取向和研究路径进行划分。之所以要对研究方式进行分析，是因为在研究设计的过程中，研究方式同时与学者和研究问题有紧密的联系。一方面，研究方式最能直接体现学者的价值取向及其背后的方法论预设；另一方面，研究方式贯穿并规范了整个研究过程，不同的研究问题需先确定最为适合的研究方式，在此之后才是具体的技术方法的选择与应用。

　　从研究目的来看，探索性研究多运用人文主义方法论，描述性研究多运用实证主义方法论，而解释性研究既有人文主义方法论的理论基础，也带有部分实证主义的色彩。定量研究方式多用于描述性研究，定性研究方式则主要用于探索性研究，解释性研究则往往既有定量研究方式也有定性研究方式。从研究取向来看，主要分为定量研究方式和定性研究方式。不同的方法论具有不同的哲学传统和理论基础，它们之间的差异也体现在研究方式和具体技术方法的选择上。其中，实证主义方法论多集中体现于定量研究方式上，而人文主义方法论多体现于定性研究方式上。不同的研究

---

① 风笑天：《社会研究方法》（第五版），第9页。

方式也会在一定程度上影响学者对具体技术和手段的选择，比如定量研究方式下，学者的资料多可用数据衡量展现，此时用定量分析的技术方法更为适合，如统计分析法、大数据分析法、社会网络分析法、内容分析法等。而定性研究方式下，学者的资料多为文本类型，此时用定性分析的技术方法较为合适，如文本分析法、功能分析法、民族志、案例研究法等。从研究路径来看，住宅社会学研究方式主要可分为调查研究、实验研究、实地研究和文献研究四类，其中调查研究和实验研究多用定量分析的技术方法，实地研究多用定性分析的技术方法，文献研究则既有定性分析的也有定量分析的技术方法。

关于描述性、解释性和探索性研究的定义，学界形成了较为一致的认识，故不再赘述，对于调查研究、实验研究、文献研究和实地研究四种经典研究方法类型也只做简单的讨论，下文将着重于定量与定性两大研究方式的讨论，并对它们在住宅社会学中的应用情况进行分析。

一　四类基础的研究方式

（一）调查研究

调查研究是社会学者在实际研究中采用得最多的研究方式之一，具体技术方法包括但不限于问卷法、访谈法、观察法等，其以此了解客观事实并获取相关资料，实用性较强。调查研究既可用来描述某一总体事物的概况、特征以及进行总体内各部分之间的比较，又可用来解释不同变量相互之间的关系，因此兼顾了描述和解释两种目的。其中，调查研究的描述性功能与定性研究方式的功能较为类似，即通过对社会现象和社会事实的把握实现对社会的规律性认识。[①] 例如，《英国工人阶级状况》就是恩格斯"根据亲身观察和可靠材料"对英国工人阶级状况进行的研究，具有方法上的示范价值，堪称参与式观察、材料综合运用和田野笔记写作等方面的

---

① 方长春：《从方法论到中国实践：调查研究的局限性分析》，《华中师范大学学报》（人文社会科学版）2006 年第 3 期。

先驱文本。①

（二） 实验研究

实验研究是收集直接数据的一种研究方式，研究者运用科学实验的原理和方法，通过不同手段控制有关因素后对变量之间的因果关系进行研究。从方法论上看，实验研究是定量研究的一个特定类型，它比其他几种社会研究方式更直接地基于实证主义的背景和原理。在社会研究中，如果按照科学标准来衡量，最严格的方式无疑是实验研究。例如早期的社会科学家就试图以实验和测量的方法对社会现象之间的关系进行研究。不过，由于实验研究对实验的环境、对象、实施条件和操作程序等方面要求的严苛性，其在成为社会科学中最科学的研究方式的同时，也成为社会科学中受限最多、最难应用的一种研究方式。②

（三） 文献研究

文献研究主要利用第二手资料进行研究，因而明显具有间接性，根据研究的具体方法和所用文献类型的不同，可以将文献研究分为内容分析、二次分析和现存统计资料分析三种。③ 文献研究适用于那些无法接触的研究对象或需要进行纵横向分析的情况，如研究某一历史时期中的社会现象或重要事件，或是对某一事物的发展进行脉络梳理，又或是研究内容和对象数量过于庞大，仅靠个人无法实现全面调查。然而，文献资料无法避免地会体现出编制人或研究者的主观意图、个人偏见和客观限制，这会对研究结果产生一定的影响。本书即主要采用文献研究方式，该方式所具有的优点与局限也一定程度上反映在本书研究的过程和结果中。

（四） 实地研究

实地研究是一种定性的社会研究方式，它通常指深入研究对象的社会

---

① 张立波：《〈英国工人阶级状况〉研究方法新探》，《社会科学辑刊》2020 年第 3 期。
② 风笑天：《定性研究：本质特征与方法论意义》，《东南学术》2017 年第 3 期。
③ 杨艳：《比较社会学的四种研究方式》，《和田师范专科学校学报》2006 年第 3 期。

生活环境中，通过观察、询问、感受和领悟来理解研究对象的观念意识、生活方式及其背后的文化习俗等，进而认识和了解社会世界。实地研究因其方法论上的独特性以及资料获取更具真实性的优势，适合那些不能仅凭通过问卷调查等方法所获得的调查资料就讲清道明的社会现象和问题。费孝通的《江村经济》是社会学实地研究的代表作之一。这部著作在社会调查研究方法和方法论上有重要贡献，它成功地把功能主义人类学的研究方法和观点移植到社会学中来，开了人类学研究现代农村社会的先河。实地研究方式通常较为灵活，在实地调研过程中学者可以根据实地情况对研究的目标和设计进行修正。然而它也存在耗时长、信度低、可能存在伦理问题以及学者个人观念影响研究客观性等局限。

这四种研究方式各具优势也各有局限，不同学科的学者在进行经验研究时，往往习惯于或者倾向于使用其中的某一种方式。比如，心理学者经常采用实验研究的方式，社会学者经常采用调查研究的方式，人类学者经常采用实地研究的方式，而传播学者则经常采用文献研究的方式，等等。不过对于住宅研究来说，它们都可以用来研究特定的住宅社会议题。

二　定量研究方式与定性研究方式

从研究取向来看，社会学研究中最主要的两类研究方式是定量研究和定性研究。二者不论是在各自方法论渊源方面，还是在各自常用的技术方法方面皆存在着诸多差别，因此，在讨论研究方法的文献中常见学者们对它们进行比较。然而，由于人们对这两种研究方式内涵与重点的理解存在分歧，有关它们的比较逐渐演变成争论。事实上，围绕定量与定性研究方式的争论就如其背后的方法论渊源——实证主义与人文主义之争那般从未停止。

在讨论定量研究与定性研究之前，首先需要对它们的概念做出界定，因为争论往往来自概念界定方面的模糊。国外学者们将 qualitative research 和 quantitative research 作为一对相关概念加以使用，国内学界主要使用"定性研究"和"定量研究"这两个中文概念与之对应。但近十几年以来，相关的中文概念开始增多，如有将 quantitative research 译为量化研究的，与 qualitative research 相对应的则有质性研究、质化研究和质的研究等提法。[①] 风笑天在这方面进行详细梳理后认为，尽管这几种说法有着中文词义上的区别，但从研究方法层面出发，它们的内涵外延是极为相近的。基于此，本书认同风笑天的观点，即认为定量研究与定性研究是两种相对的研究方式，其中定量研究方式多适用于有关整体的、相对宏观的、普遍的、侧重客观事实的特别是有关变量之间关系的问题；定性研究方式则往往适用于有关个体的、相对微观的、特殊的、侧重主观意义的，特别是有关具体情境之中的互动的问题。[②] 需要注意的是，"定量研究"与"定性研究"和后文中的"以定量为主的分析方法"与"以定性为主的分析方法"存在区别，前两者是更为系统的、包含更多哲学预设和理论取向的研究方式，后两者是研究过程中根据收集资料的类型和分析资料的手段而划分的具体技术方法，其概念的抽象层次更低。常有学者将它们混为一谈，即根据资料的形式特征或进行分析的技术方法特征对定量研究和定性研究进行界定，这无疑是不利于学科研究发展的。

（一）定量研究方式

定量研究通常具有统一的范式和相对固定的流程，这使得它具有易操作性、可重复性以及类似于自然科学的规范性和客观性。在研究过程中，学者们时常将研究问题转换为可以被经验形式所检验的数学命题，对相关的概念、理论和资料进行数据化处理，进而构建相应的模型对其加以分析。因此，样本数据的准确性和切合性会对研究结论产生重要影响。随着定量研究在社会科学领域的广泛应用，与之相关的技术方法得以快速发展，数据分析逐渐成为定量研究的主要特征。

进入 21 世纪后，定量研究的主要任务从"通过初等的统计学知识和技术简单描述有限变量的关系"转向"揭示出复杂的社会关系并提出有实际效用的预测性方案"。[③] 在信息科学技术迅猛发展的当下，完成这一转向

---

① 风笑天：《定性研究概念与类型的探讨》，《社会科学辑刊》2017 年第 3 期。
② 风笑天：《定性研究与定量研究的差别及其结合》，《江苏行政学院学报》2017 年第 2 期。
③ 叶嘉国、风笑天：《经验主义社会学的现状、特点和趋势》，《社会科学研究》2000 年第 1 期。

似乎并不那么困难，但是由于社会学的研究对象天然带有主观性、复杂性和不确定性等特征，那些精确性更高的技术方法在处理复杂社会现象时的效果并没有预想的那么好。其中一个原因是，学者们对定量研究含义的认识始终较为模糊，有时甚至会出现将某一种具体的技术方法等同于定量研究的情况。这种观点显然过于片面。例如，定量研究中最常用的统计分析方法是一个十分有效但也具有明显局限性的分析工具，其最突出的问题可能是定量社会学代表人物邓肯曾警告过的"统计至上主义"，即"将做统计计算等同于做研究，天真地认为'统计学是科学的方法论之完备的基础'"[①]。谢宇认为，对具体技术方法的使用不应该与所关注的实质性问题分开，不能依赖于程式化的统计检验，要有对研究问题和其背后的社会过程的理解。但遗憾的是，当前社会学研究中，"统计至上主义"普遍存在，以至于它常常导致定量研究变得毫无吸引力。这些关于定量研究的误解其实暗含着学者们对不同层次方法的认知问题和应用问题，不论是"定量研究方式"还是"以定量为主的分析方法"，它们本身作为方法都被住宅社会学研究所需要，并将共同推动住宅社会学研究逐步走向成熟。

总而言之，尽管定量研究经常与数字打交道，但数字并不是其最终目的。在对资料进行数据处理和分析之前更重要的是学者对整个研究的设计和理解，即研究假设的提出，后续一系列的方法应用是为研究本身服务的。换言之，重点并不在于数据之间的相关性，而是在于相关性背后的原理和相应的合理解释，在明确这一点的基础上，定量研究中的技术方法才能产生富有成效的成果。

（二）定性研究方式

定性研究在方法层次与概念的认识上并不像定量研究那样具有较大的模糊性和争议性，原因可能有两点：一是定性研究十分强调研究内容中体现出的意义和理解，对技术方法的追求并不强烈；二是定性研究采取的技术方法尽管种类繁多，但彼此间差异较大，某一种技术方法难以上升到定性研究方式的层次。

[①]　谢宇：《社会学方法与定量研究》（第二版），第 3 页。

　　定性研究能给予人们对特定社会现象的理解，善于挖掘出相关社会问题背后的形成机制和本质原因。国内外学者的讨论有助于我们对定性研究基本概念和特征的理解。例如，王嘉毅认为定性研究最初只是一种单一的方法，后来逐渐发展为一种与定量研究相对的、由多种分析方法组成的范式。定性研究重在"通过诠释和移情的途径来揭示和理解"社会现象及其内部意义。[①] 陈向明将国外学者对定性研究的定义概括成："在自然环境下，使用实地体验、开放型访谈、参与型和非参与型观察、文献分析、个案调查等方法对社会现象进行深入细致和长期的研究。分析方式以归纳法为主，在当时当地收集第一手资料，从当事人的视角理解他们行为的意义和他们对事物的看法，然后在这一基础上建立假设和理论，通过证伪法和相关检验等方法对研究结果进行检验。研究者本人是主要的研究工具，其个人背景以及和被研究者之间的关系对研究过程和结果的影响必须加以考虑。研究过程是研究结果中一个不可或缺的部分，必须详细加以记载和报道。"[②] 风笑天认为定性研究方式具有"到实地、到现场，重情景、重关联、重意义、重主观"等基本特征，通常而言，进行定性研究的学者会直接或间接地深入研究对象所处的真实社会生活环境之中开展研究，也即从自然情境中收集资料。杨立华和何元增简要描述了定性研究的应用条件、研究设计、方法类型、操作步骤、质量评价和伦理等重要问题，并从这几个方面对定性研究的基本路径进行了构建。[③] 黄盈盈和王沫对中国大陆社会科学界 2011~2021 年关于定性研究方法的研究进行梳理分析，发现其在学界以及社会上的可见度大幅提高，日常生活的视野与总体性的知识生产是两个不断被强调的方法走向。[④]

　　参考已有文献，我们认为意义构建与意义阐释是定性研究的两个重要任务，前者着重研究人们是如何赋予各种社会行为、社会事件、社会事物意义的，后者着重研究人们的各种行为、意图对其自身来说所具有的意

---

① 王嘉毅：《定性研究及其在教育研究中的应用》，《西北师大学报》1995 年第 2 期。
② 陈向明：《定性研究方法评介》，《教育研究与实验》1996 年第 3 期。
③ 杨立华、何元增：《公共管理定性研究的基本路径》，《中国行政管理》2013 年第 11 期。
④ 黄盈盈、王沫：《生成中的方法学：定性研究方法十年评述（2011—2021）》，《学习与探索》2022 年第 5 期。

义。① 随着定性研究方式以及相关的技术方法逐渐由人类学、教育学扩展到各种社会科学研究领域，定性研究方式受到越来越多学者的关注，其在住宅社会学研究领域的应用空间十分广阔。

（三）定量研究方式与定性研究方式的关系

1. 定量研究与定性研究的特征差异

对于现实（本体论）和知识（认识论）本质的不同认识导致了定量研究和定性研究的根本差异。在定量研究中，现实被认为是单一的、有形的，可以被分割为独立的过程或系统，学者与现实被视为互不干扰的存在，研究遵循价值中立原则；在定性研究中，现实被认为是一种多重的、社会建构的现象，因此学者和现实之间存在不可分割的联系，至少在问题提出的环节不可避免地具有价值关联性。② 这种本质的不同又进而表现在研究目标、程序规范、资料收集和处理等多个方面的特征差异上。

具体来看，解释和理解之间的二分法可以进一步说明这两种研究方式之间的差异。解释可以被认为是通过在系统中观察到的规律性来认识事实之间的联系，理解可被定义为个人在他们观察到的事实之间建立联系的结构。通常而言，定量研究侧重对部分社会事实进行经验证明，目的是揭示事物之间的普遍性联系或事物发展的普遍性规律。定量研究往往是演绎和理论驱动的，其从理论中构建出假设，然后通过经验观察对假设加以证实或证伪，也就是说，在进入具体研究之前，学者就有着较为明确的研究假设和计划。定性研究则侧重对社会关系中各种"意义"进行过程分析，目的在于通过研究者所掌握的知识探索未知事物的复杂变化和发展逻辑。采取定性研究方式的学者倾向于亲自深入具体情境中收集资料并进行归纳式分析，因为任何测量系统都有可能导致信息与原始"现实世界"情况脱节。从这点来看，定量研究方式所具有的"科学性、规范性、普遍性和客观性"的优势同样成为其主要限制，因为它需要对所分析现象的去语境

---

① 风笑天：《定性研究：本质特征与方法论意义》，《东南学术》2017 年第 3 期。
② N. Horsewood, "Demystifying Quantitative Methods in Comparative Housing Research: Dispelling the Myth of Black Magic,"*International Journal of Housing Policy* 11, No. 4(2011) : 375-393.

化。研究目标与程序规范的区别导致了定量研究和定性研究收集到的资料类型的差异。定量研究需要将现象简化为数值，也就是所谓的量化，以便进行后续的统计分析。与定量研究大规模地检验假设不同，定性研究试图理解少数参与者的世界观，更需要以非数字形式收集信息，如访谈文本等。这一差异使得二者在选择具体技术方法时有着明显的区别。

2. 定量研究与定性研究的互补关系

目前学界较为普遍的现象是，很多人对不同的研究方式加以分割与对立，主张开展定性研究的人认为定量研究难以把握真实的社会现象，更不能体会行动者本人的意义，而主张开展定量研究的人认为唯有数据才能做到客观，才能真正建立社会结构的图景。① 必须承认的是，定量研究与定性研究的差异是客观存在的，其优势与局限各不相同，但依据这些将二者置于对立关系中，往往会忽视二者的共通之处，也会阻碍方法的创新和发展。因此，在准确把握二者异同的基础上，需要对二者之间的互补关系进行简单讨论。

从相同之处来看，定量研究与定性研究作为方法在研究中的作用是一致的，即帮助研究者认识和解决问题。此外，二者都依赖于理论。正如克雷斯威尔所解释的那样，演绎理论经常用于定量研究，"研究人员提出一个理论，收集数据来测试它，并通过结果反映理论的证实或证伪，该理论成为整个研究的框架"；在定性研究中，"询问者可以在研究过程中生成一个理论，并将其放在项目的末尾，例如在扎根理论中。在其他定性研究中，它出现在开头，并提供了一个透镜，可以塑造所观察的内容和提出的问题"。②

不过，在中层理论思想的指引下，西方社会学家首先想到的是怎么能找到更可靠的具有实证性的机制和变量来解释社会现象，而不是去分析那些机制和变量在具体情景中的重要性以及它们与宏观结构之间的关系。③

---

① 刘成斌、卢福营：《研究技术、研究方式与研究方法——兼论对社会学研究方法的若干误解》，《华中师范大学学报》（人文社会科学版）2008 年第 2 期。
② 〔美〕约翰·W. 克雷斯威尔：《研究设计与写作指导：定性、定量与混合研究的路径》，崔延强主译，重庆大学出版社，2007，第 3~4 页。
③ 赵鼎新：《什么是社会学》，第 47~48 页。

一来，正如上文所提到的，由于对定量研究方式的误解，部分学者的重点偏移到统计方法的运用与改进上，仿佛越复杂的技术越能体现研究结果的准确性和普遍性。对技术的过分强调会导致定量研究愈加重视变量之间的相关性，而忽视构建假设时的理论基础，也即研究的学理性。这点在社会学中的弊端可能更为明显，当狭义的片面的定量研究盛行时，社会学家就有可能失去对社会的整体感和智慧性的把握能力。二来，社会是处于动态变化中的，当今流动社会的变化速度和幅度可能更大，当定量研究中的核心变量发生质变时，那些变量的载体即"人"对这些变化的切实感受是定量研究中数据难以反映的地方。此外，出于对学术成果的追求和论文发表的需要，进行定量研究的一些学者似乎并不愿意面对检验结果与研究假设不符的情况，而这恰恰是需要进行解释的地方。也或许，那些难以被解释的过程机制中同样是无法被量化的因素在起作用。

定量研究在面对复杂多样的社会现象时所暴露出的局限性，使得社会学界对定性研究的需求开始上升，也促进了与定性研究方式相关的技术方法创新。从 21 世纪初至今，在定量研究方式在国内社会研究中占据着主流地位的同时，国内学界也再一次开始对西方学界相对成熟的定性研究方式加以学习、引进和应用。定性研究方式所弥补的正是以调查研究、实验研究为代表的定量研究方式的不足，它为我们提供了探索社会世界奥秘的另一种视角和另一条途径。[①] 学者可以在定性研究方式中获得原始背景下的事件叙述，包括情绪、信念、行为，还可以观察产生结果的决策过程，不仅如此，定性研究还可以提供对复杂的人类、家庭系统和文化经验的深入分析，这是定量研究中测量尺度和多元模型等无法捕捉到的。

由此可见，定量研究与定性研究实际上是相互补充的关系。在面对同一研究主题时，一方面，定量研究往往是以定性研究的结果为基础，再对社会现象及社会不同因素之间的相互作用进行数据分析，并得出超越样本的规律性结论[②]；另一方面，在面对既可使用定量方式又可使用定性方式进行研究的社会现象或问题时，若有定量研究的结果支撑，则可增强定性

---

① 风笑天：《定性研究：本质特征与方法论意义》，《东南学术》2017 年第 3 期。
② 李俊：《由社会科学方法论之对立和融合观照问卷设计的新发展》，《广西社会科学》2009年第 1 期。

研究分析的客观性，更为全面地掌握社会事实，因为定量研究在描述总体社会内部的变异性时会更加精确，结论的普遍性也更强。

在研究中正视并承认社会科学中存在的认识分歧十分重要。当我们把实证主义方法论和人文主义方法论看作观察和认识社会世界的两种不同视角，就不会对二者之间的差异感到不安。如同实证主义方法论和人文主义方法论一样，定性研究和定量研究二者之间也不存在孰优孰劣的问题。在学者认识住宅社会现象的过程中，它们所能回答的问题不同，回答问题的方式也不同，它们可以发挥各自的作用。在实际研究中该运用哪种方式，不仅取决于学者的个人兴趣，更取决于他所要解决的问题及获得的研究资料。例如，谢宇对定量研究与定性研究各自的适用优势进行了总结，他认为在描述总体分布和研究原因与结果时，定量研究能够做得更好，在提供对现象所有可能的解释及理解机制的作用过程时，定性研究能够提供更丰富的洞见；如果针对研究对象或核心概念没有很好的定量操作化方案和可靠的定量数据，采用定性研究也许能更好地了解真实的情况，而当有较成熟的定量操作化方案时，定量研究能更好地检验理论假设。① 总之，不论是哪一种研究方式，在探索社会现象方面都存在各自的局限性，根据具体的研究情境和问题使用它们是住宅社会学研究形成高质量成果并走向成熟的必要条件。

3. 定量研究与定性研究结合的可能性

对于各有其优势和局限的定量研究与定性研究如何组合运用的问题，学界也已有所探讨，例如，近年来出现的混合方法研究试图弥合这两种方法传统，但这两种方法之间的分裂状态似乎仍然存在。② 实际上，在讨论二者结合的可能性时，首先应明确相关术语的概念定义，其次要明确方法结合的层次、范围和程度（这是回答"结合问题"的前提和关键），最后才是基于具体研究问题进行实际探索。由于学者们对定量研究与定性研究的理解不同，对这一问题并没有形成明确的认识。

例如，谢立中认为，在国内外多数文献中，实证主义研究往往被等同

① 谢宇：《走出中国社会学本土化讨论的误区》，《社会学研究》2018 年第 2 期。
② N. Horsewood, "Demystifying Quantitative Methods in Comparative Housing Research: Dispelling the Myth of Black Magic," *International Journal of Housing Policy* 11, No. 4(2011): 375–393.

于量化研究，质化研究则被视为与实证主义研究相对的一种社会研究方式，但在社会科学研究领域中，无论是实证主义还是人文主义的研究范式，都可以采用量化或质化两种研究模式，反之亦然。① 谢立中对社会研究范式进行了新的分类，认为实证主义研究、人文主义研究、质化研究与量化研究作为研究范式存在着四种结合模式，分别是"实证主义的量化研究""实证主义的质化研究""人文主义的量化研究""人文主义的质化研究"。这四种模式其实包括了方法论、研究方式和具体技术方法三个层次的内容。又如，风笑天认为，定量研究与定性研究在认识论（如客观主义、主观主义等）、理论视角（如实证主义、后实证主义、诠释学、批判理论等）、方法论（如实验研究、调查研究、民族志研究等）和方法技术（如问卷法、访谈法等）四个层面都互不相同，而且是在性质上不同。因此，定量研究与定性研究的结合不可能发生在抽象的认识论和理论视角层面，而只能发生在方法论特别是具体方法技术层面，前者是根源性或本质性的差别，后者是操作性和工具性的差别。②

就本书对定量研究与定性研究的定义和层次划分而言，我们认为在同一研究过程中，定量研究与定性研究是很难结合的，因为二者的哲学假设和方法论基础（实证主义、人文主义和马克思主义哲学等）是不同的，这关系到学者研究设计的根本差异。所谓的结合可能只能在具体技术方法上，例如在定量研究中使用了"以定性为主的分析方法"或者在定性研究中使用了"以定量为主的分析方法"。举例来说，定量研究的前提是根据某种特征和规则对社会现象进行类型划分，这本身就是定性分析。例如，一个人类学家进入一个村子进行调查时，他必然会使用一些哪怕是最基础性的量化指标，譬如村民们的年龄、上学年数、收入水平、外出天数、家庭规模等，如果完全没有这些带有数字的指标，他的民族志和访谈记录就只剩下带有感情色彩的描述性语言了。③ 对于相同的研究主题，同时使用定量研究方式与定性研究方式，将两种方式得出的结论进行比较汇总是完全有可能的，或者对研究主题进行细分，依据具体情况分别使用它们也是

---

① 谢立中：《再议社会研究领域量化研究和质化研究的关系》，《河北学刊》2019 年第 2 期。

② 风笑天：《定性研究与定量研究的差别及其结合》，《江苏行政学院学报》2017 年第 2 期。

③ 谢宇：《社会学方法与定量研究》（第二版），前言，第 12 页。

可能的。这种结合有助于学者对研究对象形成更完整的认识。

三　住宅社会学中研究方式的应用

　　住宅社会学研究方式的应用情况可按照发展阶段来分析。最初，恩格斯在对伦敦、都柏林等城市中的贫民窟进行研究时，采用文献与实地调研等研究方式收集资料，并运用唯物辩证法和阶级分析方法展开讨论，这种做法后来成为住宅社会学研究的基本路径之一。古典人类生态学派则主要借用生态学的概念和方法对城市居住格局与住宅问题展开类型学研究。20世纪 40 年代后，学者们更自觉地将社会研究方法引入住宅研究之中，例如，蔡平对问卷调查法和社会量表法与项目化实验设计和事后回溯实验设计这两类方法进行详细描述与比较分析，并提出对两类方法尤其是实验研究的改进思路，这让他成为"住宅社会效应实验研究的领军者"。弗莱通过对已有研究的梳理发现，文献、调查、实验与实地四种研究方式在国外住宅社会学研究中都得到不同程度运用。其中，文献研究主要被用于住宅发展史与住宅社会史等领域；调查研究的应用最为广泛，从美国住宅年度调查到地方层面的住宅调查皆大量使用了问卷法或结构式访谈法来收集资料；学界很早就运用实验研究来分析人的行为与住宅之间的因果关系等问题；实地研究也是学者较常用的研究方式，多用于与特定群体相关的住宅问题研究以及居住社区个案研究等领域。洛维认为调查与实验两种研究方式为住宅社会学研究提供了重要的科学性支撑。这一时期，住宅社会学研究的资料收集与分析以社会学研究方法为主。20 世纪 70 年代后，越来越多的相关学科分析方法被不断引入住宅研究过程。穆西尔发现人类学的跨文化比较、心理学的心理统计分析、地理学的空间-区位分析等方法，逐渐成为住宅社会学的重要分析工具，住宅社会学研究方法呈现多元化的发展趋势。值得一提的是，在社会科学中，应用定量方法有着悠久的传统，住宅研究也不例外。进入 21 世纪以来这种做法受到批评，采用定性方法的研究成果不断增多。基于统计的定量研究开始减少的背后原因之一是定量方法的复杂性越来越高以及住宅研究议题日益丰富。总的来说，不论是定量研究方式还是定性研究方式，抑或是其他类型的研究方式，都在住宅研究中得到了应用和发展，并已经呈现出走向融合互补的趋势。

　　最后，关于住宅研究中如何采用适当研究方式的困惑可能源于这样一个事实，即住宅研究是来自不同背景的学者感兴趣的共同主题。有的学者倾向于定量研究，也有学者则强调定性研究。进一步说，也许是社会科学中缺乏统一的理论框架，才导致了对分析共同问题时应采取何种方法的认识的不同。住宅理论来自社会科学的各个组成部分，每个组成部分都根据其对理论结构的看法而有所不同；而用于住宅研究的工具和技术来自不同的背景，并且各学科缺少共同的知识或方法体系。因此，没有固定的理论可以作为研究住宅的基础，也没有固定的方法来研究如此纷繁的主题。住宅社会学显然要面对这样的方法挑战。[①] 我们认为，在住宅社会学研究中，对于如何选用适恰的研究方式的问题，除了考虑学者的学术兴趣与研究习惯，抛却对研究方式的成见与误识，以是否有助于解释解决住宅社会问题以及是否与学者研究能力适配为判断依据才是解决问题的关键所在。

---

① N. Horsewood, "Demystifying Quantitative Methods in Comparative Housing Research: Dispelling the Myth of Black Magic," *International Journal of Housing Policy* 11, No. 4(2011) : 375-393.

第十三章 住宅社会学的
具体技术方法

具体技术方法是落实研究计划、推动研究进程最基本的手段和工具。在研究方法体系中，具体技术方法属于第三层次，相较于前两个层次的方法，它与研究内容、研究对象以及学者联系最为紧密，且在研究中有着更为直观的呈现。风笑天认为，具体的技术方法主要指在研究过程中学者所使用的各种资料收集方法、资料分析方法以及特定的操作程序和技术。[①]

受到学者认识问题的角度、研究问题的复杂性以及方法技术创新推动等因素的影响，研究方法本身处于动态变化的过程中，学界对其分类很难形成完全统一的认识。我们将社会研究的过程和阶段大致划分为资料收集和资料分析两个部分并据此对具体技术方法进行分类，但这也只是一种分类方式。例如，在资料收集和分析之间往往还有资料处理的环节，该环节在本章中不做细究，下文根据资料形式对资料分析方法进行分类汇总，指的也是处理后的资料形式。在实际研究中，学者与方法之间的关系绝不仅仅是单向的。一方面，收集到的原始资料形式影响着学者将采取什么样的技术方法来展开分析，另一方面，学者对方法的掌握能力、偏好习惯与理解认知，也影响着学者对原始资料的处理与分析方式。比如，同样是对二手资料，如文字、图形、符号、声频、视频等记录保存下来的内容进行分析，内容分析法与文本分析法就有着区别。内容分析法对资料明确显示的内容进行量化处理并将其分解为分析单元，由此描述单元所表示的客观事实，偏向于定量的分析方法；而文本分析法则侧重于解析文本本身的字符和语境并进行分类，在此基础之上挖掘文本中间接的、潜在的动机和效

---

① 风笑天：《社会研究方法》（第五版），第9页。

果，偏向于定性的分析方法。因此，即便是同样的研究问题与同样的原始资料，运用不同的研究方法所得出的研究结果也会有一定的甚至明显的差别。除此之外，计算机技术的快速发展为研究方法增加了新的内容和工具，在挑战与创新的交织过程中，定量分析方法（以定量为主的分析方法）与定性分析方法（以定性为主的分析方法）的界限也逐渐"模糊"，方法的创新为住宅社会学研究带来了更多可能性。

需要说明的是，在资料收集阶段所使用的研究方法通常有着更广的应用性，在众多研究实践中，不少方法技术发展得较为成熟，学者们对于其概念定义、使用范围、操作流程以及优缺点已经形成共识。此外，大部分研究并不会对收集资料时使用的方法进行详细说明和完整论述，但通过这些方法收集到的资料结果将在资料分析阶段中有所呈现。因此，下文重点分析它们在住宅社会学研究中的应用实践，或者将某些方法应用于住宅研究的可能性。对于部分方法技术如抽样法、量表法不进行赘述，仅在方法具体应用中加以分析和说明。住宅社会学的具体技术方法见表13-1。

表 13-1　住宅社会学的具体技术方法

研究过程		具体的技术方法
资料收集阶段		问卷法、访谈法、观察法、田野调查法、口述史……
资料分析阶段	以定量为主的分析方法	统计分析法、大数据分析法、社会网络分析法、内容分析法……
	以定性为主的分析方法	民族志、话语分析法、功能分析法、案例研究法、扎根理论研究法、历史分析法……
	其他重要的分析方法	混合研究方法、比较研究法……

一　资料收集阶段的技术方法

1. 问卷法

问卷法是目前社会科学研究领域中最基本的也是使用最广泛的研究方法之一，已发展出一套比较完整具体的操作流程。它是将问卷发放给调研对象，然后对问卷进行回收整理，通过调研对象的回答获取所需数据的一种资料收集方法。① 问卷法的分类方式有多种，可根据对问卷问题的控制程度分为结构问卷、半结构问卷和无结构问卷三种，还可以根据填写方式分为自填式问卷调查和访问式问卷调查。样本数量和问卷内容的设计决定了收集到的数据的信度和效度。随着互联网技术的发展和普及，研究者可以通过网络快速地发放问卷并获得即时数据，但网络问卷的便捷性与匿名性也使得人们对问卷法的态度变得较为随意，大量问卷的问题和答案充满引导性和混乱性，导致研究结果可能不完全符合现实情况。② 这也是当前使用问卷法需要注意的地方。

问卷法在住宅社会学领域中的应用由来已久，不论后续的资料分析有多复杂，问卷法依然是住宅研究中基础且重要的技术方法。例如，奥尼伯昆通过分层随机抽样，对加拿大基奇纳、圭尔夫和高尔特的 199 名女性户主进行问卷调查，每份问卷多达 30 页，旨在收集关于可居住性模型的各个组成部分的数据，进而为后续对消费者住房满意度进行深入研究提供数据支撑。③

2. 访谈法

访谈法是研究者根据研究目的和内容，通过个别面访或集体交谈的方式收集资料的一种方法，主要有结构化访谈、半结构化访谈、非结构化访谈以及混合式访谈这几种类型。访谈法以访谈员与访谈对象双方的社会互动过程为基础获取资料，因此，访谈法要求人员要具备较高的访谈技巧并高度投入。④

例如，在卡罗琳（Carolyn）和斯图尔特（Stewart）对住房满意度进行的研究中，他们分析了受访者的社会-人口统计学特征、社区满意度和住房特征对所报告的住房满意度的相对贡献。⑤ 该研究以俄克拉何马州 2700

---

① 郑晶晶：《问卷调查法研究综述》，《理论观察》2014 年第 10 期。

② 骆雯、张宁：《浅谈问卷调查法应用原则》，《新西部》2017 年第 15 期。

③ A. G. Onibokun, "Evaluating Consumers' Satisfaction with Housing: An Application of a Systems Approach," *Journal of the American Institute of Planners* 40, No. 3(2007) : 189–200.

④ 王雅方：《用户研究中的观察法与访谈法》，硕士学位论文，武汉理工大学，2009，第 25 页。

⑤ P. Carolyn and K. Stewart, "Satisfaction with Housing and Quality of Life," *Home Economics Research Journal* 13, No. 4(1985) : 363–372.

户家庭为样本，按地理区域和每个地区的农村和城市居民的比例进行分层和随机抽样。在联系每个家庭时，他们列出了所有 18 岁以上的家庭成员的名单，并制作了特定的选择表用来确定哪个家庭成员将接受访问，根据该州人口按比例选择了 300 名受访者，通过访谈法对资料进行收集。在研究过程中他们对访谈问题不断改进、修订和重新排序，最后对资料和数据进行因果分析，发现住房满意度与人们对生活质量的整体满意度显著相关。

3. 观察法

观察法是一种由研究者深入现场通过直接观察获得材料的技术方法。根据观察的场所、观察者的角色、观察的程序，可以把观察法分为结构式与非结构式、参与式和非参与式的观察法。在社会学创立的早期阶段，观察法就已被学者们普遍采用。恩格斯在研究英国工人阶级的生活及居住状况时，亲自到当时英国伦敦工人聚居的贫民窟去进行深入细致的实地观察。费孝通在对禄村和江村等地的调查中也采用了观察法收集资料。经过众多社会学者的努力，观察法已成为社会研究中一种比较完善、应用也较为广泛的研究方法。[①]

4. 田野调查法

田野调查既是一种实地观察和收集资料的技术方法，也是一项涵盖面很广的复杂的文化活动，涉及调查者和被调查者的主观世界与客观世界互相作用的多方位、多层次的逻辑结构过程。田野调查的最大优势在于它的直观性和可靠性，学者可以直接感知客观对象，获得具体而生动的感性认识，进而有利于深入、细致地了解被研究对象表层以下的有关情况。[②] 近年来，贺雪峰等学者所践行的饱和经验法可以看作一种典型的田野调查法，这种方法倡导"呼啸着走向田野"，主张研究者亲自到田野中进行经验观察，因为只有在田野现场，经验才是最完整和最开放的，研究者才能更好地厘清经验的本质、规律和内在逻辑。贺雪峰认为，在田野现场中思考，敏感地抓住问题，正确地提出问题，逐渐深入和理解实践，形成理论

---

① 帅学明：《谈谈社会调查方法中的观察法》，《贵州大学学报》（社会科学版）1988 年第 1 期。

② 郑欣：《田野调查与现场进入——当代中国研究实证方法探讨》，《南京大学学报》（哲学·人文科学·社会科学版）2003 年第 3 期。

碰撞，创新型研究成果才容易产生。① 前面所论及的诸多人类学关于居住文化的研究，都可以看作采用田野调查法所取得的成果，而贺雪峰等人提出的田野调查过程中的饱和经验法，对于住宅社会学而言，不论是在城市还是在乡村的田野现场中，都将有助于学者们围绕住宅现象与居住实践形成"经验质感"，促发理论反思并推动学术创新。

5. 口述史

口述史是通过记录、录音、录像等手段收集、整理和保存受访者口头叙述历史记忆的研究方法。口述史往往以普通大众为研究对象，收集的是个人关于自己人生经历的记忆和信息，注重社会生活中个人基于主观意图的感悟和理解②，目的在于揭示其背后的历史进程、社会结构和文化属性。尽管口述史不可避免地具有主观性、不确定性和变动性，但更重要的是应该看到个体的口述史与历史和社会结构存在着关联，这些个体的主观性也同样反映了时代背景下的客观社会因素。正如周晓虹所言，"口述获得的历史叙事，和翔实的历史文献资料一样，同样具有社会科学研究的真实意义和学术价值"③。近年来，口述史与社会学之间的关系愈发紧密，口述史对社会学研究的重要意义，不仅在于可以通过口述记忆研究个人在大叙事中的生命沉浮，更在于它提供了深挖人的精神世界的社会方法。

口述史在居住文化领域中也已得到初步的应用，例如，冯星宇在张掖古民居研究中对如何运用口述史开展研究做出了分析。④ 他认为民居的建筑风格可以体现居住者的社会地位和文化地位。对古民居口述史而言，口述者主要有两类人群：一是民居建造者，即建筑工匠，需要对他们的建筑工艺和活动借助调查访谈等手段进行记录收集；二是民居居住者，需要通过对民居居住者的调查访谈来记录整理民居与人的故事。张掖古民居口述史主要从三个方面入手：富商民居、大院民居和官吏民居。上述三类民居

---

① 贺雪峰：《在野之学》，北京大学出版社，2020，第 29 页。
② 谢治菊、陆珍旭：《社会学与口述史互构的逻辑、旨趣与取向》，《贵州师范大学学报》（社会科学版）2022 年第 1 期。
③ 周晓虹：《口述史作为方法：何以可能与何以可为——以新中国工业建设口述史研究为例》，《社会科学研究》2021 年第 5 期。
④ 冯星宇：《基于口述史的张掖古民居历史再现》，《河西学院学报》2018 年第 1 期。

既承载着历史信息，又传承着家族根脉，成为家族或宗族文化的重要载体，不仅涉及民居口述史，还会牵涉本土的家族史、社会变迁史。

这里有必要对问卷法、访谈法和口述史的特征进行比较，以方便学者在具体研究过程中选择更为合适的技术方法收集资料。一是问卷法与访谈法。问卷法的作用在于收集较大规模的统计数据，以帮助发现社会群体行动中变量之间的相关关系；而访谈法则可以提供对这些行动之社会历史意义的理解，帮助发现这些行动本身所可能具有的因果逻辑。[1] 前者重点在于问卷的设计水平，后者重点在于访谈人员的沟通能力。二是口述史与访谈法。谢治菊和陆珍旭认为，访谈法与口述史之间的差异在于，口述史以史事为取向，是现在对过去的追忆和建构，需要通过倾听和记录口述者的叙述来获取材料，因此历时较长；而访谈法更多地倾向于了解研究对象当下的生命体验，虽也会提及访谈者的过去，但是更多的是通过"过去"理解"现在"，因此历时较短。[2] 在具体应用方面，上述几种收集资料的技术方法并不冲突，且往往存在交叉使用的情况。例如，问卷法、访谈法和观察法既可以作为相对独立的方法，也会成为田野调查法和口述史中的组成部分，后两者的内涵虽较前三者更为宽泛，但又具有特殊性和独立性，故而本书将其作为资料收集阶段的技术方法。

二　资料分析阶段的技术方法

（一）以定量为主的分析方法

1. 统计分析法

统计分析法是在收集大量数据资料的基础上，通过分析各统计指标之间的数量关系进而推断事物整体性质的一种科学分析方法。统计分析法作为重要的定量分析方法在各个学科领域中都得到了广泛的运用。根据风笑天的分类方式，统计分析法可分为单变量统计分析、双变量统计分析和多

---

[1] 郑震：《社会学方法的综合——以问卷法和访谈法为例》，《社会科学》2016 年第 11 期。

[2] 谢治菊、陆珍旭：《社会学与口述史互构的逻辑、旨趣与取向》，《贵州师范大学学报》（社会科学版）2022 年第 1 期。

变量统计分析，其中单变量统计分析又分为描述统计和推论统计，双变量统计分析主要是探寻两个变量之间的关系，多变量统计分析则适合于各种社会现象之间错综复杂关系的研究。多变量统计分析的技术方法种类较多，如阐释模式、复相关分析、多元回归分析、路径分析、因子分析、聚类分析、判别分析、对数线性模型等。就国内来看，统计分析法所使用到的软件通常有 SAS、SPSS、STATA、EViews 等，随着技术的发展，这些软件的使用变得愈加便捷。

在住宅研究中，统计分析法的应用范围十分广泛，比如对数据资料进行简单的描述性分析，或者对住宅市场、房价调控等问题进行模型构建及回归分析等。例如，斯坦因（Stein）对房屋的大小和过度拥挤的程度进行了描述性分析，用回归分析的方法来研究结核病和住宅之间可能的联系和这种联系的强度，结果发现呼吸道结核病的发病率和死亡率与住宅的各方面之间存在着很强的联系。[①] 此外，国内近年来也有许多采用统计分析法的住宅研究，例如，沈悦等人以 2000~2009 年为研究区间，通过构建房屋价格指数、本年土地购置面积、开发企业国内贷款和住房贷款利率的四元 SVAR 模型进行实证研究，分析它们对住宅价格影响的时滞效应、作用的方向及强度，为下一步制定调控政策提供了依据。[②] 该文章的数据主要来源于中宏产业数据库、国研网统计数据库、中国资讯行和《中国统计年鉴 2009》，一共整理出 120 组月度数据，使用的软件为 EViews 6.0。又如，吴巍人等从经济协调、供需平衡、投资适度和土地节制四方面构建评价体系，对 2010~2018 年长江中游城市群的住宅市场健康度进行评价，总结了住宅市场健康度的时空演变特征。[③] 该文章所采集的数据主要来源于《湖南省统计年鉴》《湖北省统计年鉴》《江西省统计年鉴》，部分数据来源于各地级市统计年鉴及其国民经济和社会发展统计公报，使用的分析软件为 SPSS。

---

① L. Stein, "A Study of Respiratory Tuberculosis in Relation to Housing Conditions in Edinburgh: I. —The Pre-war Period," *British Journal of Social Medicine* 4, No. 3(1950) : 143.

② 沈悦、张学峰、张金梅：《基于 SVAR 模型的住宅价格调控政策有效性实证分析》，《统计与决策》2011 年第 7 期。

③ 吴巍、陈敏、陈定、黄俊霞、钟舒璇：《长江中游城市群住宅市场健康度时空演变研究》，《管理评论》2021 年第 9 期。

2. 大数据分析法

大数据分析是将描述性的、诊断性的、预测性的和规定性的模型用于数据分析，来回答特定的问题或发现新的见解的过程，是在数据密集型环境下，对数据科学的重新思考和探索的产物。[①] 通过将类型繁多、结构各异的海量数据融合在一起进行分析，可以更全面地揭示事物的信息特征以及事物之间的联系，同时也有助于探索新的发展模式，这是大数据分析法的优势所在。[②] 严格来说，大数据更像是一种策略而非技术，其核心理念就是以一种比以往有效得多的方式来管理大量数据并从中提取价值，分析方法的优劣决定着分析结果的有效与否。

例如，徐婉庭等人曾采用大数据分析法，对北京城市的居住空间结构以及市民对于居住空间选择的偏好进行研究，尝试掌握不同属性人群对于不同居住空间的选择行为中体现出的特征与规律。[③] 该研究通过多源数据提取城市居住空间的物质环境要素、生活服务条件以及人群社会属性，对北京市五环内 3859 个小区及其内部人群进行综合评估和分类，从而观察人群对于小区的选择行为特征。该研究在小区周边"步行 15 分钟"的范围内计算各类设施的服务水平指数，使用手机信令数据提取人群的年龄、消费状态、移动路径等信息，对小区内的人群属性及其生活空间进行了更细粒度和多维度的刻画。由此可见，通过大数据分析法能客观量化小区周边的服务条件，更完整地体现了小区周边合理步行范围内的"生活圈概念"。

3. 社会网络分析法

社会网络分析法是调查与测量社会系统中各部分的特征以及各部分之间的关系，并将其用网络的形式表示出来的方法和技术。[④] 孙立新认为社会网络分析法是综合运用图论、数学模型来研究行动者与行动者、行动者与其所处社会网络以及一个社会网络与另一社会网络之间关系的一种结构分析方

① 曾忠禄：《大数据分析：方向、方法与工具》，《情报理论与实践》2017 年第 1 期。

② 李广建、化柏林：《大数据分析与情报分析关系辨析》，《中国图书馆学报》2014 年第 5 期。

③ 徐婉庭、张希煜、龙瀛：《基于手机信令等多源数据的城市居住空间选择行为初探——以北京五环内小区为例》，《城市发展研究》2019 年第 10 期。

④ 汤汇道：《社会网络分析法述评》，《学术界》2009 年第 3 期。

法。① 这意味着社会网络分析法通常包括两种视角：一是将网络视为一种分析工具，凭借这种工具可以厘清行动者之间、行动者与其环境之间的关系；二是将网络视为由行动者之间的关系所构成的社会结构，此时关系本身成为研究的对象。不管网络中的行动者处于哪个层次（个体、群体甚至社会），网络分析的目的都是通过对行动者的分析以获得关于整个网络的知识。②

目前国内的住宅研究中，已有学者尝试在居住政策方面应用社会网络分析法。例如，吴宾和徐萌认为研究住房政策主体合作网络，可以为分析住房领域政府部门间关系及其博弈机制提供一条可行途径。③ 具体来看，该研究以 1978~2016 年中央政府颁布的 1243 份有关住房的规范性文件中的 336 件联合行文政策为研究样本，对改革开放以来住房政策主体合作网络进行分阶段量化研究。该研究运用社会网络分析法绘制了中国住房政策主体合作网络图谱，分析了网络结构指标的演化特征；运用"广度-强度"二维矩阵图，分析了政策主体在网络中的角色演变，识别了网络中的核心节点；在此基础上，通过分析剔除核心主体后网络结构指标的变化及核心主体在住房政策制定中的参与形式，探讨了不同核心主体在住房政策合作网络生成与演化过程中的功能演变及其对网络运行的影响。

4. 内容分析法

内容分析是从现存的文献资料出发，对一切可以记录、保存并且有价值的信息内容进行系统、客观和量化的描述分析。目前，计算机技术的应用极大地推进了内容分析法的发展，其适用范围不断扩大，所运用的技术手段也越来越先进。④ 比如，全文数据库以及全文检索技术可方便地调阅全文并对大量数据进行整合、处理和分析，还可借助关键词词频对某主题进行定量甚至一定程度的定性分析。⑤ 因此，内容分析法在住宅研究领域

① 孙立新：《社会网络分析法：理论与应用》，《管理学家》（学术版）2012 年第 9 期。
② 张存刚、李明、陆德梅：《社会网络分析——一种重要的社会学研究方法》，《甘肃社会科学》2004 年第 2 期。
③ 吴宾、徐萌：《中国住房政策主体合作网络演化研究——基于社会网络分析的方法》，《山东行政学院学报》2018 年第 5 期。
④ 邹菲：《内容分析法的理论与实践研究》，《评价与管理》2006 年第 4 期。
⑤ 周萌：《内容分析法及其在社会学中的应用评述》，《重庆科技学院学报》（社会科学版）2007 年第 3 期。

有着很大的应用空间。

从已有研究看，内容分析法已经在住宅研究中得到运用。例如，张西文和杨楠以西安市为例，梳理了陕西省和西安市地方政府颁布的公共租赁住房政策，通过线下部门收集与线上官网收集的方式，获得 2009~2020 年有关公共租赁住房的各级部委及地方性政府政策文本共 89 份。该研究从政策演进、主体协同、文本类型、工具结构等方面对政策文本内容进行量化分析。[①] 又如，娄文龙和张娟采用内容分析法，选取中央政府及各部委颁布的住房保障政策文本作为分析样本进行研究。[②] 首先，他们从整体上对政策主体、政策类型、政策发布年度和数量、政策高频词进行描述性分析，掌握国家层面上住房保障政策的总体发展状况；然后，运用政策工具理论对选取的政策文本进行编码来定义分析单元，将编码后的政策工具归入分析框架中进行频数统计，并通过文本量化描述住房保障政策工具的选择与运用情况；最后，对政策工具的使用特点及存在的问题进行分析，为完善我国住房保障政策提供相关的政策建议。

（二）以定性为主的分析方法

1. 民族志

民族志既是质性研究中的一个重要研究方法，也是一种写作风格，是建立在田野工作基础上的关于习俗的撰写。在撰写民族志的过程中，学者将通过参与观察收集到的资料转化为人类学语言，详细地、动态地、深入地描述所观察群体的文化特性，以此探究特定文化中人们的生活方式、价值观念和行为模式，并提出相应的见解。[③] 为了真实记录，这一过程通常需要相当长时间的实际参与和亲身体验。近年来，对于互联网所构筑的网

---

① 张西文、杨楠：《基于内容分析的公租房政策特征与演进研究》，《科技和产业》2022 年第 2 期。
② 娄文龙、张娟：《政策工具视角下住房保障政策文本量化研究——基于改革开放 40 年的考察》，《四川理工学院学报》（社会科学版）2019 年第 5 期。
③ 范·马南认为民族志的研究结果主要由七种方式写成：现实主义的故事、忏悔的故事、印象的故事、批判的故事、规范的故事、文学的故事、联合讲述的故事。参见 J. V. Maanen, *Tales of the Field*: *On Writing Ethnography* (Chicago: The University of Chicago Press, 1988)。

络虚拟环境中不同于现实社会的生活空间，一些学者提出用虚拟民族志的方法探讨与互联网相关联的社会文化现象，卜玉梅认为虚拟民族志已逐步成为理解和认识互联网及与之相关的社会文化现象的重要方法。①

事实上，在多元发展的时代下，学者们承认了民族志研究实际状况与理想之间的距离，相较于最初的自由放任或对科学的过分标榜，民族志在文体和风格上更加开放。② 这一转变拓展了民族志的应用范围，在住宅研究中，民族志显然可以对特定社会文化环境中人与住宅的联系进行描述理解和定性分析。例如，刘敏和包智明运用民族志研究法，聚焦于后种族隔离时代南非城市的居住空间隔离及其社会意涵研究，以期对后种族隔离时代南非的犯罪、种族关系等结构性社会问题予以特定视角下的阐释与反思。③ 又如，前面提到的马修·德斯蒙德在《扫地出门：美国城市的贫穷与暴利》一书中，采用民族志的研究方式，以讲故事的形式，有序地铺陈论述他的观点和理论。④

2. 话语分析法

话语分析法通过对各种符号、象征和文本进行深入剖析与诠释，侧重于理解话语背后的权力和意识形态的深层意义，以及分析话语对社会身份、社会关系、知识体系等的建构性作用。在发展过程中又诞生出系统功能语法分析、语篇体裁交织性分析和话语历史背景分析等多种技术方法。其中批评话语分析已有 30 年左右的发展历史，其理论渊源是马克思主义传统，目的是揭露不平等的权力关系。批评话语分析认为，语言只是语篇的形式，意识形态才是语篇的内容，话语是一种社会实践，虽然其特点取决于社会结构，但也可反过来影响甚至建构社会现实，因此需要关注与语篇生成相关的社会政治问题及其与社会、意识形态的关系。⑤

---

① 卜玉梅：《虚拟民族志：田野、方法与伦理》，《社会学研究》2012 年第 6 期。
② 高丙中：《民族志发展的三个时代》，《广西民族学院学报》（哲学社会科学版）2006 年第 3 期。
③ 刘敏、包智明：《从区隔到共享：后种族隔离时代的居住空间——南非开普敦市海湾镇贫民窟的民族志研究》，《中央民族大学学报》（哲学社会科学版）2016 年第 1 期。
④ 〔美〕马修·德斯蒙德：《扫地出门：美国城市的贫穷与暴利》。
⑤ 辛斌、高小丽：《批评话语分析：目标、方法与动态》，《外语与外语教学》2013 年第 4 期。

马斯顿（Marston）首先将话语分析引入住宅研究领域，利用对澳大利亚昆士兰州住房政策变化的实证案例的研究来说明批评话语分析具有的局限性和可能性。[①] 他得出的结论表明，批评话语分析是住宅研究中占主导地位的实证主义传统的重要补充。然而，要充分实现这一价值，还需要做更多的工作，包括在物质实践和话语实践之间建立更明确的联系，以及将批评话语分析法与其他社会研究方法更紧密地结合起来。邓玉环通过对进入新时期以来中国当代文学文本进行批评话语分析，认为房屋作为一种建筑和人类不仅具有物质空间上的居住关系，还存在感情与精神上的紧密联系，承载着人类深层的关于"安居"的精神诉求。从当代文学文本中，可以发现越来越多关于人类"安居"的精神性话语以及作家们对人类生存的根本问题所进行的哲学思考。邓玉环还讨论了文学作品中"安居"的不同含义："除了对无法定居的焦虑和虚无情绪的书写之外，也有作家在面对艰难生存状况的同时，对自身的'安居'诉求进行冷静理智的反思，从更为深层的哲学角度俯瞰现实。"[②]

在这里，我们借鉴吴宗杰和余华的观点，对民族志和批评话语分析的异同进行说明。民族志重视的是田野和行动，以口头叙事为主，而批评话语分析注重书面文本，喜欢论证与分析；二者之间也有一定的共性，比如批评话语分析与民族志都有很强的话语意识，并且都曾从文学中得到文本分析启发，在一定程度上都建立在后现代思想上，比如阐释学、现象学、新马克思主义、解构主义等，强调异质性、特殊性和唯一性。[③]

3. 功能分析法

分析事物或现象的结构和功能的方法，称为功能分析法。社会学结构功能理论源远流长，其中默顿提出的"中层"功能理论是一种接近经验事实的功能分析框架。默顿认为，功能就是某一行动模式和社会结构在其所属的较大的社会或者文化体系中造成的客观后果。他将功能划分为"显功

[①] G. Marston, "Critical Discourse Analysis and Policy-orientated Housing Research," *Housing, Theory and Society* 19, No. 2(2002): 82–91.

[②] 邓玉环:《当代文学中关于"居住"的精神性话语分析》,《华南师范大学学报》（社会科学版）2006 年第 3 期。

[③] 吴宗杰、余华:《民族志与批评话语分析》,《外语与外语教学》2013 年第 4 期。

能"与"潜功能"，以此对社会行动的主观动机与客观社会后果进行解释。
曾经在社会学研究中占据主流地位的功能分析法也是住宅研究中比较常用
的一种分析方法。例如，董海军和高飞采用功能分析法对新时期城市住房
的功能进行研究，发现城市住房功能中的"潜功能"逐渐占据主导地位，
同时住房功能本身也有多元化趋势。他们进一步认为：城市住房的"显-
正功能"包含生活居住功能和融资投资功能，"潜-正功能"包含养老保障
功能和社会认同功能，"显-反功能"表现为资源分布不均衡和土地资源的
不合理开发与利用，"潜-反功能"则表现为资格许可功能以及推动社会阶
层分化与人口极化。[1]

4. 案例研究法

尽管案例研究法作为一种解释社会现象的基本研究方法，已经得到学
界的认可，但是学者们对于案例的概念、内涵和外延仍有不同认识。其
中，已有共识的观点是认为案例研究的对象是现实社会经济现象中的事例
证据及变量之间的相互关系，争议则在案例的数量与性质方面。[2] 从数量
角度看，有学者认为案例研究又称个案研究，其区别于其他研究方法的本
质在于研究对象的少而精，所谓的"多案例"研究，实质上是服务于同一
个主题的一系列研究。从性质上来看，有观点认为从案例中不能总结出一
般规律性的结论，另有观点认为对案例的研究可以得出新的假说以及分析
性的普遍结论。[3] 风笑天曾对案例研究法的优缺点做出简要评价，他认为
案例研究法的优势在于深入和全面，可以从案例分析中抽象出有价值的命
题，为后续研究提供一些有启发性的思路和有价值的研究方向，但不足之
处在于研究结果难以推广。[4]

住宅研究领域运用该方法的成果也较为多见。例如，田鹏和陈绍军曾
以江苏省镇江市平昌新城为个案，以"城乡连续统一体"为理论框架，以
社区主体——"人"及其社会行动为切入点，将农民集中居住区视作一个

---

① 董海军、高飞：《承继与变迁：城市住房功能分析》，《城市问题》2008 年第 9 期。
② 乔坤、马晓蕾：《论案例研究法与实证研究法的结合》，《管理案例研究与评论》2008 年
　　第 1 期。
③ 王建云：《案例研究方法的研究述评》，《社会科学管理与评论》2013 年第 3 期。
④ 风笑天：《社会学研究方法》（第二版），中国人民大学出版社，2005，第 249 页。

"被实践的空间"，考察作为一种"整体性社会事实"的农民集中居住行为之行动逻辑以及农民集中居住区之运行机制。[①]

5. 扎根理论研究法

扎根理论是一种运用系统化的程序根据经验资料自下而上建立实质理论的方法，目的在于解决社会科学研究中普遍存在的理论研究与经验研究脱节的问题。扎根理论认为知识是积累而成的，这种积累是一个从事实到实质理论再到形式理论演进的过程，扎根理论虽然十分看重资料，强调理论应该具有可追溯性，即所有建构的理论都应该可以追溯到原始数据，但其最大的特点还是在于它从经验事实中抽象出了新的概念和思想。[②] 需要强调的是，扎根理论研究中数据收集与分析是交替进行的，即每次获得数据后要及时分析，分析获得的概念或范畴不仅要和已有的概念与范畴进行比较，而且要成为指导下一步样本选择与数据收集的基础。[③]

例如，赵士雯和陈立文通过深入访谈，应用扎根理论揭示绿色住宅购买意愿的影响因素及作用机制。[④] 首先，该研究在资料收集阶段，通过对购房者的访谈获取第一手数据资料。研究选择了 40 个均为本科及以上学历的中青年人作为访谈对象。通过深度访谈中的问题聚焦访谈法，让被访者从自身角度出发，表达对绿色住宅的看法和态度，经被访者同意，对每次访谈进行录音并对访谈文字内容进行归纳整理。随后，从原始资料中随机选取 3/4 的样本（30 份）用于扎根分析，剩余 1/4 的样本（10 份）用于扎根理论饱和度检验分析。通过开放式编码、主轴编码和选择性编码三个程序，对原始资料进行系统分析和归纳，逐步构建绿色住宅购买意愿影响因素模型。最后，对绿色住宅购买意愿影响因素及其作用机制模型加以分析和阐释，结果发现，个体心理因素、规范因素、情境因素、产品因素以及购房者属性这五个主范畴对绿色住宅购买意愿存在显著影响，同时它们

---

① 田鹏、陈绍军：《"无主体半熟人社会"：新型城镇化进程中农民集中居住行为研究——以江苏省镇江市平昌新城为例》，《人口与经济》2016 年第 4 期。
② 陈向明：《扎根理论的思路和方法》，《教育研究与实验》1999 年第 4 期。
③ 吴毅、吴刚、马颂歌：《扎根理论的起源、流派与应用方法述评——基于工作场所学习的案例分析》，《远程教育杂志》2016 年第 3 期。
④ 赵士雯、陈立文：《绿色住宅购买意愿影响因素及作用机制——基于扎根理论视角》，《企业经济》2020 年第 4 期。

影响绿色住宅购买意愿的路径和方式有所不同。

6. 历史分析法

历史分析法是运用动态发展的观点分析客观事物和社会现象的方法，只有对客观事物发展的不同阶段加以联系和比较，才能弄清其本质和发展规律，并在问题和危机发生时提出符合实际的解决办法。历史分析法提供了在被视为一组不同事件的超级事件中建立轨迹或模式的可能性，并考虑到了意识形态过程、文化与经济因素相互作用的方式和对政策的影响，有助于识别更广泛的社会变迁历程。不仅如此，历史分析法作为一种知情和批判性的方法，可以区分那些具有深远影响的政策与那些短期性的政策。①

运用历史分析法可以对住房政策制定者如何应对早期的经济危机、不断升级的住宅社会问题以及提供了什么样的住房解决方案进行回顾，为人们解释当代政策制定提供新的角度。例如，柯尔（Cole）利用历史分析法对 20 世纪 70 年代中期颁布的英国住房政策与 40 年后的政策进行比较分析，认为应对当代住房政策批评的最佳方法之一是追求更多的历史分析。②基于此，该研究重新审视了 20 世纪 70 年代中期的英国住房政策，着重分析了 1974~1979 年工党政府早期的住房政策，重点关注了一位关键人物——安东尼·克罗斯兰的演讲，以描绘政策制定者如何应对当代住房问题。通过历史分析法，发现住房政策的重要变化是通过小的、渐进的调整发生的，这些调整随着时间的推移累积起来便构成重大转变。

（三）定量与定性之间的分析方法进展

1. 定量和定性相结合的分析方法——混合研究方法

20 世纪末，由于围绕定量研究与定性研究的争论及单独使用某一类研究方法带来的限制，一些学者开始探讨定量方法与定性方法结合的可能性，以帮助学者更好地对某一问题或现象展开研究。混合研究方法正是在此背景下被提出的，其独特的设计程序和与之前两种方法范式的区别使它

---

① K. Jacobs, "Historical Perspectives and Methodologies: Their Relevance for Housing Studies?" *Housing, Theory and Society* 18, No. 3(2001) : 127-135.

② I. Cole, "Hidden from History? Housing Studies, the Perpetual Present and the Case of Social Housing in Britain, "*Housing Studies* 21, No. 2(2006) : 283-295.

成为社会科学研究方法领域中一种新的可能，因而被西方学者称为"第三条道路"、"第三次方法论运动"或"第三种研究范式"。① 混合研究方法以研究问题为导向，可以提供从定量统计分析中得出的验证性结果的强度与客观性，也可提供从定性分析中得出的对"深层结构"的解释性描述，具有实用性和灵活性等优势。② 这种优势使得"混合研究方法"作为一个受到广泛认可的名词与独特的形式，引领了一股关于研究方法创新的浪潮，这也从侧面印证了学界对方法创新的渴求。③

尽管混合研究方法被学者们寄予诸多期待，但目前学界对它的内涵并没有给出一个明确的界定，其理论基础、混合路径和使用条件尚在讨论中。一般认为当需要解释过于复杂的研究问题、发展新的测量方法或者理论模型、解释或深化已有的结果以及推广已有的研究发现时，较为适合使用混合研究方法。④ 伯克·约翰逊（Burke Johnson）等人向混合方法研究领域中的一流学者询问他们关于该方法的看法，然后指出混合方法研究是基于定性和定量研究的一种知识性和实践性的综合研究方法。在某些情况下，该方法可提供更加翔实、完整、平衡和有用的研究结果。⑤ 混合研究方法根据设计类型可分为三角校正设计、嵌入式设计、解释式设计和探究式设计四种，根据混合时机的不同，也有研究者将混合研究方法分为平行混合研究方法、同时混合研究方法和顺序混合研究方法三种。⑥

这里对顺序混合研究方法进行简单介绍，因为采用顺序混合研究方法使人们能够以一种相互依存的方式使用定性和定量方法，从而利用每种方法的优势多方面收集信息。人们可以使用以定量为主的技术方法来收集和

---

① 蒋逸民：《作为"第三次方法论运动"的混合方法研究》，《浙江社会科学》2009 年第 10 期。
② F. G. Castro, J. G. Kellison, S. J. Boyd et al., "A Methodology for Conducting Integrative Mixed Methods Research and Data Analyses," *Journal of Mixed Methods Research* 4, No. 4(2010): 342 – 360.
③ 臧雷振：《政治社会学中的混合研究方法》，《国外社会科学》2016 年第 4 期。
④ 杨立华、李凯林：《公共管理混合研究方法的基本路径》，《甘肃行政学院学报》2019 年第 6 期。
⑤ R. B. Johnson, A. J. Onwuegbuzie and L. A. Turner, "Toward a Definition of Mixed Methods Research," *Journal of Mixed Methods Research* 1, No. 2(2007): 112-133.
⑥ 徐建平、张雪岩、胡潼：《量化和质性研究的超越：混合方法研究类型及应用》，《苏州大学学报》（教育科学版）2019 年第 1 期。

分析数据，同时还可以通过定性为主的技术方法探索个人经验来填补定量数据局限性留下的空白，以更有效地解释和理解复杂的研究问题。在住宅研究中这种混合研究方法也有所应用。例如，为了解加拿大安大略省社会住房中女性的健康和心理社会需求，马歇尔（Marshall）等人使用顺序混合研究方法开展相关研究。该研究基于 126 项定量访谈数据（其中包括 6 项标准化指标）探讨了心理社会幸福感的问题。根据收集到的定量数据，研究者设计了一个定性访谈方案，找到之前的访谈参与者中的 19 名女性参与者开展访谈，以扩展和补充定量结果并为定量结果提供背景。在对变量数据进行描述性统计分析后，使用专题分析对定性资料进行分析。调查结果显示，参与者生活在一个难以满足其基本需求的环境中，并感到被社区支持所抛弃，持续缺乏安全感为心理健康带来负面影响。社会住房旨在减轻贫困及其相关危害，但由于妇女面临着多重障碍，她们无法通过现有的支持和帮助满足自身基本需求并因此继续经历贫困。①

又如，摩尔（Moore）等学者以澳大利亚维多利亚地区四处新型低碳社会住房为案例，进行定性和定量分析方法的混合分析。他们将混合方法定义为在单个研究项目中结合至少一个定性和一个定量成分，实际上偏向于三角校正设计类型。该研究以访谈和成本效益分析这两种研究方法进行混合分析，二者的研究结果有时是互补的，有时是对比的。这一研究展示了使用多种方法评估与住房有关的诸多后果的优势，定量分析显示所调研项目的成本显然小于为国土安全部带来的好处，而定性研究的结果表明该项目在三重底线成果方面取得了成功，已经为家庭带来了重要的健康及其他福祉。②

2. 既适用定性也适用定量的方法——比较研究法

比较研究法是社会科学研究中的一种重要方法，它通常会对两个或两个以上的事物或对象加以对比，以分析它们的异同之处，在对整个社会现

---

① C. A. Marshall, C. Tjörnstrand, E. Downs et al., "' Nobody Cares About You as a Group of People' : A Mixed Methods Study of Women Living in Congregate Social Housing in Ontario, Canada, " *Housing and Society* 48, No. 1(2021) : 21－42.

② T. Moore, Y. Strengers and C. Maller, "Utilising Mixed Methods Research to Inform Low-carbon Social Housing Performance Policy, "*Urban Policy and Research* 34, No. 3(2016) : 240－255.

象进行理解和说明时较为有效。古希腊学者亚里士多德在《雅典政制》中对 158 个城邦的政制宪法进行了比较研究，该书是早期运用比较研究法的经典。马克思和恩格斯也曾运用这种方法把各国、各民族的发展联系起来进行比较分析，揭示出历史发展的规律。与混合研究方法对定量与定性资料的综合分析不同，比较研究法既可以单独分析定量资料，也可以单独分析定性资料，不仅有横向比较和纵向比较，还有历史比较法、影响研究法、综合交叉比较法、平行比较法等。

其中，比较住宅研究方法是依托特定的理论视角和学术概念展开对不同区域住宅制度与实践的比较分析，进而发现住宅领域的特殊与普遍规律的方法。就住宅研究领域而言，比较研究法在 20 世纪 80 年代以后取得了较大进展，相关研究成果越来越多。从研究范围看，在较早时期，主要涉及欧洲不同国家之间、欧洲和美国之间的比较研究，后来有学者着重对发达国家和欠发达国家之间的住宅状况进行比较。除此之外，国内学界也有对国内外住宅文化进行比较分析的研究，例如刘铁军和康熙就对中韩传统住宅文化进行了横向的比较分析。该研究针对 15～19 世纪中国和韩国的住宅空间，详细比较了北京四合院住宅和安东 "yang jin dang" 住宅的共同与不同之处，并且比较了两种住宅建筑元素的异同；在住宅内部空间方面，对两者室内空间构成要素以及空间布局安排进行了比较分析。[1]

3. 互联网时代下的方法创新——计算社会学中的方法

定量社会学研究的基本特征是对结构化数据（主要是调查数据）进行统计建模，但随着信息技术的发展与普及，社会生活中产生了大量的非结构化数据（如文本信息、人类生活痕迹）。一方面，随着信息科学技术的发展，非结构化数据对于社会现实的反映度不断提高，其背后蕴含着在社会研究中的重要价值；另一方面，计算能力以及计算技术的快速发展，让处理与分析大体量的非结构化数据成为可能。[2] 新兴的计算社会学为学者提供了一个新的分析平台和工具，这里的 "新" 具体体现为新的数据、新

① 刘铁军、康熙：《15-19 世纪中韩传统住宅文化比较》，《装饰》2003 年第 12 期。

② 胡安宁、陈滔、李东雨：《从定量社会学到计算社会学：传统进路与新兴议题》，《西安交通大学学报》（社会科学版）2022 年第 1 期。

的分析手段和新的因果识别策略。① 从方法层面来看，计算社会学引入和整合了多种有别于传统结构化线性模型的新方法，其中包括大数据分析、关联数据、基于行动者的建模以及地理空间分析等一系列对计算能力要求较高的分析模式。通过采用这些新的技术方法，学者们可以对传统定量社会学难以处理的数据形式进行研究，尤其是在对网络数据、文本数据和图像数据的分析中，计算社会学相关方法展现出了独特的优势。

三　研究方法应用的思考

任何方法的价值都只能在应用过程中得到体现，而应用过程涉及方法本身、应用方式和使用者（应用方法的学者）等多个方面，在这里，我们对研究方法的应用问题进行一些思考和说明。

（一）关于方法本身的思考

在对方法的应用进行探讨时，有必要先从方法本身谈起。如果将方法视为一种工具，那么需要明确住宅社会学研究的工具箱里究竟该装哪些方法。前面已提到，当前住宅社会学学界对研究方法缺少完整的梳理，对很多方法是否可以作为住宅社会学的研究方法也不甚明了，最终导致工具箱中方法种类较为单一，影响了住宅研究的深度和广度。造成这一现象的原因是住宅研究领域的学者们对方法的认识不足，包括对方法的重要性认识不足和对方法的使用范畴认识不足两个方面。前者自不必多说，就后者来说，重点在于其他学科的方法是否可以作为住宅社会学的研究方法，而我们认为答案是肯定的。住宅本身的多重属性、住宅现象的复杂性和居住实践的总体性是研究住宅社会问题的根本出发点。既有研究中存在的学科过度分割问题，实际上是对住宅、住宅现象和居住实践的简化，或者说是片面性的取向的体现。我们最终的研究目的是对住宅这一总体社会事实进行完整把握，止步于某个学科所获得的片面理解，甚至将这种片面理解替换

---

① 罗玮、罗教讲：《新计算社会学：大数据时代的社会学研究》，《社会学研究》2015 年第 3 期。

为对住宅现象的完整认知是不利于住宅社会学发展的。因此，住宅社会学的研究方法必将是多元化的。

如果说从 20 世纪 80 年代开始，西方的社会学理论开始从原来的分立走向新的综合，那么方法领域在一定程度上也有这种趋势和特点。在具体技术方法的层面，尽管一门较为成熟的学科往往有其专属的研究方法，但更多的方法"游走"在相近学科领域的研究中，其边界随着研究问题的复杂化及不同学科知识之间共通性的增强而逐渐模糊。从更高层面的研究方式乃至方法论来看，对于以往似乎处于对立状态的方法，学者们也在长期争论和对话中对其组合应用的可能性进行了探索。住宅社会学研究方法同样需要从分化对立走向融合，以更好地解释和探索社会事实及其背后深层的意义。这也是我们将来自不同学科的代表性的研究方法纳入住宅社会学方法体系的基本考量。

（二）关于方法应用的思考

当工具箱中的方法逐渐清晰并增多后，需要思考的问题是如何更好地应用这些方法进行住宅研究。从既有文献中，我们发现当前住宅社会学研究方法的应用存在一定的不足和局限。

一方面，尽管在住宅社会学当前的发展阶段，基于人文主义方法论和马克思主义哲学方法论的住宅研究有所增多，但其与实证主义方法论相比仍显不足，方法运用上"实证"倾向依然较为突出，这体现在定量研究方式和以定量为主的技术方法占据主流上。原因之一是住宅作为一种建筑实体，其物质属性一直受到学界的广泛关注，随着住房的商品化，住宅的经济属性逐渐被重视并被加以研究。两者作为住宅社会学研究的重要领域可能更适合用实证主义方法论及其相应的研究方式或技术方法进行研究。然而，即便是与住宅的物质属性和经济属性相关的社会现象也需要用更多元的方法进行综合研究，如果一提到物质的、经济的对象就默认"实证"方法更适合，则会限制住宅研究的发展。这也是原因之二所在——部分学者将方法的选择和应用的局限，误加到方法本身上，形成对方法优劣的偏见。这种偏见在学界关于实证主义方法论与人文主义方法论长久的争论中即有体现，二者之间不仅缺乏对话和交流，还缺乏理解和包容，后者进一步加剧了在方法应用方面的对立。实证研究以流程更为清晰规范、技术方法发展迅速、研究结果可复制性强等优势更受学者的青睐，住宅社会学也受此影响。我们认为方法可能存在发展程度高低之分、操作难易程度之分、应用范围广狭之分，但并无优劣之分和主次之别。与很多其他分支学科相比，住宅社会学需要有更广泛更深入的分析，更不应该偏重某一类方法而排除其他方法。① 不论是哪一种方法对住宅研究来说都十分重要。比如，调查研究、实地研究、实验研究与文献研究四大研究方式在各个学科领域中的应用都由来已久，在住宅研究中这四类研究方式也都比较常用。正如上一点提到的，住宅是一个总体性社会事实，住宅研究应该且需要应用多种方法以真正把握住宅的多重属性。

另一方面，住宅研究中的方法应用较为单一，组合应用多种方法的研究较少。这里所说的组合应用有两个层面。一是在单项研究中的资料收集与分析过程中运用多种技术方法；二是从住宅社会学的整体发展来看，基于对方法本身优缺点的准确把握进行合理有效的方法组合运用。相较于前者，有关后者的成功尝试明显更少，但其重要性却不言而喻。通常来看，研究方式有着与之相对应的技术方法。例如，在调查研究方式中，学者通常需要运用抽样的方法、设计问卷的技术并使用计算机对收集的资料进行统计分析；实地研究往往需要运用参与观察的方法、无结构访谈的方法以及定性资料的分析技术；实验研究则需要运用量表测验的方法和实验控制技术等。但是这种惯性也会使得方法的应用逐渐固化，进而表现为方法应用的单一性。需要注意的是，方法的组合应用与上文中的混合研究方法不同，前者是住宅整个领域内或微观或宏观的方式方法的组合应用探索，后者则是一个独立的研究方法，具有独特的使用流程和规范。

住宅社会学需要以更广阔的视野和更丰富的方法组合方式展开研究。单一方法的应用有其价值，但也必须认识到单一方法在整体性研究中的不足和局限，面对同一个研究问题，如果综合使用不同的方法加以研究，可能会使人们对该问题有更加全面的了解。现实中由于时间、精力等问题，

---

① M. Oxley, "Meaning, Science, Context and Confusion in Comparative Housing Research," *Journal of Housing and the Built Environment* 16, No. 1(2001) : 89–106.

某一个学者可能很难做到这点，但对于整个学界来说则相对容易，这也需要学者突破方法应用的惯性思维，使用以往学界不曾或很少使用到的研究方法。

（三）关于学者应用方法能力的思考

如果说方法是研究的工具和手段，那么研究过程中使用工具的主体——研究者也十分重要。尽管与之前相比，越来越多的学者在研究中提到了所使用的方法，但国内学者们对方法的应用能力仍有所欠缺，在住宅社会学研究中则表现为对国内外相关学科领域中方法的新进展的关心和了解不足，更不用说对新方法的应用了。导致这个现象的因素可能有很多，首先可能是国内社科学界对方法本身的研究意识仍不够强、重视程度仍不够高，大部分期刊也很少将研究方法作为论文能否发表的衡量指标，在此环境下学者们容易忽视或低估研究方法的重要性；其次可能是学者缺少接触、了解和熟悉研究方法的平台和渠道；最后可能是学者因其自身的能力和习惯，更可能选用自己比较熟悉擅长的方法，而不愿对其他学科的方法持开放态度，存在方法上的"能力陷阱"[①]。

尽管方法本身并没有优劣之分，但是方法运用的合适程度却存在差异。所谓合适，首先是指适合于研究目的，其次是指适合于学者特质；之所以会有合适程度的问题，是因为合适的方法总还是会有其自身的局限性。[②] 在特定的时空背景下，基于研究内容与资料的获取情况，总有更为合适和效果一般的研究方法可以选择，而学者是方法选择的主体，这意味着学者对方法的认识、态度以及运用方法的能力，将会影响研究的质量和结果。住宅社会学因其研究对象的多重属性，研究内容往往较为复杂且有着很广的覆盖面，研究方法的选择也会因此受到一定的影响。学者应主动提高对住宅社会学研究方法的认知程度和对方法掌握的熟练程度，即对住

---

① 能力陷阱是指做得越多就越擅长，越擅长就越愿去做。在这里，可以将能力陷阱理解为一个学者越是擅长某一研究方法，往往越认可这一方法并习惯于运用该方法，而不细究该方法是否适合，从而落入该方法的"陷阱"，同时可能可能会造成他对其他方法的偏见或无知。

② 刘成斌、卢福营：《研究技术、研究方式与研究方法——兼论对社会学研究方法的若干误解》，《华中师范大学学报》（人文社会科学版）2008 年第 2 期。

宅社会学研究方法形成一个系统且全面的概念，合理运用三个层次的研究方法，在具体的研究过程中综合多方面的因素加以思考和设计，进而更客观准确地发现与住宅相关的社会问题的规律联系。因为在明确研究目的的前提下，清晰地了解不同方法的局限和优势，科学地选择自己所能使用的最适合的方法，可以提高整个研究的效率和质量。

总之，住宅研究从 19 世纪中期就已出现，住宅社会学发展至今也有一个较为清晰的学科和科学脉络，但其未来建设与发展之路还很长，住宅社会学的方法研究亦是如此。尽管我们对主要的方法进行了介绍与分析，并给出了应用的研究示例，但是任何方法都只是有待运用的研究工具，其优缺点以及价值只有在具体的研究中才能得到显露和实现。至于在住宅研究中，究竟应选择哪个或哪些方法，值得所有学者思考。这一问题意味着方法本身也是一个研究对象，用什么样的方法去研究方法，即"关于方法的方法"的问题，包括了如何对方法进行建构、创新、应用和评估等方面。这里的讨论只是对该问题的初步思考，"关于方法的方法"有待未来更深入的探索。在此之前，对方法有更清晰的认识、更准确的把握、更熟练的操作是进行研究时需要努力达到的基本目标。

第十四章　研究总结：学术
贡献与局限

经过百余年的建设发展，住宅社会学在国内外逐渐成为一个越来越重要的社会学分支学科。本书的目的就在于对国内外住宅社会学的学科发展历程进行考察梳理，并着重对包括理论与方法在内的科学研究状况进行分析总结。从研究结果看，不论是学科建设还是科学研究，均取得了明显的进展。其中，国外住宅社会学历经三个发展时期：19 世纪中期至 20 世纪 30 年代的古典时期、二战后到 20 世纪 80 年代的形成时期和 20 世纪 90 年代以来的反思与再建时期。国内住宅社会学则经历了 20 世纪 20~50 年代的学科缘起与早期研究、20 世纪 80 年代到 20 世纪末的学科起步与探索、21 世纪初以来的学科与研究发展等三个阶段。

在学科建设方面，很多西方国家住宅领域的教学与研究的制度化建设获得较快发展，很多大学设置了与住宅研究有关的教学研究岗位；一些住宅社会学的研究机构陆续成立，全球性的学术交流平台"欧洲住宅研究网络平台"创建；《住房，理论与社会》《住房研究》等具有国际影响的专业学术期刊创刊发行；特别重要的是一批具有较高学术水平的学者成为住宅社会学领域的中坚力量。相比而言，国内住宅社会学学科发展起步较晚，但是由于恰逢改革开放的重大历史进程，我国住房建设加快推进和住房制度改革深化都为住宅社会学发展提供了宝贵的机遇和条件，加上得到费孝通等学界前辈的关心支持，住宅社会学获得较快发展。比如，在 20 世纪 80~90 年代，一批相关学术组织机构先后创建并陆续开展了大量的学术活动，一些相关学术期刊创办发行，相关的学术著作在这一时期集中出版，出现了国内住宅社会学学科快速发展的良好局面。

在科学研究方面，本书先是概述了理论与方法研究的变迁与发展过程，继而对住宅社会学理论的论辩与整合问题做出比较详细的梳理和分析，并针对居住分化理论、居住行为理论、住房市场理论、住房政策理论以及居住文化理论等五个方面做出进一步的讨论和解析。在构建了住宅社会学研究方法体系的基础上，从方法论、研究方式和具体技术方法三个方面，对住宅社会学的研究方法进行较为全面的总结和分析。总体上看，国内外住宅社会学研究均取得比较丰硕的成果，尤其是进入 21 世纪以来，住宅社会学的理论与方法研究进入较快发展时期，国内研究虽然相对滞后，但也有了很大进展。具体地说，国内外相关研究呈现出以下主要特点与发展趋势。

首先，从单一学科研究到跨学科研究。回溯住宅社会学理论进程可以发现，早期理论研究主要来自社会学和哲学等有限的学科，特别是城市社会学和科学哲学等，到 20 世纪 60~80 年代，人类学、地理学、经济学等学科运用各自学科的相关理论对住宅开展研究，20 世纪 90 年代后，不仅有更多的学科参与住宅研究，如哲学、建筑学、心理学、民俗学等，而且不同学科之间实现跨学科的交流与融合，如出现了建筑人类学、建筑社会学、文化地理学、空间社会学等，为住宅社会理论研究做出了重要贡献。其次，从相对简单到日益复杂。国外早期理论研究用到的主要有马克思主义政治经济学理论、人类生态学理论等，在形成时期则出现更多的理论成果，如新韦伯主义的"住房阶级"理论、结构人类学的家屋理论等。进入21 世纪后，住宅社会理论研究呈现勃发之势。有的学者从住宅社会理论的整合和构建角度展开讨论，也有学者从住宅和居住的不同方面开展理论研究，而且这两类研究都取得较大进展，既表现在理论构建和应用的量上，也表现在其中的一些理论涉及复杂的住宅事实并触及更高的抽象层次上。国内研究虽然具体理论内容有所差别，但也基本表现出由简单到复杂的特点。最后，从分散化到逐步体系化。由于很长时期内，住宅研究成为一个交叉学科领域，诸多学科的不同理论涌入其中，却并未形成足够的理论交流对话，往往各行其是，最后可能只是"盲人摸象"。而从目前发展状况看，至少在西方住宅社会学理论领域中，已经初步形成实证主义理论、人文主义理论与社会批判理论并存的格局，具有本体论指向的宏观理论、注重经验与理论衔接的中层理论以及专注于具体住宅现象特别是地方性住宅现象解释的微观理论也越发丰富多样并趋于成熟。尽管还远谈不上形成了理论体系，但可以肯定的是住宅社会学理论正处在体系化的过程中。

与理论研究相对应地，住宅社会学的方法研究也有着类似的发展特点与趋势。首先，跨学科性的特点和开放性的趋势。一方面，由于住宅社会学学科的交叉性，其不可避免地需要引进其他学科，包括哲学、人类学、经济学等的研究方法。另一方面，研究方法本身也在发展和应用的过程中模糊了学科的边界，尤其是人文社科领域中的诸多方法，其往往具有较强通用性。住宅社会学发展迫切需要更多的方法作为支撑，对不同学科的方法持开放态度是未来发展的必然趋势。其次，复杂化的特点和融合应用的趋势。纵观既有研究，可以清晰地看到住宅社会学研究方法逐渐复杂化，尤其是资料分析阶段的技术方法正在不断丰富。最初的研究是以问卷法、访谈法为主进行数据收集，再加以简单的统计分析，而今各种定量与定性的分析手段被广泛应用，且一个研究往往组合运用多种方法。这与住宅研究内容的丰富以及方法本身的发展有关。最后，住宅社会学研究方法的跨学科性和开放性同样带来了研究方法较为分散的特征。作为一门正在成长的学科，住宅社会学需要一个较为完善的研究方法体系，为后续的发展奠定方法层面的基础，这也是未来研究的重点之一。

当然，这不意味着莫里斯和莫吉的"是否存在住宅社会学？"这一发问失去了意义。这种质疑是莫里斯和莫吉在1965年的作品中提出来的，而到了1996年，杜希卡·塞费拉吉奇（Dušica Seferagić）在一次学术会议上还提出"住宅社会学已经过时"的观点。在本书中，我们认为住宅社会学不仅存在，而且也不过时。但不得不承认，我们的看法并不代表当前住宅社会学学界的共识。或许，吉瑞·穆希尔提出的那个比较折中的说法更可能代表目前学者们的认识，即住宅社会学还处于"显现"（emerging）之中。果如此，我们就既要对住宅社会学的发展抱有信心，也必须对这一学科抱有必要的反思态度，这样住宅社会学才有可能真正成为一个重要的社会学分支学科。而对住宅社会学的信心和反思的一个基本前提是对它有比较全面的了解和认识，正如本书一开始提到的，要厘清身世家底，形成"自知之明"。从这个角度来说，本书具有以下几个方面的学术价值。

首先，总结了国内外住宅社会学发展历程与脉络。前面多次提到，到目前为止，国外学界对住宅社会学发展过程及现状的研究很少，国内学界似乎也未见对此有专门研究的文献。国外最近的此类研究距今也有 30 多年之久，而近 30 年国内外住宅社会学的重要发展动态无法被纳入研究视野。从已有国外研究内容看，相关研究存在四个方面比较明显的不足，一是缺少对住宅社会学发展阶段与发展脉络的梳理，二是缺少对住宅社会学学科发展进程的研究，三是对既有理论研究只做出了简单的介绍与比较，四是除了 20 世纪 40 年代蔡平等人对住宅研究方法的综述，后来几乎没有方法方面的重要研究。这种状况既是国内外住宅社会学发展比较缓慢的反映，也是造成发展缓慢问题的重要原因。我们认为，从学科发展与科学研究双重角度，对国内外住宅社会学发展的历程与脉络进行总结和分析，是本书在学科整体发展进程之中展开住宅社会学理论与方法研究的必要前提，也是推动住宅社会学发展的一项重要任务。因此，本书在第二章和第三章中针对这方面所做的研究，可以为学者们更全面地了解和认识住宅社会学提供有益参考。

其次，研究了国内外住宅社会学的主要理论。对住宅社会学理论进行研究的原因主要是对这方面研究状况的不满以及对推动这方面研究所具有的学术价值的期待。本书描述了住宅社会学理论研究令人不满的基本状况，接下来着重分析了围绕住宅社会学理论化的层次、路径和范式出现的论辩，进而梳理了整合和构建理论的四方面重要进展。这部分内容比较全面深入地总结和讨论了国外住宅社会学理论的重要进展和新近动态。在对居住行为的社会理论、居住分化的社会理论、住房市场的社会理论、住房政策的社会理论以及居住文化的社会理论的研究中，我们借鉴了既有研究的做法，从住宅社会学的社会学性质及其典型的跨学科属性出发，将研究视野适度地扩展到社会理论范围，这种做法对于住宅这个看似很小很实却有着多重属性和特征的研究对象来说，无疑是必要的也是可取的。在基于这种更为宏阔的研究视野的观照下，我们将更多极具价值的理论内容纳入研究范围，不仅从总体上勾勒出住宅社会理论的基本构架与主要板块，也详细地展示和分析了住宅社会理论的重要内容。我们认为，对于住宅社会学理论发展来说，这一研究将起到很大的助推作用，在一定程度上满足学者们对住宅社会学理论的期待。

　　最后，构建了相对完整的住宅社会学研究方法体系。正如之前所说，我们并未在既有研究中发现对住宅社会学方法进行系统研究的文献，然而不论是在学科建设层面还是在科学研究层面，方法体系化都无疑是住宅社会学发展过程中重要的一环。本书基于国内外住宅社会学方法应用的发展脉络梳理，借鉴了社会科学领域内与方法体系相关的研究，对住宅社会学研究方法进行体系化构建并加以阐释。具体而言，我们先从方法本身入手，对体系的整体结构以及每一部分的作用进行概括性描述，随后分别从方法论、研究方式和具体技术方法三个层面对住宅社会学研究方法进行详细研究。这一部分既有对不同研究方法在住宅社会学领域中的应用的分析，也有对不同层面方法之间联系的探索，此外，还包括对一些方法最新动态的跟踪研究和对一些方法研究领域中争议的讨论。总体来看，本书为住宅社会学构建了更为清晰、直观、具体和系统的方法体系，一定程度上填补了住宅社会学方法研究的空白之处，更进一步说，也丰富了人文社科领域内关于方法体系的研究。我们认为，这不仅可为住宅相关研究提供关于方法选择和应用的参考，还将进一步推动住宅社会学学科的整体发展。

　　本书也存在一些局限和不足之处。一方面，国内外住宅社会学领域的文献资料十分丰富且国外文本涉及许多不同语种，这为本书的研究带来很大的难度。尽管我们已尽可能地收集资料并翻译了用包括英语、捷克语、俄语等在内的语言写作的大量文献，但依然无法完全摆脱资料收集和语言翻译方面的客观限制。这直接造成了本书的一些局限与不足。一是本书将国外主要限定于西方国家这个范围，这主要是因为西方国家住宅社会学发展最早最快且最富有成效，但也是因为受到资料收集和语言翻译等因素的限制，本书对国外的非西方国家和地区的相关研究少有考虑，这并不是由于其研究价值不足，而是因为受到这些客观因素限制。二是本书对国内外住宅社会学学科发展历程的描述和总结尚不够完整。比如，国内住宅社会学领域的研究机构和学术组织曾在 20 世纪 80 年代和 20 世纪 90 年代快速发展，但进入 21 世纪后，似乎再也难觅踪迹。对于国外住宅社会学学科建设方面，由于缺少更为翔实的资料，因而只做了比较简单的说明。三是本书提出了住宅社会学理论与方法的基本架构和体系，但同样由于受到上述限制，对这些问题的总结和讨论很难做到足够全面和深入。

　　另一方面，在研究之初我们就遇到一个棘手问题，就是如何界定研究范围。尽管我们将住宅社会学界定为基于社会学的理论、视角和方法研究人和住宅以及社会之间的相互关系的社会学分支学科，但是这并没有完全解决研究范围界定这个问题，最主要的原因是该定义中涉及社会学的界定问题。众所周知，目前学界对如何定义社会学以及如何确定其学科和研究边界并未形成共识，有学者认为社会学是个高度分裂的学科，甚至有人认为社会学可以看作一个形容词，比如有些研究显得"很社会学"，而有些则"很不社会学"，这说明社会学研究边界是比较模糊的，甚至是"有疆无界"的。这种边界模糊甚至"无界"的特点，使得我们在开展住宅社会学理论与方法研究时，很不容易准确地拿捏研究的范围。鉴于这种情况，本书尽可能地紧扣人和住宅以及社会之间的相互关系这一主线，采取适度放宽范围的方式开展研究，在努力保证本书研究社会学意味的同时，让研究视野具有一定的开放性和包容度。然而，如果从严格意义上或者从另外的某个角度来看待本书所确立的研究范围，可能会产生不同的理解。这个问题的真正解决还需要今后我们更深入的思考和研究以及学术同行们的共同努力。

后　记

从 2003 年我开始接触住宅社会学算起，迄今已逾 20 年。回望过去，我已记不清楚当初为何会开始住宅社会学的学习和研究，但可以肯定当时的选择绝非是一种深思熟虑和精心设计的结果，反而可能是出于某种模糊的感觉所造成的偶然而已。从主题看，20 年来我的大部分研究,,都还算与住宅社会学领域相关，不敢说这些成果对发展住宅社会学有怎样的助益，但至少于我而言，以我有限的智识学力，能够找到一个自己愿意长期致力于其间并不断有所积累的学术领域，这无疑是一件幸运的事。

坦诚来说，在开始住宅社会学的理论与方法研究之前，我的研究基本围绕住宅社会具体问题展开，特别是针对居住空间分化和融合以及居住区社会治理进行研究，这些研究不仅在结果上只能"管中窥豹，略见一斑"，无法获知全貌，在研究过程中，我更常有一种尽己所能却浮不出水面的压抑之感。现在想来，这种感觉应该来源于我自认所做研究属于住宅社会学领域但实际上又不知何谓住宅社会学造成的巨大束缚。为摆脱束缚进而获得更加宏阔的研究视野，也为满足某种学术上的好奇心和求知欲，我寻求对住宅社会学系统研究的认知突破。2017 年，我申报的国家社科基金项目"住宅社会学的理论与方法研究"获批，为我开展更深入的研究提供了一个重要支撑平台，让我得以跳出原先针对住宅社会具体问题的局部研究，而有可能去了解把握中西方住宅社会学的发展流脉和基本样貌，梳理归纳中西方住宅社会学理论与方法的经典文献和当代进展。

由于住宅社会学理论与方法研究进展是嵌入住宅社会学发展过程中的，因而对前者的研究必须以对后者的研究为基础，这就要求我们的工作必须从住宅社会学史研究开始。这一工作比我们预想的要困难很多。我们在查阅、翻译和分析大量国内外文献后，未见到有关研究成果，也就是说，我们不得不独自开展这项工作。因此，在本书的第一部分，我们用很大篇幅尝试勾勒中西方住宅社会学的学术研究与学科发展的基本轮廓，其目的不仅是为后面的研究提供基础，更重要的是力图摸清中西方住宅社会学的"家世"和"家底"，从而为其他的相关研究提供参考和依凭。当然，我们自知该工作还不完善，但至少在最低限度上，我们的工作为学界同行提供了一个可供讨论的对象和研究的起点。

对于本书的理论和方法部分，这里需要略作说明的是，为了比较完整地呈现住宅社会学理论与方法的结构脉络及其基本内容，也为了避免对理论与方法研究成果的清单式陈列，简单地展示诸多理论与方法的研究"标本"，我们主要运用知识社会学的原则和方法，将理论与方法及其提出者置于其所处的社会环境中，同时也置于发展历程和结构关系中，进行考察和分析并进行归类与比较。这种做法在理论部分体现得更为充分，而对于更为纯粹地作为分析工具的方法，我们也尽力发掘其提出或引入的社会情境，展示其得以应用于其中的问题实例。我们认为，本书的研究结果表明，这样的处理方式行之有效。

本书付梓出版，这自然让我们颇感欣慰。我们期待这部作品能够成为住宅社会学发展的一块"垫脚石"。国内学界有同行专家认为本书之研究"当属国内目前最为系统的住宅社会学的理论与方法研究，为住宅社会学的学科建设和科学研究奠定了初步的基础"，这样的肯定给我们更多的底气和更大的勇气，让我们相信本书具有推进住宅社会学研究的潜在价值。虽然一本书能做的贡献毕竟有限，但对于已经百余年发展历程却仍处于"剩余学科"地位的住宅社会学，尤其是对于目前处于明显弱势状态下的中国住宅社会学来说，这本书或许代表一种"逆境"中坚持推动住宅社会学发展的态度和心气，保留这份态度和心气，住宅社会学的兴起就保留着希望。

感谢我的硕士导师江立成教授。在我初探学术门径时，江老师耳提面命，捉手以教，至今难忘江老师在我手写的第一篇学术文稿上的满处批红。最让我感念的是在我的工作和生活上，江老师待我如父，也对我关爱有加。如今，江老师已辞世多年，我很愿意将这部作品献给江老师，也稍慰我的感思之情。

感谢我的博士导师张鸿雁教授。犹记张老师之指点：博士毕业论文选题应通向今后二十年研究之路。我的博士毕业论文以居住分化为题，后来陆续发表和出版相关研究成果，并顺利完成住宅社会学理论与方法研究的国家课题。我在这条学术道路上坚持跬步以进，或可算是对张老师教诲的回应吧。

感谢刘少杰教授拨冗为本书作序。刘少杰教授是中国社会学理论研究领域著名学者，是多年来关心和帮助我的学界前辈。序中包含着刘少杰教授对作者的鼓励与期待，我更愿意将之视为对中国住宅社会学发展的鼓励与期待。感谢南京大学的宋林飞教授、童星教授、周晓虹教授、风笑天教授、成伯清教授、汪和建教授，我在南京大学读书期间，诸位老师的教诲让我获益良多。此外，值得一提的是，本书也是采撷众多国内外学者专家研究成果的结晶，谨对所有有惠于此书的学界师友致以诚挚的敬意和谢意。

博士生章皓月参与撰写了本书的第十章、第十一章、第十二章、第十三章。我欣慰地看到她有志于学并初试啼声，希望她能够在学术生涯特别是在住宅社会学研究领域中寻获属于自己的一方天地。硕士生毛陈帮我搜集外文资料并承担了部分翻译和研究工作。

好友闫雨龙常常称我"读书人"，我虽不敢以"读书人"自称，但他的这种认可却让我感觉温暖也受到鼓舞。合肥工业大学的潘莉教授是我的硕士同门师姐，她对我和我家人的关心慷慨无私，令我感动。特别感谢社会科学文献出版社的曹义恒总编辑为本书出版提供的大力支持。感谢吕霞云和陈彩伊两位编辑，为本书的校对排版做了大量细致的工作。

我的父母文化水平有限，不能明白本书之言论，但每当我取得成绩，二老最是由衷地为我高兴并以我为荣。爱妻钱永佳女士总是尽其所能照护家庭，让我免于诸种琐事烦扰，她所给予我的关爱和支持是我得以安心治学的最大动力和重要保障。在本书撰写过程中，我不得不减少陪伴一双年幼儿女的时间，在此也向你们表达歉意。

本书出版得到国家社科基金项目资助，同时还获得安徽省高校发展专项学科奖补（社会学）资助，在此一并表示感谢。

本书的很多内容尚需深挖细究，很多理论与方法都有待于进一步爬梳深犁，这将会成为笔者今后的学术道路上最为重要的研究任务，也恳请同行和读者提出建设性的意见和建议，共同推动住宅社会学加快发展。

陈俊峰

2023 年 12 月 15 日

图书在版编目（CIP）数据

住宅社会学：理论与方法 / 陈俊峰著. -- 北京：
社会科学文献出版社，2024.8
ISBN 978-7-5228-3488-7

Ⅰ.①住…　Ⅱ.①陈…　Ⅲ.①住宅社会学　Ⅳ.
①C913.31

中国国家版本馆 CIP 数据核字（2024）第 072804 号

住宅社会学：理论与方法

著　　者 / 陈俊峰

出 版 人 / 冀祥德
组稿编辑 / 曹义恒
责任编辑 / 吕霞云
文稿编辑 / 陈彩伊
责任印制 / 王京美

出　　版 / 社会科学文献出版社·马克思主义分社（010）59367126
　　　　　　地址：北京市北三环中路甲 29 号院华龙大厦　邮编：100029
　　　　　　网址：www.ssap.com.cn
发　　行 / 社会科学文献出版社（010）59367028
印　　装 / 三河市尚艺印装有限公司

规　　格 / 开　本：787mm×1092mm　1/16
　　　　　　印　张：20　字　数：309 千字
版　　次 / 2024 年 8 月第 1 版　2024 年 8 月第 1 次印刷
书　　号 / ISBN 978-7-5228-3488-7
定　　价 / 128.00 元

读者服务电话：4008918866